UPWARD

BODY · MIND · SPIRIT

身、心、靈，

全面向上提昇！讓自己更好！

幸運的科學

普林斯敦高等研究院「運氣實驗室」為你解開「幸運」的秘密

珍妮絲・卡普蘭&巴納比・馬殊 著

林靜華 譯

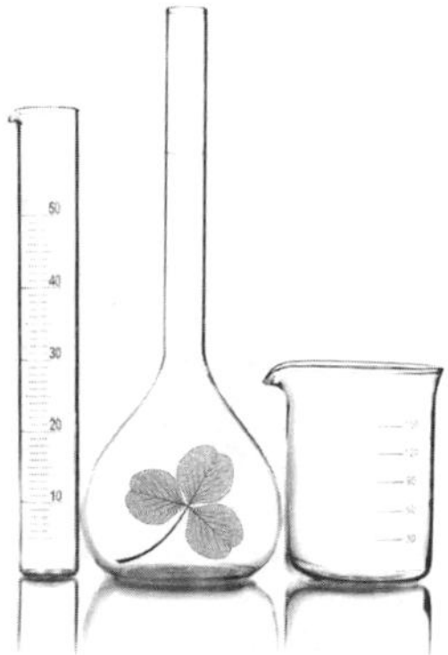

How Luck Happens : Using the Science of Luck to Transform Work, Love, and Life

by Janice Kaplan & Barnaby Marsh

獻給我們美好的子女……
以及每一個希望在世間得到更多運氣的人

來自各界的好評！

儘管我們不願意承認，但運氣在我們的人生中扮演一個重要的角色。這本書以輕鬆活潑的筆調探討我們是否能多得到一點運氣。

——華頓商學院教授、《給予》作者／亞當．格蘭特

這本充滿智慧與娛樂性的書，是迄今為止在「創造你自己的運氣」這個議題上，最引人注目的論述。

——賓州大學心理系教授／馬汀．塞利格曼

一本讓人喜悅的書……對於「如何給自己帶來運氣」提出許多很好的建議。

——哈佛大學心理學教授／丹尼爾．吉伯特

一本改變遊戲規則的書！明確、聰明、文筆優美，《幸運的科學》是一本巧妙探討如何創造自己的運氣的重要書籍。

——金賽研究中心研究員／海倫．費雪

沒有比運氣更重要的了！《幸運的科學》揭露運氣的奧秘背後的科學，告訴你如何為你自己創造更多運氣。

——《道德博奕》作者／保羅．札克

終於問世了！這是一本經過縝密思考的書，告訴我們如何才能為自己和他人產生源源不絕的運氣。

——《做孩子的心靈導師》作者／狄帕克．喬布拉

好運永遠不嫌多，這點我想每個人都同意，而事實證明我們可以得到它……本書收錄各種得到好運的案例，從成功人士、人際關係或企業身上，幫助讀者抓住好運並改善生活。

——《Bustle》雜誌

在作者溫暖歡快的筆下……本書告訴讀者如何成功取得好運的秘方。

——寇克斯評論

CONTENTS

3 目標鎖定運氣

4 運氣的另一面

5 遠大的目標

前言

你在好萊塢不必走很遠就能遇到開「優步」車（Uber），或幫人跑腿的男女「任務兔」（TaskRabbit），因為他們正在等待使他們一步登天成為明星的運氣降臨。他們當中有許多人在大學主修戲劇，或曾在他們家鄉的「吉屋出租」舞台劇中扮演一個角色，而現在他們還需要其他人來發現他們的才華。

「你必須給自己一個幸運的機會。」凱西說。凱西是我在一個溫暖的夜晚，在日落大道上一家咖啡屋認識的一個眼神晶亮的紅髮女孩。她站在吧檯後面調製她拿手的雞尾酒「莫斯科騾子」——成分是伏特加、萊姆汁和薑汁啤酒（我點了一杯健怡可樂），但調製可口的雞尾酒不是凱西的人生目標。我們閒聊時，她告訴我她剛從大學畢業，開著她的破車往西行，長途跋涉二千哩來到好萊塢。現在，她正在等待讓她有朝一日成為明星的幸運際遇。

「我不斷告訴自己哈里遜・福特的故事。」凱西說。

啊，是的，幸運的哈里遜・福特，他早年的奇遇就如同他飾演的英雄印第安納・瓊斯一樣傳奇。當他在一九六〇年代初期初抵洛杉磯時，由於沒有人注意到他的表演實力，因此他剛開始時以做木工營生。當時一個也才初出茅廬的年輕導演雇用他去他家打造一些櫥櫃，他們認識後彼此互相欣賞，導演於是讓哈里遜・福特在他正在拍攝的一部低成本電影中軋一角。這部影片當年曾被六家電影公司拒絕，但後來卻意外地一炮而紅。這部電影就是《美國風情畫》（American Graffiti），而這個導演就是喬治・盧卡斯。也許你聽過他的大名？幾年之後，盧卡斯負責拍攝一部連電影公司都不看好的影片——《星際大戰》，當時他又找了這個他新認識的拜把兄弟哈里遜・福特出演其中一個角色。

「妳認為妳會在這個吧檯找到妳的喬治・盧卡斯嗎？」凱西過來幫我添加飲料時，我問她。

「當然。」她笑著說。

為什麼不？她已經把她自己放在一個得到好運的地方——好萊塢山邊上的這家咖啡屋了。這一帶住了許多製片家和導演，說不定她下一個服務的對象是派拉蒙公司（或至少迪士尼頻道）的主管，他會看見她的潛能。

對哈里遜・福特來說，與盧卡斯的偶然相遇引來一連串事件，最終使他成為一代紅星。如果不是那些櫥櫃，他可能永遠不會快速地在《星際大戰》中揚名國際，一個不一樣的演員最後就會像電影中那個很酷的韓索羅一樣被碳化冷凍。

偶然事件可以在職業生涯中扮演如此重要角色的想法令人雀躍（「它有可能發生在我身上！」），也令人沮喪（「但如果沒有呢？」）。好萊塢和其他地方有許多人相信是你自己在創造你的運氣，這說明為何有些未來的劇作家總是隨身攜帶他們的劇本，隨時準備給任何一個態度友善的人看。

看著凱西臉上帶著笑容在咖啡館內快速走動，與人熱烈交談，我知道有一天我可能會在大銀幕上看到她。但她不會只有一次偶然的機會，因為搬到好萊塢，在咖啡館工作，與人交談（譬如和我），她就是在創造她自己的機會，她把一切安排就緒來創造她自己的運氣。

我們又聊了一會兒，直到我的朋友抵達，凱西這才知道我曾經是個電視娛樂節目的製作人。那天晚上，當凱西將帳單放在我們桌上時，她問：「怎樣才能成為一個幸運的人，妳能給我一點意見嗎？」

「妳會的。」我鼓勵她。

我留下豐厚的小費，但離開時腦中卻盤旋著一個更大的疑問。我們——包括凱西，要怎麼做才能使自己成為幸運的人？當然，隨機的機會在生命中扮演重要的角色，但我們不能只是聳聳肩然後順其自然，我們必須採取正確的行動，並盡我們的能力去做。

我想到艾蜜莉．狄金森的一首詩，她在詩中寫道：運氣不是機會，它是艱苦的工作；而「幸運的昂貴的微笑／是努力掙來的」，我一直很喜歡那句詩。此刻，當我在溫暖的洛杉磯夜色中走向我的車時，不禁心想怎樣才能贏得幸運的昂貴的微笑，我們要如何創造自己的運氣？

回到紐約，和我的朋友巴納比．馬殊（Barnaby Marsh）一起喝下午茶時，我仍在思考這個問題。巴納比曾以羅德學者身分在牛津大學進修，養成愛喝濃茶配司康餅的習慣，我很喜歡跟他在一起。巴納比大約四十歲出頭，滿腦子古怪新奇的思想，在普林斯敦高等研究院

（Institute for Advanced Study）與哈佛大學的「演化動力學計畫」（Program for Evolutionary Dynamics）兩個機構接受委託從事研究。換句話說，當你試圖解開疑難雜症時，他就是你要找的那種人。

於是我告訴他有關凱西和我交談的哈里遜．福特的難題：假如這位大明星當初沒有遇到喬治．盧卡斯，他現在會仍舊靠鐵鎚與釘子維生嗎？

巴納比靜靜地坐著凝視遠方一、兩分鐘，思考這個問題。

「這是個複雜的問題，」他終於開口道，「不可預見的事——像那次與盧卡斯相遇，可能帶來深遠的影響，但假如你把正確的要素都做到位了，你就可以免去一些隨機的機會的弱點。」

喔，聽起來充滿希望。我開始想，什麼是創造運氣的正確要素？才能當然是其中之一，努力工作也是。

「你會給凱西什麼建議？」我問他。

他剝下一小塊司康餅，邊咀嚼邊沉思，「我會說運氣就在我們身邊，等著我們去發現，但多數人都與它擦身而過，不知道它正等待他們去掌握。如果每個人都知道從什麼地方去尋找，那這個世界多得是運氣。」

那為什麼我們時常錯過呢？巴納比用簡單的科學理論告訴我，從生物學來說，人的注意力範圍設定在過濾掉那些與生存無關的東西，而現在我們必須將這種直覺扭轉過來，學習將它們挑選**進來**。

「機會就在你身邊，你必須學會去看它們。」他繼續說道，「每個人都可以讓自己更幸運。」

巴納比深信，無論你是一個想成為電影明星的哈里遜．福特，或一個想找到真愛的千禧世代，或一個企圖成為公司執行長的企業主管，你比你能想得更可以控制你生命中的許多事件。我們往往看不出我們自己的行動能啟動多少事情，有時我們種下機會的種子要等到幾個星期或幾個月，甚至幾年之後才會開出幸運的花朵。當它開出幸運的花朵時，在別人眼中看來似乎是偶然的機會造成的，但其實是我們使它發生的，這叫有計畫的幸運。

巴納比告訴我，他在牛津研究風險，在高等研究院研究運氣的理論觀，透過他的學術研究，他正在開發一門新的運氣學。

「妳可以說我有一間『運氣實驗室』。」他笑著說。

又繼續吃了一、兩個司康餅後我們發現，我們可以組成一個很好的團隊，以他的理論研究做基礎，由我來實際操演。我們將合作，明年一起探索各方面的運氣——愛、工作、家庭與財務。巴納比指導我，我們每個星期碰面，試著為凱西如何才能成為幸運兒的問題找出答案。

最後的發現讓我們兩人都大感意外！我們發現使凱西成為幸運兒的不是魔法或機緣，或去摸一摸馬蹄鐵，而是知道如何採取正確的步驟。所以，請加入我們精采刺激的發現之旅，我們找到的方法幾乎可以保證能為凱西、巴納比和我……以及你，帶來運氣。

PART 1

了解運氣

運氣是當「準備」遇到「機會」時發生的事。

——塞尼加（Seneca）

第1章——為幸運做準備

勇於接納機會……取得你需要的資訊……
辨認機會……奔向機會、才能與努力的交會點。

巴納比的「運氣實驗室」設在「高等研究院」內，隱藏在紐澤西普林斯敦美麗的樹林中，是一處思考創造運氣的科學的偉大思想的理想場所。一天早上，我們一起穿過這座美麗的園子時，巴納比告訴我，愛因斯坦也曾在這林蔭小徑上思索他的著名理論。我們的新構想也許不能打破相對論，但我們希望它能改變人們對運氣的看法，以及他們自己未來的可能性。

前一天晚上下了一場大雨，陽光還沒來得及把潮濕的地面曬乾。我避開地上的一個水坑，對巴納比說我的上一本書《感恩日記》（The Gratitude Diaries）讓我學會：我們比我們有時候了解的更能控制自己的快樂與幸福。我很高興這本書啟發了許多人得以過更快樂的生活，而且我有一種感覺，了解如何為你自己製造運氣，在任何情況下也能有同樣的效果。

巴納比點頭，「如果你有心讓你的生活變得更好，但不明白為何事情總是不如你的意，我們的新方法會讓你獲得應該屬於你的運氣。」

我們倆都同意，運氣不等於偶然的機會，如果你以拋十次銅板來決定你的未來，這是靠機會，而大部分人都會同意這是相當愚蠢的事。如果你與人交談，把自己準備好，尋找機會，然後對可能發生的意想不到的（隨機的）事件立刻採取行動，你就是在創造運氣，而我們都必須這麼做。

「運氣不是一種零和博奕（zero-sum game），如果你知道去哪裡找和如何找，每個人都有許多運氣。」巴納比說。

巴納比認為有明確的證據證明運氣不是被動的，它需要行動，而且許多看似偶然的機會一點都不偶然。他深信了解運氣的潛在動力，你就能掌控過去一度依賴機會、命運，或月亮圓缺來決定一切的生活各方面。我們將合作，運用覺察力和近年來在心理學、行為經濟學、數學以及神經科學方面的研究結果，來建立一種了解運氣的新方法。

「我們正在一個全新領域的起跑點上，我們不是要找出這方面的研究，我們是要去創造它。」他說。

由「運氣實驗室」來做這件事再合適不過，因為委任巴納比做學術研究的「高等研究院」以領先大創意聞名於世。這些年來，它吸引了來自世界各地的天才——開車經過當地許多以這些天才命名的街道是件有趣的事，其中有有愛因斯坦、偉大的數學家兼哲學家庫爾特・哥德爾（Kurt Gödel），還有早期的電腦科學家兼博奕理論先驅約翰・馮・諾伊曼（John von Neumann）。著名的理論物理學家，在「洛斯阿拉莫斯國家實驗室」（Los Alamos National Laboratory）製造第一顆原子彈而聞名於世的羅伯特・歐本海默（J. Robert Oppenheimer），則曾長期擔任「高等研究院」的院長。

巴納比和我覺得我們是執行這項計畫的合適團隊，因為我們的背景與生活經驗有很大的差異，我做過記者、雜誌編輯和電視製作人，工作地點大部分在紐約地區，而我和我英俊瀟灑的醫生丈夫有兩個優秀的兒子；巴納比生長在阿拉斯加，是家中五個孩子中的老大，大部分時候在家自學。他花了很多時間在戶外活動，不曾踏入過教室，一直到他開始讀大學，此後便一頭栽進學術領域，以及帶著他跑遍世界各地的專業生涯。他是個古怪又別具創意的思想家，他比任何一個我見過的人更見多識廣，他最近才和他的妻子米雪兒帶著他們兩個年幼的可愛女兒定居紐約市——儘管「定居」兩個字對他來說從來都不是合適的字眼。

我們希望我們在運氣方面的研究能大大地改變遊戲規則，使人們對他們自己的生命與經歷有一種新的觀念。巴納比已經想好有關機會、風險、努力，以及如何利用這些要素去改變你的未來的策略，這些策略都非常博大精深、令人興奮，而我的工作則是讓它落實，看這些理論如何在日常生活中發揮作用。

在實際的時間表上，巴納比每個星期一和星期二會躲在他的象牙塔內建立概念模式，試著將它們形成適用於所有情境——無論你是想找工作、尋找一個伴侶，或在進化的抽獎活動中以一個物種的身分存活下去——的運氣的理論，而星期三我們會見面詳細討論。同時，我會去拜訪學者、企業家和社會名流來詮釋這些觀點，協助我們了解為什麼人們能夠，或者不能有意識地為他們自己創造運氣。

到了年底，我們就會知道究竟是什麼為你自己帶來運氣。這門新的運氣學會有簡單易懂的原則，協助你改善你生活的各個方面。

「除了理論之外，重要的是要了解必須採取正確的行動，才能把你自己放在製造運氣的路徑上，創造你想要的命運。」巴納比說。

我們談得太入神，沒有注意到腳下泥濘的地面，直到我一個不小心腳下一滑，滑到路邊（真的路）。結果我的帆布鞋不但濕透了，而且沾滿了泥巴。

「運氣也許就像感恩一樣，很多地方取決於你的觀點。」我們走出樹林時我對巴納比說，「我認為這是一次非常幸運的散步，我們有了一些有趣的構想和一個很好的計畫，但換了別人也許會認為運氣不好，因為我必須把我這雙鞋子扔了。」

他微笑，「犧牲總是假借科學的名義。」

我低頭看我的泥巴腳，運氣的一部分是尋找新的機會，相較之下，尋找一雙新鞋應該不會很難。

我們從普林斯敦回來後過了幾天，巴納比提議我嘗試一下，看我們的基本理論如何在實踐中發揮作用。如果這個「你能創造自己的運氣」的理論是正確的，我能不能特別找一天試試看能否得到好運。

對於這個實驗，我不需要一個寫滿方程式的黑板，我直接去試自己的運氣就是了。

我的這一天看起來不會非常刺激，我打算早上先去辦幾件事，然後去賓夕法尼亞車站搭火車，探望我可愛的婆婆。

「你認為這聽起來會有什麼好運嗎？」我問巴納比。

這天剛好是五月十三日星期五，顯然不是一個天上會掉下美好機會的日子。

但巴納比要我用一種和平常不太一樣的觀點去過這一天，他給我一些有關運氣的基本指導——我應該留意各種機會，做好一切準備，並嘗試去做意想不到的事。

「這樣運氣就會大量降在我身上？」我懷疑地問。

由於外面風雨大作，最好還是期待有點陽光出現，但挑戰歸挑戰，我還是有點好奇。我的這一天從去郵局和藥局這些平常的雜事開始，然後我直奔賓夕法尼亞車站。我事先預留了充裕的時間，所以提早抵達車站（提早太多），打算搭上午十點十五分的火車。賓夕法尼亞車站裡面陰森森的有點可怕，待在裡面似乎不太吉利。

但因被告知要先做好準備，所以我事先研究過班次，知道有一班早一點的九點四十六分出發。我想我可能趕不上，但何妨一試？

我奔向閘口，但電扶梯是從鐵軌方向上來的，不是下去，我立刻衝向站在附近的一名警衛問他怎麼辦。

「妳必須繞到另一頭走樓梯下去。」他說。

我有一種被擊敗的感覺——一分鐘內火車就要離開了，通往另一頭樓梯口的甬道看起來很長，但我想到中學時有個教練常鼓勵我們：「去吧！抓住機會！」於是我往樓梯口衝過去，快速奔下樓梯，就在車門即將關上的那一剎那跳上火車。

運氣真好！

我的內心湧現勝利的感覺，雖是一次小小的勝利，卻是我讓它發生的。且慢，這就是秘訣嗎？我可以控制的比我能意識到的多更多？

一週前，我也曾遇到幾乎一模一樣的情況，但那次我的動作不夠快，車門硬是在我面前砰的一聲關上。那種感覺就像一個倒楣的日子，但這一次忽然覺得正向多了。

懷著順利上車的成就感，我忽然充滿信心。我比預定時間提早抵達目的地，所以我沒有搭計程車，而是安步當車地走到婆婆居住的公寓（雨已經停了）。我們一起出去吃午飯，和餐館的女服務生愉快地聊天，謝謝她為我做了一道菜單上沒有的沙拉，並告訴她我正嘗試讓這一整天都很幸運。上甜點時，那位女服務生送來一客巧克力杯子蛋糕，蛋糕上插著一根蠟燭。

「這是店裡請客的，幸運的一天值得慶賀。」她說。

及時趕上早一班火車與獲贈一份免費的杯子蛋糕不是什麼天大的事，但在十三日星期五這天，它們絕對是幸運的。

第二天我向巴納比報告這件事時，內心仍有些驚訝與困惑。我開始同意運氣不是從天上掉下來的一種神奇與神秘的力量，它是我們可以（至少一部分）為自己創造的。這是令人相當震驚的認識，因為我們大部分人都只是坐在那裡等運氣降臨，但事實上我們應該採取正確的行動使它發生。文筆犀利的澳洲小說家克莉絲汀娜．史戴德（Christina Stead）在一九三八年指出，「一個靠自己努力而成功的人，是相信運氣並把他的孩子送進牛津的人。」換句話說，機會在人的一生中扮演重要的角色，但不是全部。運氣的基礎靠我們自己的行動去奠定——我們嘗試什麼，我們跟誰說話，以及我們如何迅速決定衝上火車。

如果運氣就在我們身邊等著被發現，我們就不能只是從它旁邊擦身而過，或開著我們的休旅車咻的一聲飛過去。幸運事件通常不像它們乍看之下那麼偶然，確實，財富分配是不公平的，而且有些選擇也不是你能控制的。我出生在美國，我的中產階級父母希望我能更上一層樓，在世界歷史上，這是一個巨大的、令人難以想像的特權，但無論你是如何開始的，或你希望降落在什麼地方，你都應該知道機會改變的動力是……好吧，是你的機會。

「你可以找出機會，自己抓住它，然後和朋友分享！」巴納比告訴我。

想要有好運，你需要正確的資訊才能為正確的行動做準備，了解正確的步驟可以使你避免被無法控制的力量所打擊，讓你有更多力量去面對人生中的各方面。我們往往比我們能意識到的，更能控制我們的未來。想到我不必苦苦等待幸運的日子，我可以創造它們，這是多麼令人興奮的事。

巴納比和我決定展開我們的計畫，發起一項全國性的運氣調查，而且我們審慎策劃，確保它的範圍更廣泛並具有統計意義。當調查結果開始出現時，我們很驚訝，同時也很高興，有百分之八十二的人相信，他們對生命中的運氣有一些或極大的影響力。只有百分之五認為，無論他們做什麼都無法改變他們的運氣。因此我們相信，你可以使運氣發生符合美國人的整體態度——隨機事件有可能發生，但那不表示你無法控制人生，你只要學會正確的方法就行了。

找到這些正確的方法是我們的一大挑戰，因為運氣隱藏在細節中。偉大的科學家路易．巴斯德（Louis Pasteur）曾經指出，「運氣偏愛做好充分準備的心智」——明智的思維——但他沒有提到如何準備，所以我們會嘗試填補這些空白，找出循序漸進的過程為幸運做準備。

當我向我的朋友麗茲提到我正在學習如何創造自己的運氣時，她立刻問我是否在買樂透彩券，但樂透彩券不是後半生的運氣的良好模式。雖然自從羅馬帝國時代它就已經存在，並且套牢數以百萬計購買彩券的人（以及夢想家），但樂透彩券只是一種賺錢與提高希望的遊戲：你買一張彩券，然後其他的一切都交給機會。它有大量不利於你的概率，而且你對它們無能為力。（有些澳洲人發現他們有辦法可以贏錢，但我們稍後再來討論這個問題。）

在使我們看起來真正幸運的人生大事上——一份好的工作、一個幸福快樂的家庭，以及一種成就感——生命與樂透彩券全無關係。偶然的機會確實在我們的生命中扮演一個角色，你無法輕易解釋的偶然事件也會發生，但機會只是運氣圖像中的一個元素，如果你把運氣看成隨機事件，你就錯過了更重要的一點。為了得到幸運，你需要把你無法控制的東西放在一邊，把注意力專注在其他完全出你掌控的元素上。

下一次我去「運氣實驗室」拜訪巴納比時，他帶我去數學圖書館，他喜歡在那裡工作。圖書館的書庫通常都很暗，但光線明亮的凸窗旁有一張他喜愛的書桌，而且愛因斯坦以前的辦公室就在它底下。

「我們從這裡看到的風景說不定比他的更好。」巴納比愉快地說。受這些已故天才魂魄的激勵，我們談起我們認識的成功人士，試著梳理出使他們幸運的因素。某些特質例如聰明、決心、精力，及原創思想在在出現，機會有時是其中一個因素，如好時機等等，但不是絕對因素。

除了全國性調查之外，巴納比也對數百位羅德學者發出有關運氣的問卷，我們開始研究這些回函。許多人敘述一次意想不到的事件影響了他們的一生，譬如一趟海外旅遊導致一份工作，一個基金會提供一筆獎助金，晚餐時坐在他們旁邊的一個投資者協助他們創業。

「偶然的機緣！！！」一個人這樣寫著（外加許多驚嘆號）。

但如果往回追溯幾個階段，那些看似偶然的機緣往往都有相同的基礎，譬如晚餐時巧遇投資者的那個人腦中有個興奮的構想，只要遇到任何想聽的人就說給他聽。幸運？是的。偶然的機會？不盡然。我開始看到人們在創造自己的運氣時所扮演的角色，頓時了悟一個簡單的公式。

「真正的運氣發生在機會、才能與努力的交會點上。」我說。

巴納比若有所思地點頭，「很好。機會，才能，和努力。」接著，他微微帶笑說：「有點詩意，不過很好。」

在我們為這首小詩增添科學根據之前，我們必須先為每一個要素下定義。目前，我們要先把機會放一邊，專注在其他兩個要素上。

努力是每個人共通的要素，意外的是，才能也一樣。你不一定要像碧昂絲那麼會唱歌，或像梅莉・史翠普那麼會演戲才能有好運（雖然有也無傷大雅），因為才能和我們每個人都可以培養的要素有關——勇於接受機會，樂意冒險，一種有別於他人的思維能力，甚至是一點樂觀主義。用對了方法，你可以使機會、才能與努力的幸運組合發生在你身上，使人生各方面都更幸運。

我的幸運的十三日星期五讓我看到這些基本原則的力量，細心準備和樂意嘗試（**我要跑過去追上那班火車！**）二者符合運氣的努力元素。我決定採取積極方式和女服務生談話，謝謝她，同時態度友善，都是有助於帶來好運（以及杯子蛋糕）的技巧之一。

我開始把這三個幸運的要素想成和那些老式的吃角子老虎機一樣，拉動把手就會有三樣東西排成一列，譬如人們沉迷於等待下次出現三個櫻桃，心理學家稱之為「變動比率增強」（variable ratio reinforcement）——你不知道什麼時候會得到獎賞，於是你不斷嘗試，期待下一次拉把時它會出現——但如果我知道我可以自己排兩個櫻桃，我可能就會贏。

現實生活也是這樣，如果你想得到任何成功：一個新工作、一段新戀情……你不必等待完全隨機的運氣讓那些櫻桃排成一列。才能和努力的櫻桃是你能控制的，你可以學會如何將它們直接放進投幣口，那你就走在幸運人生的三分之二路上了。

你可以說，知道如何創造運氣，等於你把人生變成一碗櫻桃。

第2章——有些人就是運氣好，你也可以是其中之一

取得正確的資訊……相信你是幸運的……

向凡娜・懷特學習……下決心找到一片四葉幸運草（而且不達目的絕不罷休）。

下一次見面時，巴納比和我開始討論一般人對運氣的先入為主觀念。我們的全國調查結果顯示，只有出人意料的少數百分比認為運氣完全是隨機的，大約百分之六十七受訪者表示，努力工作為他們的人生帶來幸運的結果；百分之六十四表示，他們因為保有好奇心和尋找新的機會而獲得好運。

要認識創造運氣的細微差別可能有些複雜。幾千年來，哲學家和神學家都不斷地在討論運氣，公元前二百九十三年，羅馬人為財富與幸運女神（Fortuna）蓋了第一座神殿（其後又陸續蓋了許多），她受到人們廣泛的崇拜，因為她可能散發獎金並帶來繁榮。中世紀的藝術家將她描繪成站在一個球體上或一個命運之輪旁邊，比喻命運的無常多變。古羅馬詩人奧維德（Ovid）被放逐時鬱鬱寡歡地指出，幸運女神「透過她搖擺不定的命運之輪顯示她的變化無常；她一隻不安定的腳總是踩在它上面。」啊，無常多變的命運之足。同樣的，希臘的幸運女神泰姬（Tyche）有時也被描繪成盲目的。如果操縱你的幸運女神是盲目的，當意想不到的事情發生時，你也不會太驚訝了。

你必須走過一段綿遠的路（並跨越數千年）才能從幸運女神來到凡娜・懷特（Vanna White）——在美國家喻戶曉的電視節目《命運輪盤》（Wheel of Fortune）上翻字母牌的女主持人，這是美國歷來播出時間最長的電視遊戲節目，從一九七五年就開始以種種形式播出迄今。節目上，一開始就是隨機運氣：轉動一個真的轉盤來決定你玩多少錢，也許三百元或一千元，如果轉盤在二十四個槽中的一個停下來，你會失去一切！這表示奧維德感嘆命運無常是真實不虛的。

但是玩過那個賭場式的輪盤後，你將幸運女神拋在腦後，開始真正工作。要真正獲勝，你必須投入一些努力，填補空白，還必須具備一些技巧，要比你的競爭對手早一步搶答。結合機會、才能與努力，是創造幸運的最佳定義，無論是在電視節目上或日常生活中。要向幸運女神道歉的是，凡娜和她的遊戲可能提供一個更好的實例，說明現代的運氣到底是怎麼回事，因為它把你牢牢地放在努力、才能與機會的交會點上。

有些人似乎天生就幸運，但這也許只是因為他們善於交互運用對他們有利的技巧、努力與機會。我有一種感覺，任何人都可能學會同樣的技巧，因此我決定多方觀察，看能有什麼發現。

幾天後，我去地方上的一座公園看一個我認識的七歲男孩踢足球，那是一場很沉悶的比賽，當其中一個小女孩厭倦了老是站在外場時，她大聲喊說她要去找四葉的幸運草。其他幾個人立刻響應，過了一會兒，大部分尋找幸運草的人都放棄了，他們又晃回球場，或有氣無力地在地上做幾個側翻，但有一個穿黃色T恤和短褲的小女孩（我姑且叫她桑妮）仍在繼續尋找，最後她興奮地跳起來，她找到了！她奔向她的朋友，向他們炫耀她找到的幸運草。

「妳真幸運，妳以後還會更幸運！」圍繞在她四周的朋友中有人這麼說。

是的，桑妮是幸運的，但這一點也不神秘，她是在別人都放棄時仍堅持不懈地繼續努力，並且有能力發現大多數人錯過的圖形或差異。她不在乎可能會有很多失望，堅持繼續尋找下去。由於三葉的酢漿草比四葉的更常見，大約是一萬比一，她在獲勝前必須面對許多失敗，但她喜歡這種挑戰，永遠期待找到她想要的東西，而且可能樂在其中。

這個宣稱桑妮會從幸運變得更幸運的小朋友也許是對的（但不是因為桑妮有了一株四葉的幸運草），使桑妮找到幸運草的最初特質——堅持不懈、專心，和注意可能性，將帶給她強大的動力去創造她生命中的運氣。當你說某個人幸運時，你真正指的是這三個關鍵要素——機會、才能與努力——匯集而成偉大的成果。即使終點看起來像找到一株幸運草那樣奇妙與神奇，她的行動也會以一種方式或另一種方式引導她獲得同樣的結果，即便她沒有意識到這一點。

想到她自己是個幸運的人，同時別人也這樣看她，這都會增加桑妮的優勢，運氣會接二連三到來。當你開始走上幸運之路時，你很可能就會一直走下去。我可以想像這幾個可愛的七歲兒童中，有些人回家後會在晚餐桌上抱怨他們的朋友運氣好，**她怎麼會找到幸運草？她總是那麼幸運，為什麼我都找不到？**家長也許會安撫她：「妳也會有好運的，下次就會找到了。」但這句話或許可以使晚餐稍稍平靜一些，卻無法保證這個孩子真的能改善她的運氣。無論你是七歲或七十歲，如果你認為自己受到你無法控制的力量打壓，你會傾向放棄和感嘆你的命運，所以，最好還是提醒這個尋找幸運草的小女孩，她可以利用專注和努力來改變她的運氣。

劇作家田納西．威廉斯（Tennessee Williams）在他的劇本《慾望街車》（A Streetcar Named Desire）中，給硬漢史坦利．柯瓦斯基一句不朽的台詞：「你知道什麼是運氣？運氣就是相信你是幸運的，如此而已。」史坦利——在電影中由馬龍．白蘭度飾演——也許不是最聰明的人（或最好的人），但他穿T恤的模樣真帥，而且他對運氣的看法是正確的。「想在這場老鼠競賽中保持領先地位，你必須相信你是幸運的。」他說[1]。不管是不是老鼠競賽，這種觀察是合理的，你必須相信你是幸運的，這樣你採取的行動才能使你得到幸運。

生命中總有意想不到的事發生，你如何回應它（或不回應）決定你是否把自己設定為幸運的人，你或許可以回顧一下你生命中的一些轉折，並驚嘆那偶然的一刻把你帶到目前的這個位置。也許你的朋友把你拉到一個你本來不打算去的派對，結果你在那裡認識了你生命中的最愛；或者你在電梯內偶然遇到公司執行長，一次交談的機會就讓你獲得目前的工作。假如你待在家裡不參加派對，或者搭了另外一部電梯呢？你會搖頭，為你多麼幸運而驚嘆。

的確，不在我們計畫之內的事可能對後來的一切會有巨大的影響，但是比客觀上發生的事更重要的是，**你如何處理每一件事**。你可能站在電梯內膽怯得不敢和執行長說話，這種

1. 巴納比對《慾望街車》另一個比較深的印象是男主角大聲吼：「史黛拉！喂，史黛拉！」——但這在他對運氣的洞察力上沒有多大意義。

情況下你根本得不到什麼好運；或者你可能在派對上喝了太多龍舌蘭酒，兩眼昏花，沒注意到站在酪梨旁邊那個英俊瀟灑的未來配偶。同樣的，喬治．盧卡斯雇用哈里遜．福特為他打造櫥櫃是一個（多多少少）隨機事件，除了多一個儲存義大利麵和番茄醬的好地方外不能保證任何結果，而這位大明星的成功來自於他後來的行動。

我們的生命中都有偶發事件，但它不像我們有時以為的那麼具有決定性。我的傑出的文學代理人愛麗絲．馬泰爾（Alice Martell）最早是在一家大律師事務所擔任律師，但她很快就發現她錯了，她一點也不愛法律，但她有個客戶是個暢銷小說作家，她和愛麗絲成為朋友之後，愛麗絲協助她談判一項重要的出書合約，對方出版商對她留下深刻的印象，便問愛麗絲有沒有想過成為文學代理人。在那一刻之前，她始終沒有想過。

「但是經他這麼一說，我就開始做出版工作了，最後自己開了一家版權代理公司。」有一天，我們在愛麗絲漂亮的辦公室聊起人生與運氣時她告訴我，「我喜愛我現在的工作，我常驚嘆自己有這麼好的運氣。如果那位出版商沒有對我說那句話，我可能到現在都還在當執業律師，而且每天都不快樂！」

你的事業是由簡單的偶然機緣觸發的，這個想法有一定的浪漫魅力，但運氣不會無端出現，幸運的種子必須落在肥沃的土地上，機會事件需要意圖與方向合併，才能發生任何事情。我對愛麗絲說，由於她對律師生活感到痛苦，也許她的一雙眼睛早已在尋找其他機會。有這位暢銷作家成為她的客戶，為她提供一條幸運之路，但如果那個機會沒有發生任何事，她還是會留意其他機會。

「說不定妳的下一個客戶是演員，然後妳幫他協商合約，結果就順著那條路走下去。在這種情況下，妳很可能現在已經在好萊塢經營一家電影製片公司！」我半開玩笑地說。

那次談話後又過了幾個星期，愛麗絲打電話給我，說她仍然為自己的職業生涯的新觀點感到震驚。她一直覺得好像有種她無法掌控的力量在決定她的事業，使她從（不快樂的）律師轉變成（快樂又成功的）文學代理人，現在她願意相信是她自己的決心和意志力使她觸發她的運氣。

「這幾年來我一直在想，如果不是那幾件幸運的事，我可能仍在為當律師而苦不堪言，妳完全改變了我的觀點！」她說。她對於沒有經營製片公司也感到有些悵惘。

跟愛麗絲一樣，你的生命中或許也有那些改變一切的關鍵時刻。回顧過去，你可以清楚地看到它們——那個評論、那份工作、在一個擁擠的房間內吸引你目光的那個人，當你在敘述自己的生命故事時，那些或許都是你會提到的大事。但你可能沒有意識到，你做了什麼才使這些時刻發生？同樣重要的是，你又錯過了多少其他時刻？（你也可以經營一家製片公司）真正的秘訣是學會如何辨認那些幸運的時刻，然後往前邁進。

結合機會、才能與努力來改變你生命中的大事（如愛情與事業），同時也會影響日常發生的事；許多你認為是偶然的運氣，其實都不怎麼偶然。舉個例子，想像你在美國的一個大城市內開車，你必須找到一個停車位。你緩緩行經街道時（毫無疑問，因為前面有一輛大卡車），忽然發現有一部大型休旅車駛出停車位，你立刻開進去，引擎仍在轉動，你檢查一下標誌，發現是合法的停車位。哇哈哈！你省了三十五塊半，因為如果停在室內停車場就得花這筆錢，但省下這筆錢，你可以在晚餐時多點一杯酒和前菜（有些城市的路邊停車位仍須投幣，但天底下沒有十全十美的事）。

把車停在那個停車位上，你也許會想這不過是天時地利的典型例子，你好像沒有特別做什麼——你開到那裡時，正好有個人把車開出來，是你太幸運了！但假如找到停車位真的是隨機的，那麼每個人都應該同樣擅長這件事。事實不然，許多人會告訴你，他們就是很不會找路邊停車位（我也是其中之一），所以連試都不想試；但有些人，包括我的丈夫榮恩，卻十分拿手。他每個星期會有幾次開車到曼哈頓觀賞戲劇表演或辦事，但他從來不曾把車子停在停車場內，他車上的後視鏡沒有掛兔子腳之類的幸運符，但他的確有點本事。他非常善於觀察，眼睛很利，所以他會注意到有人坐進一輛停在路邊的車上，或聽到引擎慢速轉動的聲音，他就立刻往那個方向開過去。他同時仰賴絕佳的記憶力，能記住正確的數字——不同的街道只容許在不同的時段停車——所以他知道哪一條街最有可能在那個時間有停車位。他結合經驗、準備、知識與觀察，為他自己創造好運。

像我們這種眼睛不夠銳利又沒耐心的人，永遠也找不到停車位，但知道你的優、缺點意味著你可以找必要的技巧來改善你的運氣（我的技巧是由我的丈夫負責開車）。認識到除了隨機機會之外還有其他有效的因素，意味著你可以改變你的方法並增加你的運氣。任何人都可以像我丈夫那樣了解那些街道，提早抵達下午六點開放停車的地區，然後找到一個「幸運」的停車位。我偶爾也會這麼做。[2]

一旦看到產生運氣的因素，你就會意識到，如果任何人能產生越來越多的運氣，那麼運氣就不是隨機的。幸運事件通常不像它們乍看之下那麼偶然，就像流星劃過天空，乍看之下似乎十分神奇，但一旦你知道它們背後的原理，它們都是可預測和可以解釋的。人會遇到天時地利，但這個「天時地利」是因為你早已採取必要的行動才發生的。

作家兼製片家尚・考克多（Jean Cocteau）曾嘲諷地指出，他相信運氣，因為「否則那些你不喜歡的人會成功你要如何解釋？」。我很同情他，說那個名聲大噪的女星（或那個找到停車位的人）純粹是運氣比你好，而不是她比你更有才華、更有衝勁，或更聰明，是自我安慰的說法。她也許沒有那些特質，甚至有許多人擁有豪華名車，在社群網站上有大群追隨者，這些人似乎不完全……值得擁有那一切。但與其駁斥他們是難以理解的幸運，不如試著去思考他們是如何辦到的。好消息是運氣不是一種零和博奕，你不需要去打擊別人的地位來增加你自己的運氣。如果你知道如何去尋找它，運氣多得是，問題是，你如何為你自己創造運氣？

有時，運氣就是得到正確的資訊——你再多問一個問題，突然間，你似乎就成了房間內最幸運的人！舉個例子，巴納比提供一個思維實驗：你必須決定要不要走進一個盡頭有個大禮物在等著你的漆黑隧道，但聽說一百個走進隧道的人當中，會有一個人掉進一個深坑爬

2. 巴納比沒有察看標誌就樂觀地把車停進一個路邊停車位，因此得到一個教訓。當他辦完事回來後，發現他的車不見了。本來看似好運，結果變成在拖吊場耗掉一個漫長的下午。

不出來。你會去嗎？

「可能不會。」我說，這證明我不是個喜歡冒險的人。

巴納比笑著說：「好，妳不會，但許多人也許會認為機率還不錯而去嘗試。還有，假如妳聽說有五十個人掉進那個坑洞，妳會怎麼做？」

「我會離那個隧道遠遠的，隧道盡頭的任何禮物都不值得我冒險。」

「我同意。」巴納比說，「但現在我要給妳一些額外的資訊，那些走到隧道盡頭並得到大禮的人都有手電筒。」

啊哈！如此一來，這段旅途似乎不那麼隨機或冒險了。你可以去當地的沃爾瑪超市，買一支最結實的LED手電筒，然後出發去領那個禮物。你已知道如何得到好運了。

在現實生活中，資訊很少這麼直接顯現，但我們總是走在隱喻的黑暗隧道中，期待隧道盡頭會有一些特別的獎賞：一個更好的工作、更大的成就、一個認識白馬王子或白雪公主的機會。而且我們的確老是掉進坑洞裡，但如果能了解情況就能使我們更幸運，更能管理風險和機會了。

一旦手上有了手電筒，我們還必須知道要照在什麼地方。我們常錯失幸運的機會是因為我們看錯了地方，或不去注意我們眼前有什麼東西。大多數人都以為我們看到的是世界的全貌，但其實不是。

任何一個看似幸運的人所擁有的最重要才能，是一種最基本的關注和留意機會的能力。我們多麼容易錯過重要東西的一個最好實例，來自心理學家克里斯多福・查布利斯（Christopher Chabris）與丹尼爾・西蒙斯（Daniel Simons），他們二十年前在哈佛大學認識後開始研究注意力和覺察力，兩人合作拍了一支如今非常有名的短片，片中有六個男、女大學生，一半穿黑色T恤，一半穿白色T恤，他們在籃球場內不斷地移動，你要去數這些穿白色T恤的球員傳了幾次球[3]。好，這個你數得出來，你全神貫注在穿白衣的球員和那個籃球上，等短片結束後，有個聲音會問你數了幾次傳球。如果你答對了十五次，你也許會為自己的好眼力感到得意！但下一個問題可能會使你改變心意：「你看到那個猩猩了嗎？」

嗄……猩猩？球賽進行到一半時，有個穿猩猩裝的人走進螢幕中央，站在那裡捶胸，然後走開。啊呀，針對各種年齡與背景的人（先從哈佛學生開始）所做的無數次實驗中，至少有一半人沒有看到那隻猩猩。如果你沒看過那支錄影帶，你也許會說你當然會看到那隻猩猩，每個人都這樣想，但是當你忙著在數球數時，你就會錯過在你眼前發生的另一個活動。

這段影片剛出現時受到極大的關注，於是研究人員又錄製了一支新的影片。我在網路上找到，試了一下，這次，由於我已經知道大猩猩這回事，因此當我一邊在數球時，一邊已注意到他出現在螢幕上，並因而自我感覺良好（我什麼都看到了！）。但研究人員在影片結束時又來了一個令人意外的問題：你有注意到其中一個球員離開球場嗎？或者，你有注意到背景布幕的顏色在比賽中途從紅色改變成金色？如果你和多數人一樣（包括我在內），你的

3. 你可以到YouTube找出這段《為什麼你沒看見大猩猩》（The Invisible Gorilla）的影片，試試看，你一定會很驚訝！

回答是沒有，沒有。

如果你沒有注意到捶胸的大猩猩和背景顏色的變化，你很可能正錯過身邊的許多事，許多可能使你轉運的事。那麼，你如何改變它？巴納比和我仔細回想，有一次我們在芝加哥參加會議，一天晚上剛好和兩位研究注意力的神經心理學家坐在一起。晚餐時（我注意到餐桌上有美味的烤魚），我提起那個多數人都「沒看見的大猩猩」和知道該看什麼地方的問題。艾德·漢姆林博士（Dr. Ed Hamlin）——任教於杜克大學與北卡羅萊納大學，目前擔任阿什維爾（Asheville）的「人類潛力促進中心」（Center for the Advancement of Human Potential）主任——解釋，良好的注意力是靈活的，它使我們得以在狹窄的視角和寬廣的視角之間迅速轉換。在大猩猩影片中，你的狹窄視角集中在計算球數，所以你錯過了更大的畫面。如果你讓自己用寬廣的視角去看那個場景，你會看到大猩猩，但你無法計算球數。

那麼應該看什麼地方才能看到全部？

「良好的注意力是靈活的，」漢姆林博士又說，「你必須隨著需求和環境而調整。」棒球迷的他敘述他剛看過的一場職棒大聯盟全明星賽，二壘手漏接了朝他方向打過去的一顆球。「他在練習時可能已經接過幾百顆這種球而從未失誤，但這次他看了一眼跑者，結果失去了準頭。」從狹窄視角切換成寬廣視角的能力是比賽獲勝，或令人痛心的失誤的關鍵。

轉移注意力並知道在正確的時刻去看正確的地方，不是那麼容易的事。漢姆林博士坦承，即便他致力研究注意力問題，他的妻子仍常抱怨他從來不知道晚餐什麼時候會準備好。他忙著鑽研他眼前的工作，以致錯過其他的信號，譬如已經晚上七點半了，而且廚房飄出陣陣烤雞的香味。

專注力很強的巴納比指出，即使我們坐在一間嘈雜的餐廳內，四周都是喧鬧聲，如果有人從房間另一頭說出他的名字，他立刻就能聽到。坐同一桌的大衛・齊格勒（David Ziegler）——舊金山加州大學醫學院的神經科學研究人員——稱之為「彈出式的注意力」（Pop-out attention），無論發生什麼事都會抓住我們的注意力。更重要的（以及細微）是「由上而下的注意力」（top-down attention），只有當我們關注時，我們才會注意到那些事件和情況。

我們每天都受到數以百萬計訊息的轟炸，當我們知道我們想專注在哪裡，或我們想觸發哪些可能性時，我們會很幸運。估計各不相同，但IBM的大數據分析師說，我們每天建立大約2.5百京（quintillion）位元組的資訊，你可以寫成250,000,000,000,000,000，如果這樣能幫助你了解我們談的是多麼龐大的天文數字的話。不用說，我們天生哪怕是其中最微小的部分都接收不到。可能性來自四面八方，如果你等待那些資訊位元組，或可能性，或一點刺激轉成運氣，你肯定會錯過它。如同那個大猩猩影片一樣，你必須知道你要看哪裡，因為看對地方你才能得到幸運。

當你想到運氣時，你通常是用「彈出式的注意力」。你贏了樂透彩券！你走到路口剛好交通訊號轉成綠燈！一棵樹在暴風雨中倒下，但你的房子逃過一劫！這些事本身就是好運，很難不被注意到，但大多數運氣都是以隱微的形式出現，當它在你四周若隱若現時你必須關注它，隨時準備抓住它。

巴納比和我離開餐會後，我們談到了辨識幸運機會的挑戰。我們說好各自更努力地去看更多的可能性，但那只是第一步，而且是一般的步驟。現在是開始分析、了解有助於運氣的具體步驟與行動的時候了。不過，還有一個話題我們必須先討論與了解，那就是真正的機會發生的概率到底有多少？

第3章——選擇你想要的統計

了解成功的機率……不要把風險和運氣混為一談……
偶爾也可以在波士頓穿夏威夷衫。

談到自己的運氣必須自己創造時，巴納比和我通常會簡單地說「運氣不會從天上掉下來」，但如果你要從字面解釋我們也能理解，即使真相不是百分之百正確。一九五四年，一個名叫安・霍奇斯（Ann Hodges）的婦女在阿拉巴馬州錫拉科加（Sylacauga）她家的沙發上睡午覺，一塊黑色的大石頭忽然從天而降，穿透她家的屋頂，擊中她的髖骨。這個從天上掉下的不幸使她成為歷史上唯一被確認遭隕石擊中的人。

你可能不會花太多時間去擔心被隕石擊中，因為「你更可能同時被龍捲風、閃電與颶風擊中」——佛羅里達州立大學天文學家邁可・雷諾斯（Michael Reynolds）就許多年前發生的這起意外事件表示意見，但我們仍然擔心。科學家說，六千六百萬年前一顆小行星撞擊地球，引發氣候巨變，導致恐龍滅絕。那是非常非常久遠以前的事了，而且是極其罕見的現象，但誰知道，萬一每六千六百萬年就有一顆小行星撞擊地球，說不定就是明天。[4]

4. 在《世界末日》（Armageddon）——一九九八年票房收入最高的電影中，一群鑽油人員進入太空拯救地球，解除一個即將撞擊地球的小行星威脅。結果，地球的生存全靠布魯斯・威利。

既然認為運氣是由機會、才能與努力交會而成，我決定現在最明智的做法就是把機會放一邊，專注在另外兩個要素上，你可以控制的兩個要素。但我也明白，無法預測和不可預見的事件似乎難以抵擋。如果你會被隕石擊中，其他的一切都無關緊要了。

因此，在弄清楚製造運氣的原則之前，我想對隨機性有一個更好的觀點。我們都遇到過瘋狂巧合的情況：你去一個遙遠的地方旅行，居然就在那裡遇到一個你認識的人；或者一個大學時代的老友叫你時，你的心中正巧想著她，你的反應也許是「**太驚人了！這怎麼可能？**」。

但事實證明，這種機率可能和你預想的很不一樣。

隨機和不可能，都讓我們著迷，至少是一部分，因為它能戲劇性地顛覆生命和期待。地球上有七十億人口，即使某件事只有百萬分之一的機會，它也會發生在七千個人身上，那可是很多、很多的青天霹靂。

不可能的機率並不表示這件事不可能發生。二〇一六年，博彩業者對英國萊切斯特城（Leicester City）足球隊贏得超級聯賽冠軍下注的賠率是五千比一。從某個觀點，博彩業者對博諾（Bono）成為下一任教宗也定出相同的賠率，但基本上，這種賠率意指：**你瘋了嗎？這是不可能的事**。

英國足球超級聯賽實力強大，沒有選秀或薪資上限，過去二十年的總冠軍被同樣四支球隊輪流包辦，經費較少的萊切斯特城隊在上一季比賽中輸了好幾場球，差點就被降級。他們最接近總冠軍的一場比賽是一九二八至二九年的賽季，球隊花在球員身上的經費大約是較受歡迎的曼聯隊（Manchester United）與兵工廠隊（Arsenal）的十分之一。

但無論如何，這次他們贏了。從一方面來思考五千比一的機會是：如果超級聯賽進行了五千年，萊切斯特城隊會有一次贏得總冠軍的機會，英國廣播公司（BBC）稱之為「有史以來最偉大的體育傳奇之一」。離美國近一點的，全國廣播公司（NBC）體育頻道說：「這不是我們美國人能理解的事。」其他報導則指出，在美國的春季集訓期間，連最差的棒球隊贏得世界職棒大賽冠軍的機會都有五百比一，萊切斯特城隊被認為比最差的機率還要糟糕十倍。

但有趣的是，贏得總冠軍後，各方面專家又為這件事提出解釋。他們讚揚球隊在招募與簽約球員時分析正確，稱這位教練令人刮目相看，又說四支著名的頂尖球隊都遭到唾棄。這是萊切斯特城隊球員的運氣好（如同前兩種解釋所暗示的），還是如果你等待的時間夠長的話，五千年的得勝點已經到了嗎？我對英國足球隊所知不多，不敢置喙，但事情發生之後總是比發生之前更容易解釋。

但無論怎麼批評，對於那些不知道英國足球隊跟美國足球隊事實上是一樣的人，都會受到萊切斯特城隊故事的鼓舞。無論時間多長，如果你想要好運發生就不要放棄，有些事情還是可能發生的，你可以改變機率，你可以讓自己和其他人都感到驚訝。

有一則寓言敘述兩個統治者以擲骰子的方式來決定由誰掌控這個世界。第一個擲出骰子，兩次都落在六，而總和十二是最高點數。

「我贏了，你可以放棄了。」他向對手說。

但另一個統治者堅持輪到他擲骰子，他擲出骰子，一次落在六，另一次骰子斷成兩半，一半顯示六，另一半顯示一，所以他的總和是十三。什麼是機率？除非你不斷嘗試，否則你不知道也許會有什麼最好的結果，最終有可能因為超過先前的預期而感到驚訝。

巴納比多年來一直在他的學術領域內研究風險，我在我們下一次的星期三會面時向他提起機率的問題。他指出，有一個打敗機率的方法就是將它們個人化。

「選擇你想要的統計。」他說。

「什麼意思？」我問。

當時我們正在咖啡館吃早餐，我瞄一眼桌上的香蕉麵包，拿不定主意要不要來一塊，巴納比見狀微笑舉例。

「這麼想好了，統計資料說大約有三分之一的美國人是肥胖的，但這不表示每一個人都有三分之一過胖的機會，妳可以決定妳要吃什麼和妳要做多少運動，這兩件事能影響妳的體重，所以妳要決定妳想要哪一種統計。」

「那我不應該吃香蕉麵包。」我嘆口氣說。

巴納比笑著說：「這不是妳真正的問題，再說重點就在這裡，有百分之三十機會過胖是一回事，妳——無論妳是誰——有沒有那個可能性又是另一回事。」

我終究還是吃了香蕉麵包，既然這個話題吸引我，我後來又做了更多研究，結果發現巴納比所說的完全正確。大部分研究顯示，在肥胖症上，遺傳基因只占一小部分，生活型態比其他任何一切更重要。「哈佛公共衛生學院」（Harvard School of Public Health）所做的研究顯示，即使你有肥胖症的遺傳基因，你吃什麼和你有多少運動量對你身材的影響力仍大於你的遺傳基因。你居住的地方也在肥胖症中扮演一個角色，有些州（阿拉巴馬州排名第一）的肥胖率超過百分之三十五；而長久以來始終名列最瘦的科羅拉多州，肥胖率占百分之二十，假如你居住在肥胖率最高的州，但你每天吃水果和蔬菜，並且天天跑步，你就能輕易打敗肥胖的機率。事實上，你完全不受整體肥胖機率的影響。

我們持續早餐會談中有關風險與統計的討論時，巴納比出乎意料地告訴我，他的大女兒曼德琳剛出生時，他想讓她跟他們睡在同一張床上。他的妻子米雪兒認為他的想法極為不妥，她告訴他，與父母同睡的嬰兒猝死的機率是睡在嬰兒床上的五倍，有些嬰兒被父母翻身時壓死，有些是被棉被和毛毯覆蓋，或被擠到床角窒息而死。嬰兒猝死症駭人聽聞的事件和與父母同睡有關的報導不勝枚舉，一項全面的探討結果也顯示，百分之六十九的嬰兒猝死症都是發生在他們父母的床上，統計資料明確顯示，對嬰兒最安全的地方就是他們自己的嬰兒床。

「可是世界各地的嬰兒傳統上都跟他們的母親睡，我覺得這樣對餵奶和其他顧慮也比較方便，所以我換另一個角度去看統計數據。」巴納比說。

他發現許多共睡的風險發生在父母喝醉，或者肥胖，或教育程度不高的情況。另一個關鍵問題是睡在柔軟的表面上——沙發、水床，或太軟的床墊，以及過多的毛毯。他家都沒有這些因素。

「所以我計算了一下，這些標準的風險統計對我們而言可能低於千分之一。」巴納比說，「改變或消除某些風險因素，你就可以改變風險曲線，從而有效改變你的機會，或運氣。」

曼德琳後來躺在爸媽身邊睡了一年，二女兒潔絲敏來報到後也一樣，兩個女兒都好好的，美麗又健康。許多人也許不贊成他的共睡主張，有些人卻大力支持。這個話題仍然有爭議，但爭議越大就顯示這個問題的重要性。

「我們無法消除所有風險，但生活中永遠有取捨。」巴納比說。他指出，在統計上，任何時候開車帶孩子出去也有風險，但我們還是會帶他們出去。「重要的是你要了解你所面臨的風險事實。」

馬克・吐溫有一句名言：「謊言，該死的謊言和統計。」你很容易被專家拋出的數據左右，或誤解它們。如果你聽到一則報導（通常來自電視上的醫生）說吃羽衣甘藍或一天跑十哩路能讓你減少一半特定疾病的風險，這可能意味著你罹病的機率從零點零零二變成零點零零一，但在現實面上，減少百分之五十完全不能代表什麼。如果你喜歡吃羽衣甘藍，那就吃吧！把它做成沙拉，但不要期待它會為你帶來好運。同樣的，你從理論上可以知道，百分之八十的降雨機率預示著十次中有八次可能發生的天氣狀況，但你真正關心的是這天下午的棒球賽會不會取消。

如果你了解這些機率，你就可以和它們一起玩。舉個例，一九九二年，澳洲有個投資集團想出一個中樂透彩券的幸運策略，他們不是只買一張（或兩張、三張）彩券，他們計畫為每一種可能的組合買一張彩券來贏取「維吉尼亞樂透彩」（Virginia Lottery）。當時一張一美元的彩券有六個圈圈，可以從一到四十四中任選你要的數字填上去，這表示總共約有七百萬個組合，要在這些小圈圈中填滿數字需要花很長的時間，於是他們從一百多家不同的零售店買來大量的彩券，這些店家都議論紛紛。一個維吉尼亞居民在這起樂透彩操控案之後舉行的公聽會上抱怨：「沒有人願意排三、四天的隊伍等前面的人填完彩券。」在開獎那一刻之前，這個財團在七百萬個組合中只填了五百萬個，但他們穩操勝算，贏得了二千七百萬元大獎。

你可能不會想在家裡自己嘗試，就算你可以借錢買下所有彩券，現在大部分國家彩券都不容易操盤了（將可選擇的數字從四十四個增加為四十九個，聽起來也許沒什麼大不了，但可能的組合卻從七百萬倍增為一千四百萬），而且就算你贏了也有風險，你必須和其他（隨機）選對組合的彩券持有人分享獎金。在許多大型彩券中，例如全國性的「百萬大樂透」（Mega Millions），無論多少零售業者支持你，你都不可能列印彩券數字，但那些澳洲投資者秉持的一般理論是正確的：如果你增加你的機會，你就會增加你的勝算。

我第一次聽到這個維吉尼亞彩券的故事時，第一個想到的是：**呀！這個財團在七百萬個組合中只完成五百萬個，他們仍然有可能輸！**巴納比說他的想法——七分之五，是：**勝算很大！**這就是統計和概率有趣的地方，它們只是數字，我們卻為它加入自己的情緒。當你在創造你的運氣（和過你的生活）時，你會決定要在家庭與財務等各方面冒多少風險。

我認識一個年輕人，他在二十多歲時把大量的時間都用來攀登冰山，他體格強壯，小心謹慎，當然不會犯下統計學上所說的導致高運動事故率的錯誤。但是一旦他累積足夠的經驗，能攀爬越來越陡峭的路徑，並且花更多的時間在滑坡上時，他明白他不可能不斷地擊敗死神。當你攀登一個難度很高的冰山時，可能會有你預料不到的意外發生，於是他收起了他的登山繩。

其他的登山者不斷攀登岩石與山脈，參與高風險活動。全球最著名的阿爾卑斯登山家烏利・史塔克（Ueli Steck），二〇一七年在攀登埃佛勒斯峰時不幸罹難，他曾在馬特洪峰等幾座著名的山峰創下快速登山紀錄，也曾在阿爾卑斯山的每一座山峰以破紀錄的速度攻頂，在六十二天內攀登了八十二座山（每一座山的高度都在四千公尺以上）。他在四十歲英年遇難令人感傷，但史塔克一定明白他是在對抗艱難的比賽。他做了這樣的選擇：刺激的生活與腎上腺素值得他冒險。你、我和我的登山朋友做了不同的選擇，但我們每個人都透過這種選擇為自己界定什麼是幸運的人生。

下一次巴納比和我又去了「運氣實驗室」，這回我們在樹林中走另一條小徑（這次沒有那麼泥濘，不必再為科學犧牲一雙鞋）。我提到在我們所做的調查中，大約百分之六十六認為人可以藉著冒險為自己創造運氣，巴納比不完全同意他們的觀點。

「每個人對冒險各有不同的觀點，多一點冒險等於多一點運氣的說法不一定是真的。」他說。

把冒險和運氣連結在一起的觀念在美國深植人心，我們過去崇敬策馬越過原野尋找運氣的勇敢牛仔，現在我們讚揚不墨守成規、敢於冒險、一路奔向勝利榮光的牛仔企業家。它也許可以拍出精采的電影與風俗民情，但不太符合現實。

「最幸運與最成功的人往往看似他們在冒險，但他們都有他們的底線，才不至於跌得太深。」巴納比說，「我屢次從那些發財的人口中聽到，他們沒有冒任何風險，而是看到別人沒有的，然後抓住機會創造他們自己的運氣。」

我們在林中漫步時，我注意到旁邊有一座用木板和鋼纜搭建的向下俯衝的長橋。它橫跨在一座池塘上，但橋的另一頭似乎沒什麼美景可看，我問巴納比想不想走過去。

「我聽說這座橋是普林斯敦工程系學生設計和建造的，」巴納比說。他走了幾個台階上橋，然後毫不猶豫地走到搖晃的橋中央。

「我要過去嗎？」我站在堅固的地面上問。

他看看四周，一會兒後搖頭，然後走回來。

「有時候運氣是不對稱的，這座橋就是個很好的例子。你能在這座橋上得到好運的機會有限，但萬一掉下去，壞運氣的機會很高。」他說，「不是所有的風險都值得一試。」

我們折回「運氣實驗室」，巴納比告訴我，在他的職業生涯早期，他曾經為一家石油公司擔任諮詢（這個人什麼事都做過！），這份工作使他思考了很多不同種類的風險，以及它們的回報。巴納比解釋道，地理學家通常會帶著聲納設備到野外尋找可能蘊藏石油的地點，他們收集廣泛的資料並找出成功的機率（永遠也不確定）後，再由公司決定開挖哪些地點。鑽油成本很昂貴，他們不可能隨便到處鑽。

「為了獲得成功率最高的產量，你會探鑽能為公司產生利潤的中型油田，」巴納比說，「但你同時也有壓力，希望能在意想不到的地方找到巨大的蘊藏量，但是這種探鑽成本太高，你很難兩者都要，所以你多少會選擇其中一種。那些不同的方法會吸引不同類型的冒險者，無論他們是工程師或主管。」

在我們自己的生活中，我們也常做這樣的決定，我是要追求成功的概率小但回報巨大的遊戲？還是採取雖然少一點戲劇性但結果會更持久的安全策略？換句話說，當你的孩子在觀賞一場籃球比賽時說他這一生的願望是進NBA打籃球，你應該鼓勵他嗎？除非他的身高有六呎七，而且不曾錯過任何一個三分球，你大概不會鼓勵他。我們喜歡聽到人們有宏觀的思想、勇於冒險，並且獲得勝利的事，但你也同樣可以靠更明確的路徑和更安全的賭注過美好的生活。

「走英雄之路不是通往幸運的唯一途徑，」巴納比說，「非凡的結果是罕見的，如果我們以為那是為自己創造運氣的唯一定義，我們就是在戕害自己。」

巴納比講述他的鑽油例子之後指出，一個石油工程師可以決定在寒冷的北極待上十年，尋找能改變一切的未被發現的油井，或者他可以去溫暖的休士頓，那裡有可預測的油田和穩定的回報。電影製片公司也面對相同的問題，他們可以採用安全和多少可預測的主題（哈囉，「**蝙蝠俠18**」！），或嘗試某種異乎尋常、可能失敗但也可能大賣座的東西。一個大四學生在考量他的未來時也會做類似的計算，我是要為一個明確與穩定的未來而去讀牙醫學院？還是成為一個青年創業家，把一切都投資在你的想法上，開創以郵購方式銷售冰淇淋三明治的事業？

根據統計資料過生活理論上是成立的，你可以看到多少牙醫破產，以及多少創業家成功。你可以檢視多少人喜歡冰淇淋和你會有多少競爭對手，計算你成功的機會，然後決定最幸運的途徑。但我們大多數人都沒有內建「這怎麼可能？」的意識，我們做決定都根據一般的資訊，或我們的朋友做了什麼，或者我們一意孤行（因而冒非常愚蠢的風險），即使勝算極低，我們仍期待美好的結果，而且我們總是忽略潛在的不利因素。

我是加州理工學院物理學家李奧納德．曼羅迪諾（Leonard Mlodinow）的大粉絲，他的暢銷書《醉漢走路》（The Drunkard's Walk）多年以來一直是我的床頭書。他用一種有趣的方式解釋統計機率，曾經（有點異想天開）懷疑如果可能出現的結果是：一人贏得財富，其他數百萬人一無所獲，還有一人死於暴力，這種情況下會有多少人去買國家彩券，因為這種事經常發生。把汽車事故統計和多少人出門買彩券的統計合計起來，他認為每一種大型樂透彩大概會多增加一起死亡車禍。

多年前我還在一家大型雜誌擔任主編時，公司每個月會舉辦一次全體員工早餐會，除了水果盤和堆積如山的奶油甜甜圈外，我們還舉辦抽獎活動，每一個出席的人都可以參加抽獎。執行長會從一頂帽子裡面抽出號碼然後頒發獎品——一家餐廳的免費雙人晚餐券、禮物籃、設計師披肩。中獎人衝上台領獎時，總會有人大喊：「我不敢相信！我以前從未中過獎！」

當然，這不是意外，抽中禮物或贏得任何一種彩券意味著挑戰成功。但巴納比告訴我，他的妻子米雪兒經常在他們附近的Trader Joe's超市抽到一個禮拜的免費購物大獎。成千上萬的人去那家生意興隆的超市消費，但她卻有三次抽中大獎。

「沒道理。」他說。

然而意想不到的事，無論好、壞，總是會發生。數學家會說，問米雪兒中獎三次的可能性有多少，和問**有人**中獎三次的可能性有多少，這中間有很大的差異。這樣想好了，如果每個星期有一萬人把他們的摸彩券投入箱子裡，你就有萬分之一的中獎機會，但有百分之一百的機會有人會中獎，以及同一個人在幾個月之內兩度中獎，並不像聽起來那麼不尋常。數學家稱之為「大數法則」（law of big numbers，又稱「大數定律」），它為我們提供一種新的思考可能性方式。若干年前，紐澤西有位婦女在四個月內兩次贏得國家彩券，比米雪兒在超市中獎更驚人，對吧？記者說，這位婦女以十七兆分之一的機率取勝，但普渡大學（Purdue University）兩位統計學家史蒂芬．山繆博士（Dr. Stephen Samuels）與喬治．麥凱比博士（Dr. George McCabe）有不同的看法，他們指出，這個機率是根據一個特定的人在兩次樂透彩中各買一張彩票，結果兩次都中獎而計算的，但是在成千上萬人購買上億張彩券的情況下，這個國家的某個地方出現雙重贏家的機率和前者是截然不同的。十七兆分之一？不，它更像三十分之一。

另一個經典例子是生日派對問題。如果你去參加一個有二十三人的生日派對，可能其中會有兩人的生日在同一天，但如果你想在一個裡面可能會有人和你同一天生日的房間內，你就需要更多的人，可能多達一百八十三人（如果你開始頭暈了，我們會在後面計算）。

重要的是有時要記住，你大可以把這些機率拋出窗外，決定你自己來創造你的運氣。

巴納比想到有一個人是這方面的專家，這個人是他的舊識，也就是Trader Joe's超市的前總裁道格・勞奇（Doug Rauch）。

「所以這是米雪兒中獎的原因！」我說，「它早就內定了！」

「絕對不是！他已經不在那裡了！」巴納比矢口否認。

於是我們給道格打了一通電話，我很快便深信他對米雪兒中獎這件事毫不知情，但他知道其他許多雜貨業界的成功故事。當Trader Joe's還是洛杉磯的一家小型超市時，勞奇是早期的員工之一，並且創下一些成功的事蹟，包括夢想成為美國的「國民堅果醬」（All American Nut Butter）達人。「蛋白質含量比花生醬高，而且便宜很多！結果我們賣出數百萬磅。」他告訴我們。時隔多年，提到這件往事他依然感到驕傲。

有一年美國的花生收成不好，導致午餐主食消費大幅提高，於是他想到以棉籽來取代花生。研發過程相當複雜，但他從這裡學到寶貴的一課，就是「當你用更創新的思維時，好運就會降臨，不要只是看現有的東西，要開始去思考不存在的和**可能**存在的東西。」

把棉籽變成花生（聽起來像魔法）不是勞奇唯一的冒險，他還提出一個計畫，要把公司三級跳，從加州擴展到三千哩外的美國東岸。這個風險夠大了吧？簡直是瘋狂、愚蠢加荒謬的冒險。股東和執行長都喜歡這個點子，但創辦人喬・庫隆姆（Joe Coulombe）——當時已經離開了——約他出去吃午飯，勸他搬去波士頓時不要把加州的房子賣掉，認為這件事行不通，他一定會回來。

「我心想，這個人是Trader Joe's的創辦人欸！這就像上帝在對我說我一定會失敗一樣。」他說。

如果這個神聖的信息還不夠，堅毅的新英格蘭人、生產天然牙膏的緬因公司（Tom's of Maine）創辦人湯姆．柴培爾（Tom Chappell）也把道格帶出去共進晚餐，同樣表達他的疑慮。湯姆不看好Trader Joe's往東岸發展，包括他們的員工制服。

「湯姆說，『你該不會要他們穿夏威夷衫吧？我的意思是，在加州穿還算合理，有海灘、有衝浪，但在波士頓，你們看起來會活像一群白癡。』」道格回憶道。湯姆還認為整個超市的模式——沒有生鮮櫃檯、服務或熟食——一定會失敗。波士頓是新鮮魚類之鄉，誰會去買冷凍魚？「那頓晚餐後我沮喪極了，我早已請我們的制服供應商做一件長袖的夏威夷衫看看是什麼樣子。」

長袖的夏威夷衫看起來和聽起來一樣可笑，於是勞奇決定對這個人人都看衰的預測冒險一搏，硬是把夏威夷衫和冷凍魚帶到東岸。如果可能性不利於他，他就自己創造可能性，也就是堅持他相信的模式。「它緩慢，它困難，它得艱苦工作，還得不斷掙扎，」勞奇告訴我們，「但做生意就是這樣，人生也是，它不是一夜就能成功多少次。你不能改變自己去成為別人，你必須相信你自己，並且有勇氣堅持下去。」

道格和他的團隊堅持這項計畫，不斷地在東岸擴展，最後他成為Trader Joe's的全國總裁，到二〇〇八年他離開時，他已增設了一百零四家分店。

對抗重重困難不會總是成功，但偉大的成功故事很少在人們的預料中。這個賭注是：員工穿繡花襯衫站在櫃檯後面賣新鮮魚類，Trader Joe's在波士頓的生意會更好，但道格以他自己的直覺及他對食品業的研究與洞察力而採用不同的方法。

計算該不該賭一把是個簡單的方程式，至少對數學家而言是這樣，你只要把一件事發生的機率乘以預期的盈利就行了。例如，假如你贏得一千元的機率是百分之十，你就把百分之十（零點一）乘以一千，得數是一百。理論上，你應該樂意為這個機率投注一百元，但在現實生活中，機率和潛在收益不會總是那麼清楚，而且還會受情緒的影響。我會把這個問題看成無論我投入多少錢，我輸的機率是百分之九十，所以也許我冒險投注五塊錢就好了（這說明了為什麼我沒有從事私募基金或風險投資的事業）。

那麼，道格把Trader Joe's搬到波士頓時成功的機率是百分之十？百分之二十？還是百分之五？他的每一個行動都會改變機率，而且最終這才是創造你自己的運氣最重要的一點。與道格談話後不久，我接到一個經紀人打來的電話，通知我已被列入領導執行一項令人興奮的計畫的考慮名單中。有一大票可能人選已被淘汰，她認為大概還有十個人在競爭名單內。

我沒有太興奮，事實上，我立刻告訴自己那是不可能發生的事。十分之一的機率不算很好，其他人都非常優秀，於是我不理會它，靜待結果。

但是慢點！我有辦法改變那些機率嗎？我的本能是退縮，如果不期待就不會失望，但你也不會得到好運，所以我開始思考怎樣才能讓自己脫穎而出。我給若干人打了電話，發一通有趣的電子郵件，我提出過去做過的一項類似的計畫，希望能有所作為。我一開始也許沒有做明顯的選擇，但在波士頓穿夏威夷衫也不是十拿九穩的事，總得有人使它們成功。

一個星期之後我接到電話，得知角逐者已縮減到四個，做決定的人可能在星期三與我會面。但碰巧的是，我必須飛到巴哈馬發表演說，但……**你自己要去創造機會！成為你想要的統計！**於是我多花一筆錢將我的飛機班次改到第二天（仍然及時趕上演講）。我盡全力準備這次會面。

寫到這裡時，我仍不知道我是否已獲得那個計畫，但有沒有都無所謂，我已盡我所能去改變對我有利的機率。無論如何，我已努力在創造我的運氣。當你回顧你的生命時，你知道讓你感到幸運的是你已盡力，並且相信和嘗試去改變你的成功機率。

我和一個名叫克麗絲汀．克拉克的婦女——她住在科羅拉多州的波德，或者曾經住在波德——談起這件事，聊著聊著，她告訴我，她和她的丈夫與他們讀一年級的女兒下週就要移居巴黎了。

「好棒啊！」我說。

在個人冒險方面，這是我聽過最大膽的行動。

小時候住紐澤西的克麗絲汀從小就很嚮往巴黎，她和她的高中情人克里斯帝結婚後，兩人去這個美麗的城市度蜜月，生完孩子之後又帶著嬰兒去遊巴黎。他們每次度假都去巴黎，最後在聖日耳曼德佩區（St. Germain des Prés）附近買了一間公寓並已整修完畢，她覺得有新的冒險是正確的。

既不懂法語又帶個幼小的孩子遷居巴黎，聽起來相當冒險，但克麗絲汀已做好萬全的準備。

「我們在波德的生活很快樂，但在巴黎我的心會唱歌。」她說。

身為執業的心理治療師，她經常告訴夫妻要去嘗試他們以前沒做過的事來創造運氣（和愛情），「要常問自己為什麼做這件事，」她說，「我這樣做是因為這是我熟悉的嗎？改變是困難而可怕的，但要想，如果你願意忍受一點點不舒服，你就可以創造所有運氣。」

和克麗絲汀談過話後，我總是不由得想起她，我想像她逛羅浮宮，吃巧克力麵包，帶著她的女兒在盧森堡公園玩。她為自己增加了幸運生活的可能性嗎？也許會有統計顯示有多少人住在波德和住在巴黎是快樂的，而且毫無疑問，如果你遷居到你夢想的城市，而不是老待在一個地方不動，也許有些數學家就可以找出婚姻幸福的機率。但即便如此，我也會叫克麗絲汀別去理會它。任何一個人生都會有好日子與壞日子，試著讓好日子比壞日子多一點，你就是幸運的。也許做一件會讓你的心唱歌的事，是成為你想要的統計的一種方法。

PART 2

如何得到幸運

我發現，即使是那些斷言一切都是命中注定、我們不可能改變的人，他們過馬路時仍然會注意兩邊來車。

——**史蒂芬・霍金**（Stephen Hawking）

第4章——滑到冰球會到的地方

去機會能找到你的地方……一件事會引發另一件事……

你可以離開媽媽……德蕾莎修女為什麼坐頭等艙……

星期一和星期二待在普林斯敦的「運氣實驗室」後，每個星期三巴納比會帶著許多新的想法和理論跟我見面，而他到紐約的第一個問題總是問我見面的地點。過去我在城裡有一、兩個喜愛去的地點，但現在我在外頭逗留的地方大大增加了：哥倫布圓環一家新開的餐廳，中央公園的船屋餐廳，西城的一家咖啡屋——巴納比總是找到一個比上次更好的地方。

「把你的時間用在什麼地方，很重要。」有一天，我們在大城市中不斷擴展的共享空間坐下時他說，「為了得到幸運，你必須在周圍都是機會的地方。」

他告訴我，他在思考地方如何影響運氣時，會不斷重提偉大的冰上曲棍球員韋恩．格雷茨基（Wayne Gretzky）的話題。

「他對運氣有著驚人的洞察力。」巴納比說。

格雷茨基在一九八〇年代與一九九〇年代先後四次奪得斯坦利盃（Stanley Cup）冠軍，創下至今無人能超越的得分紀錄。當他被問到如何打進這麼多球時，他永遠只有一個答案：「我滑到冰球會到的地方。」

我盡可能掩飾我的失望，如果巴納比認為這句話很精采，想必它是，但……這是真的嗎？

「滑到冰球會到的地方？」我重複。

巴納比點頭，「這在生活中非常重要，不是只有曲棍球，因為幸運的人會把自己放在機會出現的地方，然後冷靜以待，機會接近時立刻抓住它。」

「可是，不是每個人都這樣嗎？」我問。

巴納比搖頭，「大多數人都在家看電視。」

我笑了。他說得對，最近的尼爾森（Nielsen）調查統計顯示，美國人平均每天花大約五個小時看電視，另外花兩個小時左右看他們的手機與平板上的消費媒體。一天七小時，幾乎是全職工作了，但除非你準備擔任《與星共舞》（Dancing with the Stars）的評審，否則坐在家裡看電視是不會有好運的。運氣來自你可以得到意想不到的好處的地方，你家的沙發不是這種地方。

「我們應該印製『運氣殺手』的貼紙貼在電視機上！」巴納比開玩笑說。

我提醒他我當過電視節目製作人，但我懂他的意思。

格雷茨基的滑冰名言既有趣又實際，而且真實不虛，因為當他接近球時，他已準備好了，而且往往是唯一得手的人。無論是尋找工作、配偶，或體育獎盃，你都可以從積極的事會發生的正確位置來達成各種（字面的，或寓意的）目標。我已了解，幸運事件不像它們表面看起來那麼偶然，在正確的時間處於正確的位置也許純屬偶然，但往往有個合理的軌跡讓你到那個地點。如果你想得到幸運，你必須考慮你要到的地方，以及冰球會在的地方。

我想起一個有關奧斯卡金獎女星莎莉．賽隆的故事。莎莉．賽隆童年遭遇一連串不幸後離開她的祖國南非，她的母親出於自衛射殺了莎莉酗酒的父親（後來沒有被起訴）。莎莉離開故鄉後先是到義大利，後又移居美國，希望能改變她的運氣，但幸運之神沒有立即眷顧她。她想成為舞者，但她的膝蓋受傷了，因此非常沮喪，此時她的母親勸她返回南非，但年方十九歲的莎莉給自己最後一個機會，她去了洛杉磯。起初並不看好，直到有一天，她去銀行兌現一張她母親從南非寄給她的支票，但卻遭銀行員拒絕，她氣得當場大吼大叫。

如果你以為這是運氣降臨的地方，且慢，當時銀行內有個顧客正巧是個星探，他看到這個美女情緒激動的模樣，便給了她一張名片，這張名片開啟了她的演藝事業。

我不是暗示情緒爆發可以得到好運，但莎莉在到處碰壁後前往洛杉磯，把她自己放在一個最可能出現機會的地方。假如她放棄了，返回南非，家人都能理解並安慰她的運氣不佳，但相反的，她給自己找到一個幸運的機會，結果二〇〇四年奧斯卡金像獎最後頒發給她，而不是別人。

美國人向以行動積極著稱，但像莎莉這樣的大舉動在這裡並不常見。根據《紐約時報》的一項分析，只有不到百分之二十的美國人住在距離他們的母親幾個小時車程以外的地方，而且全國有一半成年人的居住地與他們的母親住處相距不到十八哩[5]。我是個大力支持母親的人，但她們不一定是所有運氣的來源，離開母親可以形成一種新的關係和更好的可能性。

抓住運氣有時很複雜，因為機會不是常常可以預測的。你可以搬到洛杉磯，計畫去參加廣告試鏡，結果你在銀行發飆，被星探看上，接受表演訓練，最後演出一個重要的角色而奪得一座奧斯卡金像獎。這些事件中的每一個（在銀行發飆、被星探看上……）都可能有無數不同的結果，而且不會無可避免地引發下一個，你必須看到可能性然後抓住它。

巴納比可以舉出許多人們因為去機會在的地方而得到運氣的例子。希臘船運大王歐納西斯一開始也不是那麼幸運，他的家庭在希臘與土耳其的戰爭中失去一切，少年的他逃到布宜諾斯艾利斯，但歐納西斯即使窮到沒有能力去餐廳吃飯，他也會去最貴的飯店點一杯茶。

「他知道如果你想致富，你要去富人在的地方！」巴納比說。

歐納西斯一路走來打破了一些法則，他找到一個電話工程師的職務，以便聽取他人的洽商電話內容，然後找出他自己的觀點。他總是去可以認識會幫助他的人的地方，他說這個法則使他成為全世界最富有的人之一、歌劇名伶瑪麗亞·卡拉絲的情人，以及甘迺迪的遺孀賈桂琳的丈夫也許有點太過，但他堅定不移地創造自己的運氣確實有助於他反彈，而他的追求原則果然也得到共鳴。

我可能不會把我的最後一毛錢用在去豪華飯店喝茶，但也許這就是為什麼我不能像歐納西斯那麼富有的原因。想得到幸運，你必須去你能製造機會的地方，要找到不做某件事的理由和藉口很容易，失敗主義者的態度有時看起來也像是理性的態度，也許它是，但那不是會讓你得到幸運的態度。

「恐懼和缺乏信心是運氣的一大障礙，因為它們阻撓你去追求你想要的東西，和能讓

5. 由於父母並不總是在一起，追蹤媽媽顯然比追蹤爸爸更有效率。

你達成目標的關係。」巴納比說。

當你坐在家裡長吁短嘆或躲在棉被底下時，你不是運氣的好標的（運氣不像牙仙子，它不會在你睡覺時悄悄接近你）。如果你想創造運氣，你必須鼓起勇氣去嘗試意想不到的事。巴納比深信格雷茨基的「滑到冰球會到的地方」法則適用於每一個人，而且秘密只有一個，就是把它用在你的目標上。即使是聖人，也需要製造運氣。

「這就是為什麼德蕾莎修女出國都坐頭等艙！」巴納比說，「她從印度飛往倫敦，坐頭等艙比坐其他地方更能為她的慈善事業籌募到經費。」

回到家後，我立刻上網查，德蕾莎修女一生中大部分時間都住在印度，畢生奉獻給她所謂的社會上無家可歸、沒有親人、乏人照顧的人。她創立了一個名為「仁愛傳教會」（Missionaries of Charity）的慈善團體，幾年下來迅速擴展，到了一九九七年她辭世時，在全球一百多個國家中已有數千名修女加入這個團體，誓言「為窮人中最貧窮的人提供至誠的免費服務」。

德蕾莎修女很快就想到這個團體需要很多錢來照顧窮人和被遺忘的人，於是她決心籌募慈善捐款。雖然她相信要了解窮人就必須跟他們一起生活，但她搭飛機卻經常坐頭等艙，為此她常遭受批評，但她在頻繁的旅行中坐頭等艙，最終為她帶來使她得以把慈善事業散播得更遠的運氣。她在從印度飛往倫敦（以及其他地方）的長途飛行中與人交談，為她帶來一群贊助她募款的觀眾，她有一些最大筆的捐款就是這樣募來的。她知道那些坐得起頭等艙的人，可能比那些坐經濟艙的人更能夠為她的理想慷慨捐輸。在個人方面，這位瘦小但意志堅定的女性是很難被拒絕的，她的熱情就是她的力量。

德蕾莎修女在二〇一六年被天主教會追封為「加爾各答聖德蕾莎修女」，這項冊封引發一些爭議（但沒有提及她的旅行安排），而即便在她務實的日常生活中，批評者有時也會指出她與可疑的（但是富有的）高級主管與獨裁者之間有許多聯繫。更積極的是，她盡其所能努力為她的重要活動籌募基金，為那些最需要的窮人帶來一些運氣。有時她在印度，有時在國際會議上，有時只是走到飛機頭等艙的洗手間，她都可以找到能幫助她的人。她去捐助者會去的地方。

八〇年代一支新浪潮搖滾樂團「The Fixx」有一首暢銷歌曲叫〈一件事引發另一件事〉（One Thing Leads to Another），歌迷對熱舞節拍的興趣可能大於歌詞背後的哲理。但這首歌的歌名正好吻合一個簡單的事實，因為在生活與運氣中，一件事**的確**會引發另一件事。你為一個積極的結果設定一個舞台，其餘的自然會接踵而至，而且運氣往往越滾越大。如同作家E. B. 懷特（E. B. White）所說，「由於一件事總是引發出另一件事，事情會變得多麼複雜是沒有限度的」。

物以類聚，有雄心壯志的人往往湊在一起，他們心中隱約認為運氣會帶來更多運氣。馬克・祖克柏（Mark Zuckerberg）就讀哈佛大學時創辦社群網站「臉書」（Facebook），有一年夏天他把公司遷到帕羅奧圖（Palo Alto），希望為他的團隊提供最佳的機會。他去了幸運的地方，在那個以科技為核心的環境中，一件事一定會引發另一件事，因為一個人會牽引出另一個人。祖克柏聘請西恩・帕克（Sean Parker）——在線音樂網站「Napster」創辦人——擔任他剛創辦的公司總裁，為了尋找投資者，帕克去找社群網站「領英」（LinkedIn）的聯合創辦人雷德・霍夫曼（Reid Hoffman）。霍夫曼喜歡這個點子，但不可能投資（他認為會有利益衝突），於是他介紹帕克去找「PayPal」的共同創辦人彼得・泰爾（Peter Thiel），祖克柏因此獲得他的第一筆五十萬美元的天使投資（angel investment）[6]。他把自己放在一個運氣與支持可能流向他的地方而獲益（後來證明是巨大的利益），對祖克柏和「臉書」而言，當一個人牽引另一個人時——從帕克到霍夫曼到泰爾——運氣就出現了。

假如你有一個精采的創業理念，需要一大筆資金去推動，你可能已經想到應該搬到矽谷（或至少去那裡一趟）。你可以在沙丘路上漂亮的馬德拉餐廳（Madera Restaurant）吃一頓豐盛的早餐，並以這筆消費來抵稅，因為坐在你隔壁桌那個人可能就是幫助你的人。他在吃他的韃靼鮪魚時你不會去跟他搭訕，但是當你在採取行動時，世上最大的風險投資家的辦公室就在幾個街區外，你會有更好的機會去建立正確的關係，因為你已經把你自己放在最可能出現幸運機會的地方。

但在買一張飛往舊金山的單程機票之前你應該記住：機會最大的地方，如矽谷或好萊塢，同時也是你面臨最大競爭的地方。巴納比告訴我，生物學家很久以前就從自然界中發現這個現象，稱之為「理想的自由分布」（ideal free distribution），意指：資源最豐富的地點會有更多動物聚集。對一隻麻雀而言，一片散落許多果實與水果的草地看似一個完美的地方，但假如其他麻雀也聚集在那裡，而你屬於勢單力薄的那一邊，又沒有銳利的爪子，也許你到另一頭比較不那麼肥沃的地方會更好。你可能得不到很多堅果和莓果，但你同樣可以接受，謝了，並過著美好的生活（甚至在冬天）。

同樣的理論也適用於希望在尋找工作或愛人、或致富的機會時得到幸運的人。你想去機會最好的地方**和有競爭的地方**。如果你是一個小資本創業家，在印第安那州鄉下勉強苦撐，也許你有必要先發展得更好一點再去矽谷。相反的，如果你的公司蒸蒸日上，而且你比鎮上其他你認識的人做得更好，你也許會想跨出一大步到沿海地區。大膽的舉動只有在你準備好時才可能為你帶來好運。

幾個月前，我認識了一個名叫愛麗絲．布魯克斯（Alice Brooks）的年輕女孩，我們都在愛荷華州錫達拉皮茲（Cedar Rapids）舉行的一項女性領導力會議（一個會發生幸運事情的好地方）發表演說。我發表專題演講，她主持一場下午的座談會，但我們在回程赴機場途中坐同一部車，然後就有說不完的話了。我很高興我們在機場等了很久的飛機。

愛麗絲二〇一〇年從麻省理工學院畢業後，又在史丹佛大學取得機械工程碩士學位。她是少數學理工的女性之一，在史丹佛受到創業精神的啟發，決定為小女孩設計一種組合玩具，鼓勵她們像她一樣培養對工程的興趣。她想製造一種小女孩也能自己設計與打造，並且能連接電路的玩具。

6. 這五十萬美元使這家年輕的公司給了泰爾超過百分之十權利，最終成為他歷來最幸運的投資之一。幾年後「臉書」股票上市，泰爾賣掉了超過十億美元的股票（他是否善用這筆錢就不得而知了）。

「我小時候想要一個芭比娃娃當聖誕禮物，我的父親卻給了我一把鋸子，於是我為自己做了洋娃娃和一間娃娃屋，」她笑著說，「女孩子都需要這種經驗。」

在史丹佛，她開始為小女孩設計有閃爍燈泡和電線的玩具，並且決定和她的朋友貝蒂娜·陳（Bettina Chen）——她同樣讀工程系——一起創業。這是一個很好的構想，但在矽谷，人人都有很好的構想。她們利用幸運鏈中的每一個元素使構想成功：找到正確的門路、群眾外包（crowdsourcing）模式、得到良師益友、到機會事件可能發生的市場上。然後她們上了許多創業家都想去的地方——電視節目《創智贏家》（TV show Shark Tank）。

如果你沒看過那個節目，請相信我，它比節目名稱聽起來更具娛樂性。這裡的「鯊魚」是指五位非常成功的商人（節目稱他們為「業界巨人」），他們聽取創業家的簡報，然後決定要不要投資這些剛起步的公司。節目製作人馬克·柏奈特（Mark Burnett）多年前以真人實境秀《我要活下去》（Survivor）開創真人實境節目的新紀元，《創智贏家》是資本家的「我要活下去」，這個節目紅到製作單位每年收到大約四萬件申請書，人人都想游進這個鯊魚缸，但他們同時也在尋覓能使節目更吸引人的創業家，不久他們便聽說這兩個美麗的史丹佛工程師為小女孩製造玩具的事。

布魯克斯告訴我，起初她接到製作單位打來的電話時有點受寵若驚，但她婉拒了。她認為這個節目雖然以娛樂觀眾為主，但幾位業界巨人都是希望他們的投資會有潛在利潤的精明企業家。她雖然得到一個讓他們留下深刻印象的機會，但假如你還沒準備好去充分利用這個機會，處於正確的地方也沒用，她希望她的公司有更多的營收和更吸引人的故事後再去上這個節目。

最後她終於覺得她們的公司已具備足夠的條件，她可以答應製作單位上節目了。「我們被排在第六季的第一集，於是我們把前五季的節目都看過一遍，記下每一個被問到的問題，」愛麗絲說，「然後我們對問題進行分類，這樣當我們被問到時可以立刻回答，不至於彼此面面相覷。」

上那個電視節目絕對是正確的地方，她們流暢的簡報與快速回答令人印象深刻，結果當然是充分準備會有好處的一個極幸運的實例。億萬富翁馬克·庫班（Mark Cuban）投資了二十五萬美元，擁有她們公司的百分之二點五權益[7]。她們上節目時公司營收已經有一百七十萬美元，第二年營收又大幅增加到五百萬美元左右。幾年之後，在二〇一六年一月，她們將公司賣給一家總部設在威斯康辛的玩具公司，使布魯克斯在三十歲生日以前就非常富有了。

在嘗試思考如何滑到冰球在的地方時，格雷茨基因為完全聽從他熱愛曲棍球的父親的建議而獲益匪淺。儘管格雷茨基從小就有天分，但他的父親仍灌輸他一些比賽的要點。他在自傳中提到他們父子常有如下的對話：

父親：一個人要經過它之前，他最後要看什麼地方？

7. 在節目上，庫班和同為鯊魚的QVC購物網站女王羅莉·格雷納（Lori Greiner）照說應該合作平分投資，但羅莉後來退出。所以你在電視上看到的不一定是創業家真正得到的投資額。

小韋恩：那個人要經過……

父親：你滑到哪裡？

小韋恩：滑到冰球會到的地方，而不是它已經經過的地方。

你要滑到冰球在的地方，這個容易理解，但後半句也同樣重要，你不要滑到冰球**已經**經過的地方。在尋找運氣或成功時，你自然會去其他人已經找到它的地方，你也許會在那裡找到它——科學家告訴我們，閃電絕對會兩次都落在同一地點——但最幸運的機會也可能移動，別人都聚集在以前的幸運區，所以你最好試著想出那個冰球會到的地方。

像愛麗絲這樣的青創家經常會嘗試不同版本的公司產品，保持足夠的靈活度以邁向不斷變化的未來。她把早期的建築玩具帶到鎮上的家庭，觀看小女孩如何玩這些玩具，然後加以改良，努力工作和不斷改變計畫增加了她的成功機會。新創公司都會談他們的測試版，意思是他們仍在嘗試並設法改善，或者他們會說他們現在是2.0版本，意思是第一個計畫不成功，現在進行另一個計畫。這些方法對你自己的生活十分珍貴，當規則改變時（這是常有的事），繼續往前走的唯一方法是……繼續往前走。要容許你做自己的測試版，或繼續往前邁向生活2.0，它不能保證你會有幾百萬美元的回報，但能往前看而不是往後看就會改善你的機會。

青創家和其他每一個需要演化的物種沒有太大的差別，巴納比曾經花了許多年時間研究鳥類學（我有沒有說過他有多方面的興趣？），有一天我們在聊天時，他提到有一種叫野鴿（又稱原鴿）的鳥過去棲息在歐洲與北非的地中海海岸。當城市陸續興起時，這些野鴿有更多的幸運機會在遠離海岸的地方覓到食物，許多野鴿便往內陸遷移。牠們持續追蹤機會到有食物的地方，現在野鴿被稱為家鴿了，也許你曾在你喜愛的城市內見到牠們？

同樣的，猛禽也不是城市內的鳥類，直到一隻紅尾鵟發現曼哈頓第五大道上一棟造型非常華麗的建築是牠築巢的好地方。一個作家為牠取名為「蒼男」（Pale Male），當這棟豪華建築的住戶決定把牠趕走，並拆除牠的鳥巢時，「蒼男」一時名聲大噪。愛鳥人士與奧杜邦學會（Audubon Society）出面干預這項行動，最後鳥巢被重建，並且根據報導，當局又花了四萬美元在鳥巢下方搭建了一個支撐平台（防止任何碎片掉落在行人頭上）。「蒼男」如今在閣樓上已棲息了二十五年以上，並接二連三地換伴侶（最後一次計算是八隻），牠已把許多牠的後代送往世界各地。現在有報導指稱，其他的紅尾鵟在紐約市到處築巢，包括廣場飯店。

野鴿和「蒼男」離開過去正確的地方尋找未來的機會，因而得到幸運，這麼做給人的感覺好像有點冒險，但這種行動能為各種動物帶來回報，當然也包括人類。

在正確的地方得到幸運有時真的名副其實。一九七二年的奧運，美國短跑選手瑞・羅賓森（Rey Robinson）與艾迪・哈特（Eddie Hart）被看好奪得一百米與二百米金牌，但他們的教練記錯了準決賽的時間而錯過了比賽。此案不得申訴，他們被取消資格，這件事被談論了許多年，因為它似乎太不公平，連那些過去從未聽過羅賓森與哈特名字的人都相信他們一定盡全力訓練了許多年，只為了在奧運一展身手。教練一肩擔起所有過失[8]，但假如你沒有

8. 後來發現，教練曾經與一名官員核對，確認他有更新後的時間表。（如果對方是奧運當局，也許你應該核對兩次。）

在正確的地方，你是得不到幸運的。

這又把我們帶回格雷茨基的案例。他總是確保他到了一個可以得到幸運的地方，他還有另一個洞見，不但適用於冰上曲棍球，也適用於人生——「你沒有把球射出去，錯失率就是百分之一百」。換言之，除非你自己披掛上陣，否則你無法得到好運。為了披掛上陣，你必須離開舒適圈（當然也要離開床舖），去見那些能使一件事引發另一件事的人。從外人的眼光看也許認為你很幸運，但你實際上是滑到冰球會到的地方。

第5章——與他人連結的力量

建立新的人脈……在飛機上和鄰座交談……

給人運氣能得到運氣……相信弱連結的力量……參加每一個派對……

一天晚上，在我主持的讀書會上討論艾琳娜．斐蘭德（Elena Ferrante）的一本小說後不久，我們轉移陣地到旁邊的餐桌，那裡擺著一些點心。當我們正在吃水果、義大利冰淇淋（我承認，還有巧克力餅乾）時，一名婦女說她有事要宣布：她的丈夫有個朋友原本和數位界的一個才子共事，但他最近被裁員了，需要找新的工作，誰有任何線索嗎？

我又塞了一粒草莓在口中。什麼？她的丈夫有個朋友本來和某某人共事……關係複雜，聽起來令人困惑，如同在猜測艾琳娜．斐蘭德的小說真實作者到底是誰。

這個需要找新工作的人名叫斯里．斯里尼瓦薩（Sree Sreenivasan），當我得知巴納比認識他時，我不應該太驚訝，因為斯里顯然有廣大的人脈。一個在東京出生的印度記者怎麼會成為上西區一個婦女讀書會的討論話題？我深入了解他的故事後，發現斯里是巴納比下一個理論的完美實例——透過其他人找到運氣。

斯里受聘為大都會藝術館的第一任首席數位長——當時是專為他而設的一個職位——那時已是社群媒體界的風雲人物，他視這個職務為他的夢幻工作。但三年後大都會藝術館決定裁減高層人員，於是在二〇一六年六月請他離職。他事後說，他的第一個反應是驚慌失措，還曾想過退縮。當你失意時，爬進洞裡躲起來是一種自然反應，但除非你是一隻獾，否則躲在洞裡你哪裡也去不了，於是他決定向他的眾多親朋好友和社群媒體上的追隨者尋求支援。他在他的「臉書」上公布他的現況，並表示他通常每天走五哩路，而現在既然他的時間多出來了，他打算走十哩路。他邀請大家報名和他一起走路、一起聊天，然後他貼出一個表格，寫著：「如果斯里有應該考慮做的事，那麼下一步是……」結果大約有一千三百人對他伸出他所謂的「全球的數位擁抱」。顯然到處都有人在談論他，其中包括我的讀書會，但到了那個月底，他已經有了一個新工作：紐約市的首席數位長，其職權比他上一個工作更大。

斯里以一種極為公開的方式，利用他的人際關係以及他廣大的人脈，使好運常在他左右。當他公布他的新職務時，他在貼文中說：「我獲得這個職務是因為我坦然公開的求助，我認為我們越是清楚表達我們需要的協助，人們就越能幫助我們。」

我們或許可以這樣說，運氣多半取決於他人。哈佛法學院教授勞倫斯．雷席格（Lawrence Lessig）指稱，我們越是相互聯繫，我們就越有創造力和創新。[9] 作家史蒂芬．強生（Steven Johnson）在他的著作《好點子從哪裡來》（Where Good Ideas Come From）中指出，在文藝復興時代，「突破來自於一些富有創新思想的天才、天馬行空的夢想家——達文西、哥白尼、伽利略——他們看到了限制他們當代人的地平線以外的地方。」但一八〇〇年以後有了巨大的改變，現在大多數的創意出自協作環境，而不是獨自一個人坐在書桌前面期待「靈光乍現」。許多有創造力的人都在分享理念，互相合作，執事者與發明家互相討論可能性。在我們更加網路化的世界中，與他人合作能創造運氣。

運氣的一個簡單秘訣就是：和那些能夠（以及即將）為你帶來美好事物的人在一起，而且不一定是你想的那些人。家人和朋友也許是你生命中的支持堡壘，但把你推入運氣的平流層的，有時是你最意想不到的關係。

備受推崇的社會學家馬克・格蘭諾維特（Mark Granovetter），他擁有普林斯敦大學與哈佛大學學位，目前是史丹佛大學社會學教授，稱之為「弱連結的力量」（the strength of weak ties）[10]。你與每週至少見面一次的親朋好友或同事之間的關係是「強連結」（strong ties），和交情比較淺或比較不常見面的人是「弱連結」。有趣的是，無論你在數位媒體中想找一個可能的伴侶或一份新工作，這些弱連結通常都很重要。你和你最要好的朋友認識的多半是同一批人，如同社會學家經常說的，你們有「重疊的社交圈」，但那些和你的關係較薄弱的人——例如斯里和那群讀書會婦女——也許各有完全不同的社交圈，和她們連結可能會開闢一個全新的社群——而且每一個新認識的人又和其他許多人連結，你的可能性就會突然增加很多。

格蘭諾維特對弱連結奇妙的矛盾力量的洞見，激發了有關網路以及資訊與運氣如何傳

9. 他在這方面的意識非常強烈，主張大幅開放版權法，並且在網站上提供他的著作《觀念的未來》（The Future of Ideas）讓人免費下載。
10. 他於一九七三年在《美國社會學期刊》（American Journal of Sociology）發表的同名論文，是被引用次數最多的社會學論文之一。

播的複雜研究。知道如何玩人際網絡遊戲的人，通常看起來像是最幸運的人。

巴納比告訴我他有個朋友叫萊拉．賈林斯基（Lara Galinsky），經常在她主持的會議上利用網路的力量。身為許多非營利組織的顧問，她的方法是組織運氣圈，而不是許多人畏懼的把大家召集在一起的標準方法（有誰要去奧林匹克海灘嗎？）。巴納比和我在當地一家咖啡館和萊拉見面吃早餐，她一邊吃著燕麥與冰紅茶一邊說明：她的目標是協助每一個人增加幸運的事件與聯繫的機會。她先把一群人隨機分成幾個五人小組——核心運氣圈，每個人告訴他的小組一件他或她需要得到好運的事——能真正改變人生的事——然後把這些小組聚集在一起，大家隨意走動，彼此互相交談，看他們是否能傳播運氣。

「你在走動時，你的口袋裡揣著五個人的夢想。」萊拉一邊小口啜飲紅茶一邊告訴我們，「它是隨機的、受控制的混亂，但在喧鬧中，我們不時聽到歡呼聲，有人建立了可以創造運氣的連結。」

萊拉的運氣圈是受到「突現理論」（emergence theory）——小事情可以互動並連結起來創造更大的利益——的啟發。她在她主持的會議上將學術理論落實在生活上，把小圈圈引到更大的圈圈。你陳述一件生活中需要得到幸運的事後，其他人知道了並且發心幫忙時，就會產生巨大的迴響。人們在走動時，他們的路徑會交叉，陌生人會變成熟人，某一個你從未想過的人正好就是你需要的、能幫助你得到幸運的人。

萊拉提到她主持的一個運氣圈中，有個年輕婦女告訴她的五人小組，她想去一個特殊的國家基金會工作。小組內沒有人能立即幫助她，但是當這個小團體擴大成大團體時，基金會的名字被傳來傳去，不久有一個人想起她有個同事曾在那裡工作過，可以幫她介紹。哇！這位年輕婦女簡直不敢相信她的運氣會這麼好，她只是說出正確的話，運氣就出現了！

「運氣聽起來很神秘，但它是從知道你想要什麼這個根基展開的。」萊拉告訴我們，「說出你的希望，然後公諸於世，為運氣創造條件。當你很清楚你想要什麼，並且把世界視為你可以影響的對象時，你就會引發幸運的反應。這一切都和開放、可能性，和抓住機會有關。」

數學家會迅速告訴你，房間裡有某個人能和這位求取運氣的婦女產生連結，這在統計學上是合理的。你認識的人越多，你的訊息就傳播得越快，你能連接的關係也會越多。

探索網絡力量的一些最重要的研究，是一位名叫艾伯特—拉斯洛・巴拉巴西（Albert-László Barabási）的大學教授完成的。他的專業頭銜多到幾乎光是靠他自己就可以得到幸運的人際網絡：他是東北大學的物理學及電腦與資訊科學教授，負責主持該校的「複雜網絡研究中心」（Center for Complex Network Research），在哈佛醫學院和兩所主要的教學醫院都有專題研究。在羅馬尼亞特蘭西凡尼亞（Transylvania）出生的他經常在世界各地演講，意外的是，他從未在飛機上遇到過德蕾莎修女。

為了解釋訊息（與運氣）如何傳播，巴拉巴西博士舉了一個雞尾酒會的例子。參加派對的賓客有一百人，彼此互不相識，主人對其中一名賓客（我們姑且稱他為約翰）提到，那支沒有標籤的醒酒器內裝的是極稀罕的昂貴葡萄酒。主人以為他的名酒相當安全，畢竟約翰能認得幾個人並在酒會上分享這個訊息？

答案是：比你想得到的多更多，雞尾酒會變成像萊拉那樣的運氣圈，開始時的小小互動可能迅速形成巨大的回報。酒會剛開始時，來賓會自然形成三三兩兩的小群體互相聊天，但昂貴葡萄酒的花架是個很好的破冰器，約翰當然會跟他新認識的人分享這個訊息，最終小組中的每一個人都會走過去倒一杯酒，或去拿個小點心，或去認識更多的人。如果約翰最初那個小組的三個人，每人分別加入另外的三人小組，那麼美酒佳釀的訊息就會迅速傳開，又多了九個人知道，最後那九個人又會逐漸將他們得到的消息轉告給其他小組。

巴拉巴西博士指出，數學家艾狄胥．帕爾（Paul Erdős）與倫伊．阿爾弗雷德（Alfred Rényi）曾研究過這個問題，得出的結論是：只需要三十分鐘就能「在一個房間內形成一個無形的社交網絡」。你只要去參加那個雞尾酒會並到處走動，你的運氣就會好到讓你嘗到那個珍貴的葡萄酒。

但事實證明，有些派對的運氣比其他派對更好，一些城鎮與大學也是如此。康乃爾大學社會學教授倪志偉（Victor Nee）一直在進行研究，試圖了解人們在大城市環境中如何為彼此創造運氣，以及為何大城市傾向擁有許多創意與學術集群。在從事知識經濟研究時，倪教授發現在二〇〇八年金融危機之後，紐約市從它的金融、廣告及藝術的常見據點迅速反彈，但它同時也發展出他所謂的「創新集群」（innovation cluster），使紐約市成為美國第二大科技經濟中心（僅次於矽谷與它在史丹佛的核心）。他很好奇，想知道支持它的復原力與創新的波濤是什麼。

巴納比和倪教授經常一起散步，互相激勵學術理念，一個晴朗的早晨我加入他們的活動，一起在中央公園散步。倪教授腳下跟著他的英國可卡犬，中央公園景色宜人，氣氛寧靜，而且一派繁忙景象，有人繞著水池慢跑或騎腳踏車，有人悠閒地在船屋外面喝咖啡聊天。倪教授那隻乖巧的可卡犬（取名達斯汀）吸引了各式各樣的貴賓狗、雜種狗及法國鬥牛犬的注意。當各家的狗主人開始相互聊天時，很容易看出紐約給人的感覺就像一個很小的社區。

倪教授告訴我們，他在紐約研究創新時，體悟到「空間動態支持理念的偶然性重組」。我請他進一步解釋，他含笑說：「它是一個狹窄的小島，很容易有面對面的互動。你看我們今天多麼容易就聚在一起，你只要走出你的公寓就能遇到對你有利的人。紐約市的秘密就是人們見面非常容易。」

身為備受推崇的康乃爾社會學教授與「社會與經濟研究中心」（Center for the Study of Economy and Society）主任，倪教授的觀察遠遠超越他在遛狗時。他花了兩年時間收集了數百萬資訊點（數據點），他稱之為「人們聚在一起談論科技時的每一瞬間」。他收集了「紐約科技大會」（New York Tech Meetup）——該組織每個月與演講者和社會活動及團體舉行會議——五萬名會員的資訊，外加會員籌組的小型特別會議、特殊領域的小組會議，以及其他更多的資訊。

他知道科技界的人會出席大大小小的會議和聚會，這樣他們才能成為創意人聚在一起時不斷滲出的理念漩渦的一部分。「那些面對面的聚會非常重要，因為大多數創意都是以現有的理念再加以重新組合，」倪教授說，「所有聚會都會增加有人提出新的組合的機會。」

對於那些從外面看的人，當某種原創的與令人興奮的東西突然出現時，感覺上好像格外幸運，但那些參與數百萬場會議與交流的人心裡明白，這是一場機會的遊戲。你參與的互動越多，遇到爆發性創新的人與理念組合的機會就越多。

經常見面也能形成倪教授所謂的「知識外溢」（knowledge spillover）。某個人有一個想法或見解，但他不能直接用在他自己的工作中，於是他和其他某個人一起喝啤酒或在一場聚會中將它分享出來，那個人發現它正好是他在公司試圖打開的那個環節。「我們以為人們互相競爭、防守他們的點子，但他們其實樂意分享，並且不期待任何回報。」倪教授說，「以分享知識來提高你的聲譽是非常理性的做法，因為群體中的人會看到，並知道你是一個可以信賴的人，可能因此會有間接的互惠。」換句話說，幫助他人會使大家都支持你，並願意為你的幸運結果做出貢獻。

如果你是在史丹佛或紐約高科技社群的珍稀空氣外圍（我們大部分都是），你仍然可以利用這個在其他人身上尋找運氣的原則。你可以加入媽媽社團、讀書會、瑜伽教室，或獅子會，建立一些偶然的連結，你永遠可以窩在你的沙發上看書，或躲在你的臥室內做側身運動，但是當你分享你的經驗，身邊圍繞著一群人時，你會為你自己開啟幸運的機會。許多人有時喜歡獨處，一個人工作，或思索、或放鬆，這的確是一段美好時光，但是當人們彼此互相摩擦時才會產生幸運的火花。

我以前常以為只要能幹又有才華就足夠了，但巴納比讓我相信，連結和個人網絡往往帶來不同的影響。外界看似隨機的運氣，往往來自背後情境的人際網絡。他指出，電影《我的希臘婚禮》常被拿來做為意外成功的例子，它確實是一部小成本電影（兩百萬美元），但自編自演的妮雅．瓦達蘿絲同時也找到一條途徑。她將這部電影介紹給麗塔．威爾森，她知道麗塔也是希臘人，麗塔同意將它帶回去給她的丈夫湯姆．漢克看，湯姆於是以他自己的製片公司投資這部電影並負責發行。運氣？也許，但這種運氣來自與其他人連結。

那麼你要如何開始建立連結？擴大你的運氣網絡最簡單的方式是透過社群媒體，你不需要花太多力氣就能在「臉書」上增加一個新朋友，或增加你的「推特」貼文數量，但這只是第一步，許多研究顯示網路連結無法取代真正的面對面。社群媒體大師斯里．斯里尼瓦薩利用「臉書」尋找工作時，他只是邀請人們在他每天的散步時間與他見面。許多人利用網路找工作，你沒有理由不這麼做，但研究顯示，任何地方，百分之四十至百分之八十的人都能透過與朋友、同事，及其他關係直接接觸而找到工作。和一個以前的老同事一起喝咖啡，也許會比花一小時瀏覽「領英」得到更多的運氣。

如果你想在愛情方面得到幸運也可以運用相同的模式，目前大約有四百萬美國人使用線上約會網站，所以這是擴大你的潛在的幸運連結的好方法。但根據二〇一六年的皮尤調查（Pew survey）結果顯示，即使在那些與伴侶相處了五年或更短時間的人當中，也有百分之八十八是透過真正的聯繫而認識。但這種現象可能正在改變中，Match.com網站最近所做的一項調查發現，如今有百分之三十九的人在網路上見面。你可以在這些不同的數據中加入少許鹽巴調味一下（如果調酒器不是太滿的話），但你也要記住，在網路上見面只是第一步，沒有人在網路上結婚。你在交友網站「Tinder」上手指向右一滑之後，仍然必須進入面對面的部分：相約見面喝杯飲料，彼此互相了解，決定這個人將來是否能為你帶來好運。你不能忽視運氣來自直接與他人聯繫的結論。

我大學畢業搬到紐約後不久，認識了一個名叫亨利・賈瑞奇（Henry Jarecki）的人，後來我們成為忘年之交。他比我大三十多歲，已在創立與買賣公司上賺了三桶金，即使好幾個月沒有見到他，我也總是把他視為我的摯友，而且可能還有其他幾十個人也把他的名字設定在快速撥號鍵的最前面。無論工作多麼忙碌，亨利總是有私人時間：聯絡朋友、幫助朋友、讓其他人幸運[11]，像亨利這種總是在設法讓其他人幸運的人，也會讓自己很幸運。

亨利是個清單狂，他可以把過去這些年來協助他成功的所有幸運際遇編列索引，他還有一份記錄所有影響他的人生的朋友、同事、工作夥伴的清單，他強烈地意識到沒有人能靠自己獲得成功。

「我很驚訝我有這麼好的運氣，身邊有這麼多聰明能幹的人。」有一天我們在格拉梅西公園他的高級住宅聊天時他告訴我。

「但那是你創造的運氣！」我說，「你知道你要什麼，而且你讓你的生活多采多姿，使每一個人都喜歡跟你在一起。」

亨利點頭，但表情不是很確定，於是我問他，他認為使運氣發生的首要秘訣是什麼？對於這個問題他一點也不猶疑。

「每一個派對我都參加。」他歪著嘴笑說。

亨利這句話是事實也是隱喻，他經常應邀參加派對、會議和慶祝活動（也撇開許多活動）。儘管他堅稱他是偏向理智型的人，寧可獨自一個人待在他的辦公室批閱公文，不喜歡手上端著一杯酒站在一間嘈雜的房間內，但他總是強迫自己參加，因為他錯過的那個派對也許是他會見到可能改變他的人生的那個人的派對。他同時也明白，機會總在你最意想不到的時候出現，而且它們更可能在派對上，而不是在他的辦公室出現。

亨利參加派對時，他會讓每一個見到他的人留下深刻的印象，他的個性也一向坦率不做作。他年輕時就戴著厚厚的眼鏡，喜歡講述偉大的故事，人們都驚嘆於他是個充滿魅力的知識分子；現在他年紀大了，喜歡穿著長袍在他的英屬維京群島中的一座小島上招待親朋好友。他有一個聰明的頭腦和天才的智商，並且如同賈伯斯總是穿著黑色的套頭衫，或祖克柏總是穿著連帽衫一樣，賈瑞奇的作風也宣示他在他的事業與個人生活方面有他自己的方向。如果你喜歡這個訊息，你可以來；如果你有更傳統或更保守的方法，你可能想和派對上的其他人交談。

像亨利這樣具有強烈個性和個人風格的人，在派對上顯得十分突出，並且更可能被人記住——當機會出現時，別人會想到他們，但你也可以以其他風格得到運氣。

11. 亨利在許多年前介紹我認識巴納比。他在他主持的一場正式的慈善晚宴上安排我們坐在一起。「我想你們會發現彼此都是有趣的人。」他說。因此當我追本溯源時，他應該是推動這本書背後的幸運力量。

我後來和巴納比討論亨利每一個派對都參加的方法時，他很自然地又類比說這讓他聯想到釣魚。你拋出五根釣線在水中，會比只拋出兩根釣線更容易釣到東西。

由於你想不出太多好的比喻，巴納比指出，商業漁民根據他們想捕捉的魚類而使用各種不同的技術。大公司的漁船會撒下巨大的拖網捕撈該地區的所有魚類，他們必須決定漁網的網眼大小：網眼小一點的你不會漏掉任何魚，但你同時也會拖出大量的海洋垃圾。當他們追逐特定的高檔魚類時，他們會花時間小心處理每一個釣鉤上的魚餌。對那些體型最大、最有價值的魚——例如藍鰭金槍魚，一條魚可以賣幾十萬美元——漁業公司就會利用直升機在空中偵察魚蹤以確認目標。

這裡的重點很明顯，你必須先知道你想要什麼，然後才開始捕捉運氣，而且一種技術不會適合每一個人或每一個目標。撒大網你會有很好的機會捕撈到你想要的東西，但你也必須忍受大量的垃圾；只拋出一、兩根釣線也許機率較低，但是更集中。

我想到我的朋友瑪妮，她性格外向、喜愛交際，精力充沛，能說善道，連石頭都可以被她說動跟她做朋友。幸運的事似乎總是發生在她身上，但（我們現在發現）它不是偶然的。由於她跟每一個人說話，她就像那個拋出五根釣線的漁夫一樣，總會釣到什麼東西。不久前她要去德州奧斯汀探望她的大兒子時，我問她打算住哪裡，她翻白眼笑著說：「那是發生在我身上最幸運的事之一。」她上一次去奧斯汀時，去了當地一家時髦的咖啡館，並且（想當然耳）和坐在她旁邊的一名婦女開始聊天，等她們的花式咖啡端上桌時，兩人已經有說有笑，開心得同坐一桌聊天了。當她們要離開時，那位婦女說她經常旅行，任何時候瑪妮去探望她兒子時歡迎她去住她家。

「所以我這次要去住她家！」瑪妮愉快地說，「妳能想像有這麼幸運的事嗎？」

是的，幸運——但我也可以想像有多少人去同一家咖啡館，最後卻未能結識會邀請他們去家裡住的新朋友。瑪妮的好運發生的原因與斯里的相同，他們兩人都發現拋出許多條線就能捕捉到意想不到的運氣。（值得注意的是，主動提供住處的不是親密的朋友，而是……弱連結。）

撒大網的方式不適合每一個人或每一個目標，這沒什麼關係，體貼周到並專注你的互動（拋出一、兩個精心處理過的誘餌），有時甚至比急躁和冒進的方式帶來更多的運氣。如果這是你的風格，你仍然是幸運的。二〇〇三年，作家喬納森．羅希（Jonathan Rauch）為《大西洋》雜誌（The Atlantic）寫了一篇文章〈喜歡你的內向〉（Caring for Your Introvert），是該雜誌多年來最受歡迎的文章之一，他顯然引起那些已厭倦於被告知他們必須多與人交談和社交才能成功的人的共鳴。羅希指出，內向的人不一定木訥，他們只是比較冷靜，比較深思熟慮，並往往有更獨立的思考。外向的人會被他人激勵，內向的人往往在社交太久之後會感到心力交瘁，需要獨處充電。

作家蘇珊．坎恩（Susan Cain）對這種觀念再加以延伸，在二〇一二年出版了她的暢銷書《安靜，就是力量》（Quiet），指出我們目前的人格文化使每一個人似乎都必須成為外向的人才能成功，但內向的人通過一對一的互動形成忠誠的聯盟，如今他們是越來越幸運的人。羅希發表他著名的文章後若干年接受訪問時指出，極客（geeks）——典型的內向者——

已被矽谷傳奇化了，所以「數位經濟正在給內向的人一個新的陽光空間」。

但這都不是一個讓你迴避人群與打開電視機的藉口。內向的人可以和其他任何人一樣善於交際，如果你想得到運氣，你必須，以一種或另一種風格，與人連結，這表示你要讓自己去參加聚會或開始與人交談。有時你必須讓自己去做一些不完全自然的事來得到運氣，你的性格可能決定你是和聚會中的每一個人交談，還是和一、兩個人安靜地坐在一起，但只要有正確的焦點與態度，你可以建立能幫你捕捉到運氣的關係。

由於我喜歡考驗巴納比和我所建立的理論，我決定看我是否能和一個我不認識的人建立關係並得到好運。我經常出差演講，而且通常都搭飛機，所以我總是戴上我的Bose耳機，只跟空中小姐打交道要一杯健怡可樂。但是有一天下午從蒙特婁飛回來時，我沒有戴上我的耳機，當飛機在跑道上滑行時，我瞥一眼坐在我旁邊的男士，他有一大疊《綜藝》、《好萊塢報導》之類的雜誌，這意味著我們也許是同行。這是一件有趣的事，也許我應該拋出一根（精心策劃的）釣線，試試看我的運氣。

我對他微笑，但是不知道如何開始攀談，於是我技巧地說了一句「你帶了好多雜誌」這樣的話。

他點頭，對著其中一本雜誌的封面比了一下。他有一個更好的話頭。

「妳想它是真的嗎？」他問。

「什麼是真的？」我問，有些困惑。

「那個，」他把雜誌推向我，指給我看，「金・卡戴珊的臀部。我不認為它是真的，妳覺得呢？」

金・卡戴珊的臀部似乎不是一條通往運氣之路，但管他的，你必須知道它會通往哪裡。

「我想我不會去關心卡戴珊的事。」我坦承。

「我從事娛樂業，我必須關心每一件事。」他帶著友善的微笑說。

我說我也曾經製作過電視節目，於是我們開始交談，並玩起你認識誰和誰的遊戲，沒多久我就覺得我很像瑪妮——結交一個新朋友。這位先生名叫大衛・斯坦柏格（David Steinberg），結果發現（除了其他許多事之外）他是許多大明星的私人經理，其中包括貝蒂・蜜勒、比利・克里斯托，和令人懷念的羅賓・威廉斯。當我告訴他我正在做有關運氣的調查時，他給了我一個大大的微笑。

「我的整個職業生涯就是在使運氣發生。」他說。

與比利・克里斯托、貝蒂・蜜勒和羅賓・威廉斯等人合作，讓他看到即使是最有才華的人也必須先看到可能性然後抓住機會（或者有時要自己製造機會）。他有好多故事，九十分鐘的航程幾乎說不盡。飛機降落後，我們約好找時間在紐約一起吃午飯。

我下飛機時和我的幸運的十三日星期五那天一樣，內心充滿歡喜。讓運氣發生不只是一個理論，我真的可以做到，也許不是每次都會成功，更不是每天都會發生，但光是知道原則（**運氣就是其他人**）就能改變你的焦點，讓你關注正確的事。在這個例子中，我拋出一根釣線，然後認識了一個有趣的人，他不會把奧斯汀的房子借給我住，但不是每一個連結都必須有立即的回報。

幾個星期之後我們在Redeye Grill餐廳吃午飯，我發現大衛還有比公寓更好（對我而言）的東西——更多人們為他人帶來運氣的故事。他說他剛開始展開事業時，並不知道他在為自己創造運氣，但事後回想（許多年以後）便越來越明確。

「我可以把你的故事寫在我的書裡面嗎？」我問。

「當然可以，如果有人想聽一個來自密爾瓦基的人的故事的話。」他笑著說。

大衛在威斯康辛成長，以推銷鋁牆板半工半讀上大學，但他很快就發現這不是他想做一輩子的工作，於是他搬到洛杉磯，在一家廣告公司的郵件收發室找到一份工作，「但我也不喜歡那個工作。」他說，「我想成為那種坐在辦公室內，有人把郵件送來給我的人。」

於是他開始打電話找關係，發現他有個表姊妹的丈夫認識一個在好萊塢工作的人……

我暗自微笑。我不是真的需要了解正確的連結，我只是想要更多的證據，證明弱連結能帶來運氣。

輾轉的關係使他認識一個公關人員，他幫大衛在他的公司找到一份工作，大衛就在這裡認識了小山姆．戴維斯，兩人很快成為好友。大衛只有小山姆．戴維斯的一半年齡，但兩人都喜歡參加派對。當時小山姆是名流圈中的名流，沒有比他更大牌的明星。

「他要我和他一起享樂，」大衛說，「當時我有一張消費額度只有二百五十美元的信用卡，但我跟著他一起環遊世界，並和法蘭克．辛納屈與露西．鮑兒一起參加晚宴。我見過每一個人。」那些連結帶來可能性，最後他在小山姆的辦公室後面自己開了一家公關公司，

「我到處跑，只要哪裡有機會，我就去那裡。」他告訴我。

大衛本能地意識到，如果你希望他人為你帶來好運，你也必須讓他們感到幸運，人生不會只有一條路。在他的職業生涯早期，當他（他開玩笑說）「外表看起來很成功，事實上窮得一文不名」時，大衛和六個好萊塢的朋友一起去貝爾艾爾酒店參加晚宴，他認為這是他表現大方的機會，於是他事先把他的信用卡交給侍者領班——不知道其中一位賓客，演員彼得・謝勒已經預定了一張桌子。

「忽然間桌上出現堆得像山一樣高的魚子醬和烤羊排，我心想，『我離災難只有一張信用卡帳單的距離了』。」他說。但他仍舊刷了他的卡，很驚訝它沒有被拒絕。他知道付出和接受一樣重要。

後來成為經理後，他為羅賓・威廉斯和比利・克里斯托製作了許多場秀，為他們的現場演出做筆記，然後協助他們開發一些題材。「我的工作是讓他們看起來很精采。」他說。一個經理人的動機可能帶有自私的色彩——「我們是人，不是機器」——但因他以正直著稱，並把他的客戶放在第一位，因此他的事業越做越大。透過讓他人幸運，他也增加了自己的運氣。

「我在大學被退學兩次，我的成長過程也有紀律問題，但我有很好的直覺，並且了解喜劇，」他說，「我從不把自己看得太認真，或告訴任何人我多麼重要，但我對別人有興趣，又喜歡獲得新的經驗，這些都是我幸運的原因。」

當你對別人付出並且不在乎有什麼回報時，別人也能帶給你幸運。你在貝爾艾爾酒店請客，你協助大明星成為巨星，你自願無償工作，為的只是和有趣的人在一起（他的職業生涯早期也是這麼做）。大衛和我在飛機上認識，但他花了三個鐘頭時間和我一起吃午飯，分享他的故事和他深刻的見解，不求任何回報。當帳單送上來我準備收下時，他一把搶過去，瞪大了眼睛，「當真？」他問。

讓別人覺得幸運而不知道你會如何（或會不會）得到回報是件冒險的事，但這是一個值得冒的風險。不是你遇到的每一個人都會幫助你得到運氣，但只要有一、兩個人就夠了（你和其他人相處時仍然會有有趣的時光）。大衛是倪教授所形容的通過分享知識來提高你的聲譽的好萊塢實例。如同那些利他的人常有的結果一樣，大量的運氣也回歸到他身上。

分享雞尾酒會理論的巴拉巴西博士在他的一本著作中指出，「從前，人們在群體中出生，他們必須找到自己的個性；如今，人們一出生就是個體，他們必須找到他們的群體。」成為群體的一部分能為你打開一個可能性的網絡。成為**許多**群體的一分子能擴大你的弱連結和看不見的網絡，大幅增加遇到幸運事件的機會。

結束午餐會晤後，我心裡想著運氣來自他人的種種不同的方式，我也明白，要讓運氣發生，你必須在你的社交圈內——無論你如何定義它們——採取行動，而且是以你覺得很真誠的方式行動。你也許可以拿起電話，撥給一個一年不見的朋友；在咖啡館或附近的公園，或飛機上時，看看你四周的人，說不定有個正在喝拿鐵咖啡或遛狗的人能幫你種下運氣的種子。如果你想到你需要什麼幸運，盡可能讓許多人知道，基本上你就可以形成你自己的運氣圈，然後看到它的回報。

運氣不是一種零和博奕，我們彼此帶來的運氣可以是相互的和廣闊的。你必須知道如何抓住機會，分享出去，然後回報它們，因為無論你是誰——從紐約的首席數位長，到貝蒂·蜜勒的經理，你都需要其他人來幫你得到幸運。

第6章——走不同於他人的路徑

走你自己的路……
願意不同凡響……培養不可預知性……

我對巴納比的認識越多，越發現他是……跳脫傳統的人。他成長於阿拉斯加，是家中五個孩子中的老大，並且在家自學，但不是任何正式的方式。他大部分靠自己學習，花很多時間待在戶外（觀察鮭魚溯溪而上你可以學到很多）。他第一次踏入真正的教室是他上大學時。

他有一陣子懷疑他錯過了什麼，他甚至在成為哈佛一年級新生時，去當地的兩所中學當志工。「我發現我很幸運，能追求自己的興趣，學習如何自己解決問題。」一天早上他告訴我，「當其他人都在標準課程的大道上時，我在一條小街上，看到的是自己的視野。」

巴納比相信，離開主要道路有時是讓你自己幸運的最佳方式。大部分人都固守他所謂的「主要體制流程」（main institutional flow），但那樣你會看不到不同的方法和原創方法。

「幸運的人通常是離群的人，他們找到一條別人沒有看到的路徑。」他說，「社會與體制結構確立規範，但如果你願意承擔一些風險繞過去，有時會找到更好的方法來創造和獲取價值。」在一般人接受的流程之外尋找可能性的人，往往為他們自己和他人創造最大的運氣。

前一天，巴納比到「冷泉港實驗室」（Cold Spring Harbor Laboratory）拜訪他的朋友詹姆斯．華生博士（Dr. James Watson），華生博士雖然近九十高齡，卻依然精力充沛，十分健談。他年輕時想成為專業的鳥類學家（他和巴納比懷有相同的熱情），但他在研究所時接觸到剛萌芽的遺傳學領域。他有強烈的見解和一顆好奇心，絕不是一個隨波逐流的人，願意從全新的方向去思考，使華生博士在一九五三年（與他的同僚佛朗西斯．克里克）發現ＤＮＡ的結構。這是二十世紀最偉大的科學突破之一，他因此獲得諾貝爾獎。

「生命中有許多運氣是看到別人沒有看到的，」他告訴巴納比，「你只停留在一條標準道路上很難會有突破。」

在任何領域都會有追隨別人腳步、拾人牙慧的壓力，但他們在一起吃午飯時，華生博士勸巴納比不要擔心傳統。

「人必須為自己著想！」他說，「創新不一定會自然發生，但是要與眾不同，並且知道你能做什麼，你必須嘗試新的東西。」

華生博士談起科學和雙螺旋（ＤＮＡ）可以滔滔不絕說上一整天（和一整夜），但如同他在他精采的回憶錄《不要和無聊的人在一起》（Avoid Boring People）中所說，他也不願意使任何人感到厭煩。這個標題還有另一層重要的意涵——這位著名的生物學家不喜歡和任何無聊或可預期的人或事物在一起。

「太多人朝明顯的方向走，他們不認識新的可能性，」他告訴巴納比，「他們害怕。

他們不走新的路徑是因為他們擔心別人對他們的觀感，他們軟弱。」對華生博士而言，生活中的刺激來自永遠向新的方向推進，即使它有時和他周遭的人最相信的事物相牴觸。

如果你願意像華生博士那樣避免俗氣和明顯，你在實驗室外也能得到運氣。當年我在製作電視節目時，曾經和一位名叫麥克・達內爾（Mike Darnell）的公司主管共事，他是我所見過最大膽的人。聰明、滿腦子新觀念、極富創意的他，在一天當中提出的先進構想比多數人在一年內提出的多更多，而且他不在乎這些構想是多麼驚人或不尋常，或他提出計畫時他的老闆們會冒冷汗。在一個人人都競相模仿的地方，達內爾開啟了一個十足原創的事業。

我迫不及待想再跟他聊一聊，而且我很高興發現在福斯公司工作這麼多年之後，如今他已在華納公司擔任電視部門主管。

「你是我做電視節目時期最懷念的人。」我告訴他。

「我也想念妳，我們那時候真好玩！」他用興奮的語氣說道，這是他的註冊商標。

知道達內爾升官我很高興，因為他看上去一點也不像電視公司的高級主管，他身高五呎多一點，留著長長的鬈髮，小精靈般的笑臉使他早年成為一個成功的童星。他喜歡穿牛仔褲和牛仔靴（但他現在不戴牛仔帽了），我們共事的時候，只要看到他換上前面有一排鈕釦的襯衫，而不是法蘭絨上衣，你就知道他那天一定有重要的活動。我也許不該喜歡電視台的高級主管，但他一直是我很欣賞的人。

一九九〇年代末期，在實境秀節目崛起之前，達內爾就在福斯電視公司製作《動物攻擊事件》（When Animals Attack!）和《魔術大揭密》（Breaking the Magician's Code）這類特別節目，雖然引人爭議，但也帶來極高的收視率。

「在我開始做那些瘋狂的特別節目之前，沒有人想到要做這種節目，當時我是在尋找一條不必和任何人競爭的路線，」達內爾告訴我，「真的，我是那樣開始的，找一條不一樣的、自己的路。」

達內爾改做實境秀後，發現只有他一個人走這條路，電視界的其他人都有點瞧不起他的節目，他有點火大，但他刀槍不入。他喜歡收視率節節上升和受到關注的感覺，因此當一個敵台的電視主管不屑地宣稱他寧可製作高品質節目失敗也不願爛節目成功時，達內爾只是聳聳肩一笑置之。

「他確實找到一種失敗的方式。」達內爾笑著說，「但我想要成功。」他被冠以另類節目主管的稱號，而且真的，那就是他——電視公司的另類走向。

其他主管始終都不太知道達內爾想做什麼，他顯然跟著他自己的鑼鼓點走。他經常開會遲到，有時還會在中午開一、兩個小時車回家和太太卡洛琳一起吃午飯。別人若是無可奈何接受他的怪異，那是因為他有一個其他人都無法複製的成功的食譜，而他的配方中的主要材料就是走和別人不一樣的方向。

「有時找到一條沒有人會走的路，你就成功了。」達內爾說，「我有幾次差點被炒魷魚，但幹這一行被炒魷魚的人多得是，我寧願出去大吼大叫後轟轟烈烈幹一場，也不願隨波逐流。」

大約就在達內爾轉換跑道做他的電視特別節目時，蘋果公司推出一波廣告，讓愛迪生、甘地、艾蜜莉亞．埃爾哈特這些偶像級名人告訴觀眾要「不同凡想」，廣告詞說：「向那些瘋狂的人致敬，他們特立獨行……」

蘋果公司、達內爾、詹姆斯．華生都明白，做一個瘋狂的人可以為你帶來出色的成就，而從外人的眼光看，它似乎是運氣的縮影。你走標準路線可以非常滿意，但假如你想得到運氣，並改變你在這個世界的立足點，走不同的方向能幫助你得到。

我們持續談話時，達內爾提醒我，當音樂大亨西蒙．富勒（Simon Fuller）到好萊塢談節目時，其他公司的主管都不願意見他，只有達內爾迫不及待與他見面，並且對富勒所提的構想十分興奮，立刻買下他的節目在夏天播出。達內爾看過在英國播出的類似節目，直覺地知道這就是他要的東西，這個節目就叫《美國偶像！》（American Idol）[12]。是的，達內爾就是那個買下《美國偶像》實境秀的人。除非你在過去十年飛到火星去旅行，否則接下來的事想必你都知道了，這個節目成為一個文化偶像，電視史上最成功的節目之一。

為你想要的東西採取大膽的立場可以帶來巨大的回報，但它需要相當的勇氣，不過達內爾聽了之後哈哈大笑。他說他不是那種你可以欣賞但不會仿效的少見的大膽與瘋狂的人，「在真實生活中，我不喜歡雲霄飛車或可怕的遊樂設施，而且我不冒險。我甚至不喜歡改變。我只娶一個太太，而且我在福斯公司待很久，」他說，但工作上的冒險是另一回事，「在事業上，我始終是大膽的，我會做任何與眾不同的事。」

如果你要走一條沒有人走的路，你必須準備好隨時接受批評，你所面臨的挑戰是持續相信你自己並一直往前走。新的想法一開始聽起來都像瘋狂的點子，而且我們要知道：不是每一個原創構想都值得你去極力爭取，如果沒有人要買你新發明的芥末薄荷米布丁，其中必有原因。

但有時它也需要一點耐心。有好一陣子，沒有人喜歡達內爾當時的口味，但後來人人都接受了，他採取的大膽方向很快變成主流，隨著《美國偶像》收視率飆升到第一名——往往和其他節目的收視率差距很大——那些曾經痛斥他的電視公司主管立刻群起效尤。他從在福斯公司被視為異類，後來成為華納兄弟公司的電視王，負責監督該公司一些最大的節目。

達內爾認為，當你不以傳統認可的方式開始時，走和大多數人不同的方向是個極好的構想。如果你是個典型的六呎大帥哥，哈佛畢業的美式足球員，又是「速食布丁劇團」（Hasty Pudding Club）社長，你就可以受到眾人的矚目。你的哈佛校友們（現在正在主持電視節目）會很樂意採訪你。但達內爾身材矮小、貌不驚人，他知道他在強烈重視外形的電視主管群中，顯然不是一個可以得到幸運的人，所以他決定：自己要得到運氣，他必須打造一條不同的路，他必須走不同於他人的路徑。

在一條崎嶇道路上出發時，達內爾不知不覺採取一種研究人員稱為「有計畫的不可預測」（systematic unpredictability）策略。達爾文會看出達內爾採用的方法的價值，至少在理論上，因為它證明演化可能有利於那些走不尋常路徑的人和物種。英國生物學家P. M.德萊

12. 伊麗莎白·梅鐸（Elisabeth Murdoch）常被認為說服她的父親魯柏·梅鐸（Rupert Murdoch）——傳媒大亨，福斯影業帝國創辦人——將《美國偶像》引進美國。但事實上，在她介入之前，達內爾已經簽下這個節目了，她的支持只是使節目多增加一點廣告預算而已。

弗（P. M. Driver）與D. A.韓福瑞（D. A. Humphries）窮盡三十年光陰研究動物的行為，發現出其不意的舉動是最好的求生技能之一。在他們早期的一項研究中，他們只追蹤在田野中奔跑的兔子，注意到牠們如何快速而靈活地改變方向，而這種行為被稱為「閃避」（jinking）。兩位生物學家最先以為這是為了逃避掠食者而特別設計的，但他們後來發現兔子每一次的扭身和轉彎都不一樣，甚至在這些毛茸茸的小兔子沒有被追趕的情況下也是如此。

走一條出其不意的路徑，即使後面沒有人，當你遇到掠食者時，你的腿（或爪子）也能助你一臂之力。基本上，它已成為許多物種與生俱有的本能，生物學家稱之為「單一不規則表現」（single erratic display），他們在兔子、松鼠、鳴禽、鷸鳥、鯔魚、鰻魚、涉水禽，以及其他許許多多動物身上都觀察到這種現象。他們描述有一種叫黑尾鷸的鳥會展現「快速上升飛行……與垂直潛水交替進行，包括貼著地面做散葉式與快速的之字形飛行，而且往往突然改變方向」。嚇！這才**真**叫與眾不同。如果你是不可預測的，你比較不可能被抓到，並且存活的可能性較大——而沒有比活命更幸運的了。因此，物競天擇似乎有利於動物，包括我們，因為他們學會如何在人生中轉彎。

生物學家可能也會指出，達內爾的「有計畫的不可預測」說明了他早期事業上的成就（與存活）。他剛出道時，在當地一家新聞電台找到一個低階工作，然後想盡種種怪招引人注意，後來，當紅的媒體主管巴瑞・迪勒（Barry Diller）終於注意到他的滑稽舉止。迪勒當時負責管理新成立的福斯電視部門。

「迪勒對我說，你臉皮很厚，但你做得很好。」達內爾笑著說。

有了這個鼓勵，達內爾花了幾個月時間策劃他的下一個「不規則表現」，或者說是幸運動作。他每天晚上都和他的妻子討論可行性，最後他找出一台舊的Panasonic錄音機，錄下《不可能的任務》（Mission Impossible）電影主題曲，然後錄一段話，表白他多麼想進電視台工作，最後一句是：「麥克的事業或這卷錄音將在五秒鐘後自動銷毀。」他前往他知道迪勒會出現的場合，然後請代客停車的小弟將錄音機轉交給迪勒，他還在播放鍵旁邊貼上一個醒目的紅色箭頭，這樣迪勒就知道該怎麼做。

「我很擔心即將發生的後果，」達內爾告訴我，「我的整個事業都仰賴那一段話。我遞出錄音帶那天是星期四，星期五一點動靜也沒有。我整個週末都提心吊膽，生怕自毀前途。然後到了星期一早上，迪勒打電話給我，說：『你想到電視公司做什麼工作？』我卻一點概念也沒有！我花了幾個月時間策劃這個計謀，但我卻答不出這個簡單的問題。這是一個教訓，任何時刻都要做好準備，當幸運找上你時，你已準備好接受了。」

達內爾終於進了電視公司，他原以為他的老闆都是天才，事實上不然，這可能是任何工作的驚喜之一。你以為許多人都知道得比你多，你只要言聽計從就好了。你不敢改變新方向，因為一定會有經驗比你豐富的人知道正確的路子。最後你會發現，那些以為他們有答案的人不一定總是對的，你要想出最適合你的方法去行動來創造你的運氣。敢於挑戰已被接受的智慧，走和別人不一樣的路徑的人，才有可能一飛沖天。

數學家史蒂芬・斯特羅蓋茨（Steven Strogatz）擁有有力的條件，以致他可以決定以直線方式（就是從A點到B點）展開他的職業生涯。他擁有普林斯敦、劍橋與哈佛的學位，目前是康乃爾大學的講座教授，但他同時也是個迷人且風趣的人（不只是個數學家），相信人可以用意想不到的方式創造自己的運氣。他的網站上有一欄叫「趣味性」，他在《紐約時報》開了一個數學科普專欄，還寫了一本有史以來最叫好的數學書籍：《X的奇幻旅程》（The Joy of X）。

斯特羅蓋茨的轉折有一絲天才成分，他有一些最令人欽佩（和最出色）的突破是因為他對傳統思想抱持開放的態度。「如果你想得到幸運或做一些原創與創新的東西，你必須願意接受奇怪的想法。」巴納比和我與他對談時，他說道。

幾年前，他在研究生物節律如何同步的問題時——特別是蟋蟀如何同步鳴叫——他當時指導的博士生鄧肯・華茲（Duncan Watts）就已開始和他討論六度分隔理論（six degrees of separation theory）。你可能知道這項研究，或至少知道它的概念，顯示世界上任何兩個人只需要少量的鏈接就能產生關係。一九六七年，心理學家史丹利・米爾格拉姆（Stanley Milgram）做了一個著名的研究，發現只要經過五個中間人，就可以把內布拉斯加州奧馬哈隨便一個人的包裹交到一個波士頓的證券交易員手上。從那以後，其他研究人員相繼在網路上嘗試類似的實驗，並擴大樣品（還省了郵資），得到的結果大致相同。

我們彼此都互相連結的概念也滲透到流行文化中，由劇作家約翰・格爾（John Guare）編寫的同名舞台劇《六度分隔》（Six Degrees of Separation）後來拍成電影，由威爾・史密斯擔綱演出，並經常在百老匯和全國各地劇院演出。華茲想知道，在社會科學中通行的連結概念，是否和斯特羅蓋茨的研究，以及任何有聯繫性的東西——從人類的神經系統，到全國的輸電網路——都有關係。

「在當時，那是一個古怪的想法，也是個冒險的想法，我有各種理由不去研究它，」斯特羅蓋茨說，「但我很好奇，喜歡思考這種概念，最後它成為我們兩人的職業生涯中最重要的一個研究。」他們在《自然》期刊上發表的有關小世界網絡的數學論文，在數學領域赫赫有名，經常被全球各地的研究人員引用。

斯特羅蓋茨說，他在研究小世界網絡時，和他對談過的知名科學家和數學家都不屑一顧。但他喜歡這種想法：走別人忽視的道路。「有時最好的領域是最不流行的。」他告訴我們，那裡競爭比較少，你有更好的機會嶄露頭角。有時一條路因為太少人走了，最後被取消變成死胡同，人人都會勸你，再繼續往前走你就是傻子，只有斯特羅蓋茨例外。他認為重新審視死胡同可能是許多領域——包括企業界和學術界——的一個有效策略，「反覆思考問題，或者讓一個年輕人去思考，因為他們不會被困在傳統的思維模式中，一開始就讓你走入死胡同。」他說。也許你只需要小小的調整、稍微改變一下，或者重新調整一下，就可以再度把它打開。

每個人通常都知道某個特定方向是不可行的，直到它可行，然後人人開始對那另一邊趨之若鶩。例如，沒有一家主流出版公司會發行一本有性愛與「禁忌遊戲」（性虐待與受虐狂）插圖的書籍，直到艾莉卡・米契爾（Erika Mitchell）化名為E. L. 詹姆絲（E. L. James），自費出版了一本《格雷的五十道陰影》（Fifty Shades of Grey）大受歡迎。直到一家傳統出版商終於接受它後，迄今全球的銷售量已超過一億二千五百多萬冊，是史上銷售速度最快的書籍之一。續集與電影（甚至更多的利潤）接踵而來，一時間，情色小說似乎是個好主意，對E. L.詹姆絲而言，走入死胡同最終成為通往成功的高速公路。

研究博奕理論（賽局理論）的數學理論學者，如已故的約翰．梅納德．史密斯（John Maynard Smith），以及馬丁．諾瓦克（Martin Nowak）已達成相同的結論，即：競爭激烈情況下的最佳行動往往是不可預測的。你在玩撲克牌時如果想得到幸運，你不會敲指頭使你的對手預測你的下一步。上過幾堂賽局理論課程的美式足球教練，會盡可能保持他們的不可預測，對手才不會知道你將如何對抗他們，因此當他們接近四分目標時，他們偶爾會讓四分衛拋球，而不是拚命衝向終點區。這種隨機性很重要，否則對方會知道如何因應。

二〇一五年的超級盃比賽，終場結束前幾秒鐘西雅圖海鷹隊在一碼線上拿到球，教練皮特．卡羅爾立即下令隊員傳球，而不是人人預期的抱著球衝向終點，不料球被對方攔截，原本看好可能獲勝的比賽，結果以二十八比二十四落敗。不可預測在統計學上也許有用，但（在任何事都可能發生的情況下）它不會每一場比賽都奏效。有些數學家辯稱，卡羅爾只是做他該做的事，但偏向球迷的《華盛頓郵報》稱之為「超級盃史上最糟糕的比賽」，如果你沒有採取安全措施，有時也會受苦。

當麥克．達內爾仿造他的《不可能任務》錄音帶時，他心裡明白非傳統行動可能爆發出巨大的運氣，或者只是爆炸。他雖然內心恐慌，仍硬著頭皮冒極大的風險，而且沒有備援計畫。斯特羅蓋茨則採取一種比較平衡的做法，他與華茲共同研究，追求他所謂的「打破典範的科學」時，另一方面仍繼續他的傳統的蟋蟀研究。他認為，知道他們還有另一種選擇，他們才能放膽去研究。

走一條不尋常的路徑並不表示魯莽，事實上，如果你抱持務實的態度更可能得到幸運。「如果你在嘗試一種高風險但同時也高回報的瘋狂行徑時，你不會一直想用你的腦袋去撞牆。」斯特羅蓋茨說，「登上一艘快艇，如果它是一顆未爆彈，趕快離開。」他和華茲在進行意想不到的研究計畫時，兩人保持高度機密，每週見面評估他們的進展，如果發現情況不對，他們就回去研究蟋蟀。

有時得到幸運最好的方法就是採取最意想不到的途徑：只是讓自己開心一下。斯特羅蓋茨深信，如果你願意用一種玩樂的心態，就會有幸運的事發生。他和其他任何高水平的學術界人士一樣執著與勤奮，但他不會忽視享受美好時光的價值。「當一個問題看起來似乎很好玩時，你會一直不停地做下去，你在洗澡或開車時都會想著它，這就增加了你得到幸運結果的機會。」他說。愛玩的人同時也會嘗試別人不敢做的事，他們玩得很開心的感覺讓他們有藉口去嘗試新奇的點子，這使他們開啟了新的可能性和（看起來似乎是）好的運氣。

但你還記得我們說過，新點子常招來訕笑嗎？在每一個領域中，這種事屢見不鮮。所以，假如你要玩一玩，或採取意想不到的行動，或走不一樣的路徑時，你還必須能夠不理會外界的批評，相信你自己。迪克·佛斯貝利（Dick Fosbury）於一九六〇年代在奧勒岡州成長期間，他喜愛運動，但他不擅長任何一種運動，他沒有被選上美式足球或籃球校隊，於是他決定嘗試跳高。不幸的是，他的跳高表現也未能令人留下深刻的印象，他雖然身高六呎四，卻無法躍過五呎三的高度。在那個年代，跳高選手都是以剪刀式（就是一腳在前一腳在後）或腹滾式動作跨欄，他兩種都試過了，但都無法取勝。後來在一次運動會中，他臨時決定採取一種完全不同的方式。假如他用一般的方式無法獲勝，說不定改用一種不同的姿勢——就是背滾式——他的運氣會好一點。於是他起跳，空中翻滾，然後一飛過竿。在一個以增高四分之一吋就算成功的體育項目中，他比他過去最好的成績高出令人瞠目結舌的六吋。

接下來幾年，他繼續練習他的技巧並且越跳越高，他的跳高姿勢廣受注目，甚至有了一個綽號「佛斯貝利背滾式」（Fosbury Flop）。但無論他多麼成功，一些守舊的體育人士仍認為佛斯貝利（和他的背滾式）是雜耍娛樂。這些所謂的專家警告，他永遠無法以他的背滾式姿勢獲致任何成就；一些體育記者想盡辦法嘲諷他的技巧，一個形容他看起來像從卡車後面摔下來，另一個形容他像一條在船底翻滾的魚。但佛斯貝利不予理會，仍然憑直覺相信他的跳高方式。一九六八年墨西哥奧運預賽中，他的表現令人吃驚。

在奧勒岡長大的佛斯貝利不願錯過這次墨西哥奧運的任何體驗，開幕式的前一天晚上，他和兩個朋友一起開車到特奧蒂瓦坎（Teotihuacán）的阿茲特克金字塔古蹟，在那裡待了一整夜。接下來幾天，當他的隊友都出去練習時，佛斯貝利有時留下來，有時只是小試一下。有些人認為他懶散，但他了解自己，知道太多的練習沒有幫助，他需要靠競爭的衝勁達到最好的表現。然後真正見真章的時候到了，先前不看好他的人都大吃一驚，在奧林匹克運動場上超過兩天的比賽中，佛斯貝利一次也沒有失誤，最後他以破紀錄的七點三五呎（二點二四公尺）高度奪得奧運金牌——靠他的背滾式贏得榮光。

但即便是奧運金牌也未能使每一個人信服，遵循標準方法的人不相信那些「變則通」的人，他們非但不認為轉個方向就能轉運，反而倍感威脅。佛斯貝利的背滾式跳高姿勢意味著他過竿之後頸部會先著地，（傾向傳統的）奧運隊教練警告，萬一孩子們模仿佛斯貝利，會「消滅整個世代的跳高選手，因為他們會扭斷脖子」。但孩子們依然仿效他，而且（幸好）所有人的脖子都完好如初。不久，「佛斯貝利背滾式」成為任何跳高選手採用的姿勢，自一九七二年迄今，每一面跳高金牌都由背滾式獲得。

要在生活各方面——從愛情到跳高——得到幸運，通常必須異於常人，願意成為例外，並找到別人沒有看到的路徑。如果你盡力了，事情卻不成功，也許就是你應該稍微轉個彎的時候了。如同詹姆斯．華生、麥克．達內爾、史蒂芬．斯特羅蓋茨，及迪克．佛斯貝利，如果你有勇氣做「不同凡想」，它往往看起來好像你非常幸運，但其實你只是走不同於他人的路徑而已。

第7章——堅持與熱情的力量

用堅持與熱情建立幸運的個性……
走上幸運之路……培養樂觀的力量……

有個星期我們從普林斯敦搭火車回紐約，巴納比望著窗外，火車正經過紐澤西州的愛迪生鎮。想到偉大的發明家托瑪斯・愛迪生（Thomas Edison），就是那個說「天才是百分之一的靈感加上百分之九十九的汗水」的人，巴納比感觸良多。

「如果想得到運氣，你必須堅持不懈。」巴納比說，「生命中許多失敗在於人們在放棄時，沒有意識到他們離成功有多麼近。」

「說得好，」我說，取出我始終隨身攜帶的筆記本，「我要記下來。」

「這是愛迪生說的。」巴納比微笑說，「他還說：確保成功的方法就是要不斷地再試一次。」

愛迪生發明了電燈泡、留聲機、電影攝影機，和其他上千件發明，使他擁有的美國專利數量多達一千零九十三件，但每一件發明都不是偶然成功的。他曾說他從未失敗過，但他發現至少有一萬件事行不通。

巴納比對愛迪生情有獨鍾，因為他跟這位偉大的發明家一樣認真。他深信，假如他非常想要一樣東西，他就會得到。他不是被寵壞，他只是堅持不懈，而且他的專注力和投入的強度使他看起來非常幸運。譬如，他十七歲時決定他要進哈佛大學，在偉大的演化生物學家恩斯特．邁爾（Ernst Mayr）門下學習，而且他無論如何都要使這個願望實現[13]。他從阿拉斯加飛到哈佛，直接走進邁爾的辦公室，他的熱情感動了邁爾，邁爾便讓他留下來。巴納比也許是唯一沒有經過SAT測驗、沒有成績證明、也沒有教師評估推薦[14]就進入哈佛的人。

「當你很專注，而且不放棄時，你會得到幸運。」巴納比告訴我。

太多人說過「我越努力就越幸運」這句話，但很難知道到底是誰說的，也許他們全部——從托瑪斯．傑弗遜（Thomas Jefferson）到影業大亨塞繆爾．戈德溫（Samuel Goldwyn）到歐普拉——都同意這句話，但在這次談話之後，巴納比接下來一整個禮拜都在思考努力工作如何轉化為運氣，最努力的人真的最幸運嗎？

結果發現兩者的關係相當微妙，帶來運氣的堅持與專注有許多種形式，不一定和投入的時間劃等號，更重要的也許是你的態度和你投入的強度。

「知道你想要什麼和你要瞄準哪裡才是真正的關鍵。」我們在下一個星期三見面時，巴納比告訴我，這次我們坐在我家公寓的餐桌旁（我已把它當作備用的「運氣實驗室」）。

那天早上巴納比和他的新朋友狄帕克．喬布拉（Deepak Chopra）——靈性導師與「新

13. 邁爾理解有熱情與堅持的人，因為他自己就具備這些特質。他曾在一九二〇年代勇敢地深入巴布亞新幾內亞茂密的雨林去研究食人族。
14. 巴納比指出，他真的是以傳統方式進入哈佛的——七五〇年的傳統。目前的標準入學測驗與複雜的申請過程是近百年來才確立的。

時代」大師——見面。做為科學家，巴納比起初有點擔心和他見面，因為喬布拉的另類醫學主張受到許多主流科學家的批評，但是當他與喬布拉認識幾個月之後，喬布拉對現實的宏觀視野，以及他對於我們如何才能控制自己人生的深刻見解，深得巴納比的心。喬布拉在他鼓舞人心的談話中指出，我們可以用自己的思想與態度讓事情發生。

我已經知道，告訴你的人際網絡與社群中的其他人可能導致幸運的連結與突破，但我無法相信這位文化大師所說，你只要對著宇宙悄悄說出你的願望，它會（神奇地）回應你。但巴納比說，喬布拉有更深刻的方法值得我們思考。

「他建議你要養成習慣，在展開每一天時平靜而專注地問自己：『我想要什麼，我的目的是什麼？』」巴納比告訴我，「這樣你就能使你的行動和你的目標一致。」

以一種更腳踏實地的方式，我知道，如果你真的很想要某個東西，無論是一個工作、一個情人，或一輛新的豐田Prius汽車……你會很努力，而且也許永遠不會放棄。毅力、堅忍不拔、鋼鐵般的決心和熱情，能使美好的事發生，把你的願望告訴宇宙只是表示你知道你要什麼，一旦你對自己宣告，你更能夠將能量和情緒導向正確的方向。它看起來像魔法，但它是從知道什麼能讓你感到幸運開始。

我在調查時，發現這些都不是什麼異乎尋常，也不是「新時代」的概念，你不會比諾貝爾獎得主丹尼爾・卡內曼（Daniel Kahneman）更受人尊敬和主流。他的一些研究顯示，光是「想要」，就能改變你「得到」的運氣。舉個例，他在分析一項研究時發現，那些在十八歲時說財富對他們而言十分重要的人，二十年後都比其他人更富裕。

「目標會造成很大的差異，」卡內曼說。他指出，這些人說出他們的財富願望後，幾年之後，「許多想要高收入的人都達成目標。」

卡內曼是在研究一項長達二十年、追蹤一萬二千名受訪者的調查之後，做出上述結論。這些受訪者開始接受調查時，都還是菁英大學的在學生，最初的問卷調查請學生以四分為滿分的級數來衡量他們對財富的關注度。經過二十年之後，卡內曼發現有一組人在財富的重要性級數上每增加一分，他們的年收入就增加一萬四千美元，等於現在的兩萬兩千一百美元以上。

這是一個驚人的結果！在青少年時期就以四分而不是三分來宣告你想致富，結果就會有夠你每年買一部新豐田汽車的幸運獎金。我們大多數人都不介意我們的銀行帳戶存入那種幸運，而且我們也都可以得到那種運氣。如果你在十八歲（或其他任何年齡）就告訴自己賺錢是首要目標，你就會把你自己設定（有意識或無意識）在一個方向上讓它發生。你會努力工作，去認識應該認識的人，畢業後找一個能讓你自己租一間公寓的基層工作。你父母的朋友（他們的孩子都回去住在家裡）會猜想你怎麼這麼幸運，你可以告訴他們，為了找到一桶金，你必須確認它的方向才能跟著正確的彩虹走。

卡內曼分析的調查研究沒有問這些十八歲的大孩子將來為人父母、在時裝界工作、成為電視明星，或去非洲迦納當志工的重要性，但假如它問了，我敢說那些將選項中的任何一個列為渴望度滿分四分的人，會比那些渴望度較低的人更容易達成目標。一旦你確認什麼是你心目中的幸運人生，你會開始把所有的一切都貫注在那裡。

巴納比告訴我，他不久前和我很仰慕的加州理工學院物理學家李奧納德．曼羅迪諾見面，討論一些數學理論。巴納比問我想不想和他聊聊。

「當然想！」我說。

曼羅迪諾除了學術方面的著作外，他還和史蒂芬．霍金一起合作寫書，並為熱門的科幻影集《銀河飛龍》（Star Trek: The Next Generation）編寫劇本。他在自己的著作中指出，隨機性在一些成就中所扮演的角色，比我們願意承認的多更多，許多我們認為奇蹟的事情（「我在街上走著走著就遇見一個大學時代的老同學！」）都是簡單的統計學機率的例子。但我比較感興趣的是一個研究隨機性的人，是否認為我們可以影響自己的運氣。

是的，他認為可以。一天早上，我們打電話到他位於加州的家，他很和氣、很體貼，很快就同意偶然的機會只是成功方程式中的一個元素，他認為運氣通常和某些人格類型有關。

「我剛看過約翰．韋恩主演的老電影《大地驚雷》（True Grit），」我們開始談話時他說，「妳知道這部電影嗎？它讓我想起成功的人通常是不放棄的人。如果把運氣想成一條由許多股線絞成的繩索，堅持就是其中一股粗的線。」

曼羅迪諾指出，天分與能力都很重要，但願意一直不停嘗試才能使二者達到平衡。「你必須一直嘗試並接受失敗，因為你上場打擊的次數越多，被球擊中的機會就越大，不管你的技術好不好。」他說。

他舉兩個能力不同的人為例，一個百分之九十九時間總是成功，一個只有百分之一時間成功。有時那個能力較差的人看起來似乎很幸運：找到一個很好的工作，或得到一個演出的角色，或有一個愛他的配偶。但他很可能是因為不放棄而改變了他的成功機率，使他有更多打擊的機會。「如果你嘗試一百次，你也許會很成功，因為統計對你有利。」曼羅迪諾說，「你會從成功率百分之一的人變成成功率百分之九十九的人。」換句話說，那個比較沒有明顯天分的人嘗試一百次之後，也能和那個只嘗試一次的超級巨星有相同的成就。

童年經歷過大屠殺僥倖存活的曼羅迪諾，從骨子裡深知我們無法掌控一切，有時甚至會被捲入比我們更大的歷史漩渦中。他也知道日常生活中隨機性的力量，並承認他喜歡追溯那些與眾不同的事例，以及它們如何發生。我們都可以這樣做，如果你提早一刻離開辦公室，也許你會被酒駕的司機撞到，而不是目睹在你眼前發生的那起車禍。或者，如果你不多喝一杯咖啡、多坐一會兒，你就不會遇到日後成為你的摯友的那個人。物理學家擅長把生命看成放大的「布朗運動」（Brownian motion）——人類相當於懸浮在空氣中的小粒子，跟著我們周圍快速移動的原子被隨機拋出。

自從羅馬詩人兼哲學家盧克萊修（Lucretius）在公元前六十年寫出這句話後，歷代的科學家對這個運動都十分著迷。他描述他看到微塵在陽光中急馳進入一棟建築，因而意識到「它們的飛舞明確顯示我們看不見的物質，實際上正在暗中活動」。愛因斯坦和其他後來的科學家用精確的數學來詮釋這個迷思，使塵埃飛揚的原因不再那麼隱晦。在現實生活中，我們也許在布朗運動中被拋得團團轉，但那不是故事的結束。誠如物理學家曼羅迪諾所說：「在你的人生中，真正重要的是你如何因應隨機性帶給你的機會和挑戰。」

由於那些隨機的分子會互相撞擊，你一頭撞進那個場域的次數越多，你會找到的機會就越多。增加運氣最好的方法之一，就是不斷抓住機會，這就是曼羅迪諾所說：成功的人是那些不放棄把科學和現實生活結合在一起的人。

一件事一旦變得非常成功，你很難想像會有什麼其他的結果。你看到已發生的事，就把它視為必然發生的證據，但事實不然。作家約翰．葛里遜（John Grisham）的作品在全球銷售了二億七千萬冊，但他的第一本法律驚悚小說曾被二十八家出版社拒絕，最後才有一家小出版社答應出版。廣受喜愛的蘇斯博士（本名希奧多．蓋索）被拒絕的次數也不相上下。他本來打算把《我在桑樹街看見了什麼》（And to Think That I Saw It on Mulberry Street）這本書的手稿焚毀，後來有個機會巧遇一個大學同學勸他再試試看。他的作品已售出超過六億冊，甚至在他去世後，他依舊是美國最暢銷的兒童故事作家。J. K. 羅琳的《哈利波特》系列故事第一集也曾被十二家出版社拒絕，最後一個倫敦出版商雖然買下這本書，但只付給她很少的預付款一千五百英鎊，而且第一版只印了一千本。現在《哈利波特》系列故事在全球的銷售量多達四億五千萬冊，拍成電影後又賺進大約六十億美元，不難想像全世界都在迫切期待哈利波特，但假如羅琳（或她的代理商）當初決定被拒絕十二次足夠了，事情的演變又是如何？

不止作家和演員面臨不斷被拒絕（這還是數得出來的次數）的窘境，每一個人都必須有意識或無意識地決定他願意忍受多久。滿腔熱血往前衝你會得到幸運，但也會得到失望。青少年想盡辦法表現出一副很酷的態度，好證明他們不在乎發生什麼。如果你對學校的態度很酷，你不會在乎你的成績是不是A；如果你對舞會的態度很酷，你不會在乎有沒有被邀請。保護青少年自我的方法，對任何一個追求生命中更大成就的人卻是適得其反，只有當你承認你想要什麼，並且努力追求時，你才能得到幸運。

但你也可以從另一面去思考，你的小說被拒絕了二十八次不是因為它不夠好。我們說過，運氣發生在機會、才能與努力的交會點上，而才能包括辨識機會和有確切的人際網絡這些特質，它也包括……才能，否則你怎麼知道導致運氣的持續力什麼時候會（充其量）報酬率遞減？

有時你也會因為適時罷手而得到幸運。數學家和經濟學家分析過最佳停損點問題，他們使用一些精心設計的方程式，我上網查詢時，有些符號我都看不懂。我給巴納比看這些方程式，他告訴我一個更實際的觀點。

「一個簡單的方法是只要看你離你的目標有多近，」他說，「如果你想成為一個演員，雖然接到許多回電，但沒有提供任何角色，這時候你就要繼續努力，你的努力和堅持也許會帶來好運。但假如你在第一回合總是被禮貌地拒絕，或許就是你該另外找機會的時候了。」

接下來那一次去洛杉磯時，我開車到電影監製道格拉斯．威克（Doug Wick）很酷的辦公室[15]。戶外一道紅色的工業用樓梯通往一間有木製櫃檯的接待室，兩個二十歲出頭的英俊小夥子——臉上都蓄著完美的三天落腮鬍——迎接我，並告訴我道格會稍微晚一點到（在好

15. 雖然威克和我就讀同一所大學，但我們並不認識，因此我拜託一位我不太熟的同學幫我們聯絡，證明弱連結與人際網絡果然真的有用！

萊塢，這是合乎禮節的）。在等候他之際，我走進一間化妝室，這間化妝室有一間小型公寓那麼大，一件華麗的日本和服用壓克力玻璃鑲起來掛在一面牆上。道格後來告訴我，那件和服是史蒂芬・史匹柏送他的禮物，他們兩人曾共同監製電影《藝妓回憶錄》（Memoirs of a Geisha）。

道格終於抵達後，親切而溫暖地把我帶到他寬敞明亮的辦公室。走廊裡的電影海報記錄了他漫長的事業成就，從一九九八年的《上班女郎》到近幾年的科幻片《分歧者》（Divergent）。他告訴我，他從小就立志當電影製片家，大學期間，他曾在一堂電影課當助教，班上有個學生是偉大的電影導演艾倫・帕庫拉（Alan Pakula）的親戚。

「她介紹我認識艾倫，艾倫給了我一個工作，我就這樣展開我的事業，所以我想我很幸運。」道格說。然後他又帶著微笑繼續說道：「不過，說我是個很稱職的助教也不為過。」

道格對電影製作的熱情幫助他接觸到許多電影工作室，並在那裡工作。他提出《上班女郎》的構想後尋尋覓覓了兩年，但是沒有人對它有興趣。他的理想快要燃燒殆盡了，「我可以感覺大樓管理員在打聽我的房間，準備迎接下一個房客。」他說。但在好萊塢聽到「不」是「好」的一種推遲，他持續力爭與努力，最後終於把電影劇本交到著名的導演麥克・尼可斯（Mike Nichols）手上。尼可斯很喜歡它，就拍了，而由米蘭妮・葛瑞菲斯和哈里遜・福特主演的這部電影獲得提名角逐奧斯卡最佳影片[16]。

「你不能讓自己被擊敗，或開始對人生產生恐懼。」道格告訴我，「你必須以樂觀的態度堅持下去，但它必須是一種知情的樂觀，否則你只會成為一個癡心妄想的雜工。」

對道格而言，尋找幸運的秘訣就是要愛你正在做的工作，而且絕不能讓你的注意力動搖。多年來他和許多傑出的影星合作，包括：布萊德・彼特、李奧納多・狄卡皮歐、妮可・基嫚、羅素・克洛、雪歌妮・薇佛、威爾・法洛……一長串名單。他在《女生向前走》（Girl, Interrupted）中給剛出道的安潔莉娜・裘莉一個突破性的角色（她因此片贏得一座奧斯卡獎和一座金球獎）。我想到凱西，我上一次來洛杉磯時認識的那個想成為明星的年輕女孩，於是我問道格，假如他選擇不同的演員飾演這個角色，結果會如何？她以後會像安潔莉娜那麼有名嗎？

他搖頭，「只有安潔莉娜能演那個角色，因為很少人有她展現在銀幕上的那種力量和機智。」他說，「但那種魔力只是輝煌事業的第一步，你必須一直保持關心與專注。」

威克在第一次見到傑克・尼克遜時才知道什麼叫真正的運氣。「我去他家時自以為我是個聰明的年輕人，要搞定一個老頭子是輕而易舉的事，但是等我們開始談話後，我才發現他比其他任何人都快三步棋。我還傻傻地想，『對喔！』」尼克遜在鏡頭前也許笑得很邪惡或顯出登徒子的樣子，但「要在一個艱難的事業中占上風、保持領先地位，你必須要有洞察力，而且要注意每個細節」。

近來，一些電影製片公司已轉向數位演算法（以及喜愛數位演算法的量化分析師），

16. 這還只是開始。他一共獲得二十二次奧斯卡提名，七度獲獎，意思是他有很多穿燕尾服的機會。

試圖利用它找出創造票房魔術的方法。這些分析師也許會建議：受觀眾喜愛的演員A搭配熱門的導演B，等於「網飛」（Netflix）奇蹟。有一家公司還用它所謂的「神經網絡」（neural networks）分析一個含有一百多個不同元素的劇本，看拍出來的電影會不會獲得票房成功。二〇〇四年，一個名叫萊恩・卡瓦諾（Ryan Kavanaugh）的人以他所謂的「蒙地卡羅模式」（Monte Carlo model）創立了「相對論傳媒」（Relativity Media）公司，那是一種風險評估演算法（從華爾街借來的），通過觀察過去的表現，以及成千上萬的演員、導演、預算、影片發行日期、類型等等的組合，來決定什麼是最賺錢的影片。

這聽起來像是個很好的構想，一種為企業——如同劇作家威廉・戈德曼（William Goldman）所說「沒有人知道任何東西」的企業——帶來穩定性的做法。但數學與回歸分析（regression analysis）也不見得那麼了解。「相對論傳媒」有一些戲劇性的大起大落，最後在二〇一五年申請破產。

道格則採取不同的方式，他依靠自己有意識的研究。他一度回顧過去一百年的電影（特別是整個類型史），看遍每一年排名前二十的影片，看到不同的主題如何再度循環，使他決定拍《神鬼戰士》（Gladiator），並以羅素・克洛為主角。可是當他先向索尼（Sony）公司投石問路時，「那裡的一個主管對我說，鬥劍和涼鞋早就過氣了。」他說。他老是被拒絕。《星際大戰》（Star Wars）最早也被兩家製片公司拒絕，後來才由二十世紀福斯公司出資數十億美元拍了這部鉅片。史蒂芬・史匹柏的《E.T.》也曾受到一家製片公司的冷落，這家公司後來選擇拍一部取名為《外星戀》（Starman）的片子。你聽過嗎？我也沒聽過。

道格買下一個默默無聞的作家所寫的尚未出版的處女作版權，後來拍成一系列《分歧者》四部曲。

「好有勇氣。」我說。

「我在讀的時候就意識到，它具備我的清單上一部偉大的電影該有的每一種要素。它是一個有吸引力的女主角類型故事，它創造一個令觀眾嚮往的世界。這是演算法算不出來的。」道格笑著說。

道格和我在討論電影業的種種不確定性時似乎出奇地平靜，他雖然對他製作過的不成功的電影提出解釋，但促使他繼續往前進的不是金錢或聲譽。「有人說好萊塢是一個石頭做的奶頭，怎麼吸也吸不出一滴奶。我喜歡這個比喻，因為它讓我省思『如果我做這個，我能得到什麼？』我提醒自己，花蜜就是良好的工作和良好的合作關係帶給我的喜悅，愛你正在做的事就會得到運氣。」

再見到巴納比時，我告訴他我這趟訪問之行和我對好萊塢依然存在的疑問。道格拉斯・威克是個好人，而且顯然是個有天分的製作人，但是和許多成功人士一樣，他也懷疑偶然的機會在他的事業成就中扮演什麼角色。「任何一部電影都會有幾年瘋狂的時間去構思、形成劇本、選角，和尋找合適的導演，」他告訴我，「我做出正確選擇的機率越來越高，但那也只是機率而已。」他說起用一個年輕的新人而獲得突破性的表現——如同羅素・克洛在《神鬼戰士》中的表現——是你永遠無法掌握的。我不確定他這句話是謙虛或是肺腑之言。

一如往常，巴納比拿出一張紙，這次他在紙上畫出一個鐘形曲線圖，為我解釋電影業的成功。

「大部分電影都相當成功——就是中間這個大鐘——少部分的在兩邊，不是很差，就是極好。」巴納比說，「道格是對的，你無法改變那個曲線。如果你拍一百部電影——一百部隨便什麼電影，最後的分布圖也大致相同。」

「可是那些試驗性的演算呢？」我問，「如果你找麥特·戴蒙拍你的電影，不是更可能幸運嗎？」

我見過麥特·戴蒙幾次，對他的印象好得不得了。他也是他那一代人中最受仰慕的演員，演出的電影，像《絕地救援》（The Martian）、《神鬼認證》（The Bourne Identity）和它的續集，以及《心靈捕手》（Good Will Hunting），都十分賣座。但巴納比提醒我其他幾部電影：《當我們黏在一起》（Stuck On You）、《歐洲任我行》（Eurotrip），以及《生死接觸》（Hereafter）呢？

「妳不能說因為他在裡面，所以這部電影會成功。」巴納比說。

「我會起用麥特·戴蒙來演任何電影。」我說，仍然對他死忠。

「那妳就對了！」他說，因為他要提出一個有趣的理論。

巴納比在同一張紙上先前畫的曲線右邊又畫了一個鐘形曲線，他解釋，你不一定要改變電影已存在的鐘形曲線（或生活中的大部分事物），但你**可以**透過影響整個鐘形曲線的位置來得到運氣。

「麥特·戴蒙的電影也在鐘形曲線之內，但是中間那一大群會比沒有麥特·戴蒙的電影更偏向好的那一邊。」他解釋道：用對了元素，你不能保證成功，但你至少可以移動整個曲線，讓你有更好的機會偏向你想要的好的那一邊。

這就是道格所做的事。因為有堅持與熱情，所以他能移動曲線，並且看起來非常幸運。相傳電影業的運氣來自「好萊塢藤蔓酒店」（Hollywood and Vine）的一個角落，但好萊塢真正的運氣來自一個非常不同的角落（觀光巴士到不了的地方）——才能、努力和偶然的機會交會的地方。道格知道他能控制前兩個要素，所以他對他無法控制的隨機性一笑置之[17]。

我們常可以看到那些接二連三勝利的人嘴巴嘟囔著說「有些人就是有那種運氣」，這是真的。一旦你取得一個成功，你很可能得到另一個。演員經紀公司知道你的名字，你的資料就會被擺在最前面，或者負責招聘的主管知道他有正當理由提出你的名字。經濟學家布萊恩・亞瑟（W. Brian Arthur）不久前在聖塔菲學院（Santa Fe Institute）領導一項著名的報酬遞增理論的研究，很快就成為高科技公司突圍成功的一種典範改變的解釋。他指出，一個熱門產品有可能變得更受歡迎。亞瑟在分析市場占有率方面名滿天下，他的正面回報理論在可樂，或電腦，或哈利波特等方面都證明真實不虛。一旦你走上幸運之路，更多的好事就會接

17. 道格的製片公司合夥人是索尼與華納兄弟公司的高級主管露西・費雪（Lucy Fisher）。她同時也是他的妻子。也許導致運氣的熱情有很多種形式。

踵而來。

許多人很努力卻得不到他們想要的，如果你想成為一個擁有所有運氣的人，你必須培育堅持與熱情，這些都是能夠得到運氣的人格特質，而且你不必天生擁有。敦促年輕人追求他們的熱情是老生常談，但這句話常讓許多畢業生感到沮喪。他們還沒有熱情，他們要等到有一天頓悟了才會有熱情，但熱情不是這樣來的。心理學家安琪拉．達克沃斯（Angela Duckworth）在她的著作《恆毅力》（Grit）中指出，熱愛你的工作是「一點發現，接著大量培養，然後一輩子深化」。

那些畢業典禮致詞者通常會勸你先探索一陣子，直到找出你想要的東西，接著培育你的興趣，然後決定你要堅持你的方法，這時你的堅持才有力量帶來對著你滾滾而來的運氣。

想到堅持的力量讓我想起我一年前在圖森書展認識的一個藝術家馬克．厄里克森（Mark Ulriksen），我們都是應主辦單位之一《亞利桑納每日星報》（Arizona Daily Star）的邀請參加，當我發現他這幾年來為《紐約客》（New Yorker）雜誌畫了五十多期封面時，對他留下深刻的印象。

「那是很多的數量耶！」當他提起這件事時我說。

「比不上被退回的數量。」他微微帶笑說。

馬克告訴我，封面藝術家通常會畫幾十張素描交出去，但能被選上的只有極少數，一年有四張封面就算很大的成就了，他有很多年都只有被選上一張。他不止一次通宵達旦構思三或四個封面主題，最後都毫無下文。

「我會氣憤好幾天，決定不幹了，但等我氣消了又會告訴自己要長大，」他說，「我知道有一些插畫家不再提出企劃案，因為實在太痛苦了，但這也表示他們永遠無法畫出一張封面！」

馬克告訴我，漫畫家入選的機率更殘酷，他們需要更多的堅持才能得到幸運。《紐約客》的漫畫編輯鮑伯．曼科夫（Bob Mankoff）就是那個每週說行或不行的人。

於是我和曼科夫聯繫，他很大方地邀請我去曼哈頓自由塔（Freedom Tower，即重建後的世貿中心一號大樓）他的辦公室訪問他。我搭地鐵過去，先在這棟紀念建築四周繞一圈後才搭電梯到他的高樓辦公室。曼科夫的風度很好，看起來就像一個漫畫家——瘦得像鐵桿，有點雜亂的鬍子遮住他的臉龐，銀白色的鬈髮長過他的耳朵。畫他應該不難。

「嗨，請進，坐。」他指著一張堆滿漫畫素描的圓形會議桌說。

他顯然很忙，但還是很樂意花點時間談運氣。我告訴他，我對運氣的看法是它匯集了機會、才能與努力。他點頭，指出他的好運始於他在一個充滿好奇心、幽默和知性的家庭中成長。「家庭環境是塑造人格的原生湯。」他說。他的母親很早就相信人要找到一種熱情，然後努力追求以創造幸運的人生。「她常說，『只要你快樂，你可以成為你想要的任何東西。你可以成為一個清潔工，只要你是最好的。』我告訴她，『我很邋遢，所以我很難成為最好的清潔工。』」

清潔工不必了，但他經過一段時間才知道他想要什麼。大學畢業後，他追求心理學博士學位，接著想成為一個傑出的漫畫家。當他決定改行當漫畫家時，他提出大約五百張漫畫給《紐約客》，結果全部被退回。

「你的皮一定比我厚，」我說，「我不知道我能不能堅持那麼久。」

「堅持需要專注，」曼科夫感觸良多地說，「人們會對拒絕他們的人或機構生起輕慢與憤怒而分心，他們會解釋為什麼那個人是白癡，看不出他是個天才。他們不能從他們的失敗中汲取利益。如果你被拒絕，也許是有原因的。」

曼科夫持續試著了解被拒的原因，並逐漸形成自己的風格。堅持終於有了回報（多麼幸運！），他賣出一張漫畫給《紐約客》雜誌，然後越賣越多。二十多年來他一直不停地提出一批批畫稿，其中有（至少）百分之九十會被退回，因為「十張漫畫中大概只有一張能用」。堅持不懈最後總算開始看起來像運氣了，他畫的一張漫畫大受歡迎，成為該雜誌有史以來被翻印最多次的漫畫之一。它畫的是一名主管禮貌地對著電話說：「不，週四不行。永遠不要怎麼樣……永遠不要對你來說可以嗎？」

從一九九七年開始擔任漫畫編輯以來，曼科夫沒有說過永遠不行，但他擅長說不。他有大約五十個定期供稿人，他都建議他們一次提出大約十個點子（像他以前那樣）。他每週從他那一大群年輕的漫畫家收到的畫稿，和從世界各地主動寄來的非邀約畫稿數量不相上下。即使是最好的漫畫家，每週接到幸運電話的機會有多少？這本週刊每個星期有十五幅漫畫的空間，你算算看。

曼科夫在對我描述這些機率時，接到一通該雜誌主編大衛・瑞姆尼克（David

Remnick）打來的電話，他要看鮑伯挑選出來的那一期週刊的漫畫稿。

曼科夫掛了電話後抱歉地看著我，「很抱歉，我本來是應該等一下跟大衛開會的，但他現在有空，妳可以在這裡等我幾分鐘嗎？」

「當然可以。」我說。

曼科夫抓起他選好的圖稿，桌上還留下幾十張又幾十張（以及幾十張）沒被他選上的漫畫。

「我不會偷看。」我向他保證。

「妳就偷看吧。」曼科夫說完，走出去。

誰忍得住啊？其中有許多是著名漫畫家的作品，他們的風格一看就知道。有的超好笑的，可以寄給朋友共享；有的很機智，能博君一笑；還有幾張筆觸優美，想必花了很長時間畫的。如同曼科夫所說，那些被拒絕的人很容易會對他生氣，或抱怨他沒有品味。

曼科夫很快就回來了，瑞姆尼克喜歡他選的畫稿，他把那些被拒絕的稿子從桌上移開，扔進一個鐵絲網垃圾桶，一名助理進來把它們拿出去了。一些美國最好的漫畫家將會發現，這個禮拜不是他們的幸運週。我忽然頓悟，當你知道最好的情況是你所做的百分之九十會被拒絕時，你需要頑強的決心繼續堅持下去。只有那些有熱情與堅持不懈繼續投稿的人，才能再一次為自己得到運氣。

可是當曼科夫再度坐下時，他心裡想的不只是漫畫。他認為，任何一個想要成功的人都必須了解失敗。你想得到幸運？那就坐下來努力。但他覺得我們所談的堅持不懈還可以有更大的意涵。

「真正的問題不是我成為漫畫編輯，而是我仍活著，並且在這裡。」他說。

他在四十多歲時，有一段時間得了嚴重的憂鬱症。他告訴我，他不太談這件事，但是當他的第二任妻子離開他時，「我在一家精神病院住了三個月，內心狂亂得想自殺。什麼都沒有了，沒有了，但最終我還是振作起來，並且成功了。有一盞小小的生命的領航之光仍在燃燒。」他說。

談到那段憂鬱時期，曼科夫指出堅持不懈可以發揮很大的影響力，不只是事業上的成功，它可以是生命的泉源。「每個人在工作上都會遭到拒絕，好吧，那有什麼了不起？你的漫畫被退稿，你就再畫一張，或者改做別的。但真正的鼓舞也許是知道你可以像我這樣低潮，卻仍然可以在你內心中找到人生的運氣。」

曼科夫如今已再婚，過著快樂的生活，並有一個已成長的女兒。他告訴她，「永遠都要去嘗試」。使我們裹足不前的是怕失敗的恐懼，或發現我們是平庸的。當人們發現別人比他們更好時，他們就停止成長了。但動機和毅力非常重要，有許多人什麼也不做，只會看電視。

對曼科夫而言，他的目標是關掉電視，相信你自己，也相信你能創造機會。「我和年輕人談話時，總是告訴他們在創意領域成功的機率很小，但假如他們不嘗試，成功的機率就是零，所以你的機會是介於零和少數之間。想得到幸運，你需要對你的成功機會有一種積極的幻想。」

我離開曼科夫的辦公室時，仍在思索我們都必須保持燃燒的那一盞引導我們的生命之光。運氣不會直直對著你來（無論我們怎麼用力拉），在最艱難的時刻，當你認為你永遠不再幸運時，你必須找出堅持下去的毅力和勇氣。它有時讓你的一張漫畫被錄用，有時讓你離開精神病院，在這兩種情況下，你已經使自己比以前更幸運了。[18]

我告訴巴納比我和鮑伯．曼科夫的對談，說他的見解幫助他產生「積極的幻想」。

「我想那是樂觀的另一種說法。」我說。

巴納比點頭，同意積極的態度——無論是不是幻想——是得到運氣的關鍵。看來我們現在已經定義了導致運氣的三大特質：堅持、熱情，及樂觀中的至少一種。

「如果樂觀是運氣的一部分，我們必須找馬丁討論討論。」巴納比說。

我們的朋友馬丁．賽利格曼（Martin Seligman）是賓州大學心理系的講座教授，任何有關樂觀與積極態度的問題都可以找他討論，整個正向心理學領域差不多是他建立的。在他的研究，以及他所教導並分散世界各地的傑出學生（包括安琪拉．達克沃斯）的影響之下，已將心理學的研究焦點從治療負面心理轉向鼓舞正向心理：我們如何讓自己更快樂，改善我們的福祉……增加我們的運氣？

我們打電話給賽利格曼博士——巴納比和我認識他很久了——他立即同意積極的展望可能是創造運氣的一個關鍵。由於他有個複雜的頭腦，所以他轉了個有趣的彎。

18. 我與曼科夫談話後不久，他便辭職離開《紐約客》，目前是《Esquire》雜誌的漫畫編輯。但無論他在哪裡，都將繼續保持風趣和洞察力。

「你的運氣問題讓我想到科幻小說《環形世界》（Ringworld）。」他說。

他說故事中有個叫蒂拉的人被帶上太空探險隊，做為為這趟任務帶來運氣的人。她是幸運祖先的第六代傳人，因此她本身就是幸運的。在現實生活中，沒有證據（還沒有）顯示好運有遺傳傾向，但賽利格曼博士不認為它遙不可及，你至少可以塑造一個幸運的個性。

「如果我要找一個幸運的人一起去太空探險，我會選擇的第一個要素是樂觀。」賽利格曼博士說，「樂觀的人具有認知傾向，會善加利用好的事情，不會因為壞事而陷入困境。」

熱情、堅持和樂觀都可以學習，而且不需要用到六代的漫長時間。賽利格曼博士認為他自己是個天生悲觀的人——「我的腦子裡常會出現陰鬱與厄運的場景。」但這不適合一個被稱為正向心理學之父的人，因此他經常在尋找更光明的展望。

「樂觀是多變的，」他告訴我們，「你讓像我這樣的人去辨識他們對自己說的那些挫敗、悲觀的事，然後你又讓他們去反駁他們那些重大的缺點，彷彿這是一個他們的工作或妻子的競爭對手。」

他悶悶不樂地舉例說，他七十多歲了，已過了他的事業顛峰，接著他又很快從另一面反駁——他的一項研究報告剛剛被《新英格蘭醫學期刊》（The New England Journal of Medicine）接受，他參加一項非常有意思的會議，以及他有一本新書即將出版。

樂觀與運氣搭上關係，部分原因是它鼓勵你去嘗試。賽利格曼博士早年做過有關「習得性無助」（learned helplessness）的重要研究，顯示當動物被放在一個牠們無法控制的消極情況時，牠們最後會停止嘗試脫逃。人類也是，當他們認為他們是不幸的受害者時，他們也傾向倒下來咳聲嘆氣。看來好運往往是願意相信一個積極的未來的結果。

「如果你不相信你可以為自己創造幸運的未來，你不會善用你一路上遇到的美好事物。」賽利格曼博士告訴我們，「相信你對發生的事有一些控制能力會激發你去嘗試。如果對我來說有潛在的好事，我是要抓住機會去做呢，還是我要悲觀？」

在許多年前的一項學術慶祝活動上，賽利格曼博士見到了約翰．坦伯頓爵士，一位金融家與慈善家，他創立一個基金會支持宏觀的思維與新的構想。他對賽利格曼說他想支持他的遠見，問他能做什麼。

「我向他要一大筆錢，二千萬美元，」賽利格曼博士笑著說，「我後來知道，沒有人向約翰爵士要那麼多錢。他拒絕了，但我認為我這樣做很重要。」

他的樂觀沒有立即產生效果，但它使兩人之間的關係維繫了數十年，同時約翰．坦伯頓基金會也多次資助他的研究工作。巴納比在該基金會高層任職多年，他後來諷刺地透露賽利格曼得到的補助金額全部加起來恐怕不止二千萬。

「如果你能以積極的方式想像未來並利用它，」賽利格曼博士告訴我們，「那麼樂觀加上想像力，會使你去嘗試將來的很多計畫。」

幾天後，我在上午八點走到時代廣場的派拉蒙酒店，與剛剛公布的東尼獎提名人見面。清晨不是時代廣場的黃金時段，但提名人陸續抵達時，酒店已熱鬧紛紛。他們有些（如蜜雪兒·威廉絲和傑夫·丹尼爾）已是參加頒獎典禮的老手，但許多人看起來都有點茫然，這反映出時間太早（對夜貓子而言）與被認可的驚喜。

一齣偉大的舞台劇需要許多元素：精采的劇本、動人的配樂、驚人的舞台布景、具有個人魅力的明星，在某種神奇的命運中緊密結合。沒有人能準確地說它是如何發生的（如同運動比賽），一切都在觀眾面前如實發生。無論你受過多少訓練和準備多麼周全，總有意想不到的轉折導致勝利或災禍，運氣似乎總是在翅膀上盤旋。

但是，如果沒有足夠的關心讓自己全力以赴，沒有人能在劇場上得到幸運。如果熱情、堅持與樂觀是創造運氣的關鍵特質，我期待看到它們在這裡完全展現出來。而我的看法是正確的，當我和一個又一個被提名人進行訪談時，我意識到現場的熱情足以點燃一具火箭推進器。許多人決定提早抵達，好參與劇場界的**任何**活動。有些人離開舒適的兒時家園到紐約來探險，住在地獄廚房（Hell's Kitchen，指曼哈頓的西中城區）的一間閣樓裡。許多人告訴我，他們三番兩次被拒絕，但他們不會放棄。所有人都知道他們想要什麼，有堅持、有熱情，他們創造了自己的運氣。

一個兩眼炯炯有神的男演員走進來，他臉上帶著歡悅的笑容，身上散發的能量你在五十呎外就能感受到。他是強納森·葛洛夫（Jonathan Groff），在瘋狂賣座的音樂劇《漢米爾頓》（Hamilton）中飾演詼諧的喬治國王而獲得提名。他一屁股坐在我對面的椅子上，立刻說他自己是最幸運的人。

「我第一次看《漢米爾頓》就愛上它，忍不住流淚，」他說，「林望著我，問，

『你沒問題吧？』」《漢米爾頓》備受推崇的催生者林—曼努爾・米蘭達（Lin-Manuel Miranda）剛剛給了他喬治國王這個角色，葛洛夫簡直不敢相信他的運氣。

葛洛夫的運氣不是從天上掉下來的，它是從強烈的欲望演化而來。他在賓州蘭開斯特一個保守的家庭中長大，父母是門諾教會與衛理公會的信徒。他小時候並沒有想過以表演為他神聖的召喚，但他曾在家鄉的戲劇中演唱，知道他喜愛舞台。和許多未來的明星一樣，他在中學畢業後離開家鄉，出發尋找他的夢。到了紐約後，他去上表演課，並在「切爾西餐廳」（Chelsea Grill）打工當侍者。這是個正確的選擇，因為那裡剛好是劇場人士聚會的地方。

「一天晚上，我服務的那一桌有個人對我說，『你一定是個演員，你想不想看節目的後段，散場後捧捐款箱收錢？』」葛洛夫回憶道。這個提議並沒有聽起來那麼怪異，因為那個人是專為劇場社群中的貧病藝人募款的非營利組織「百老匯關懷」（Broadway Cares）的經理。每年有幾個星期，演員在謝幕之後仍留在舞台上，呼籲觀眾支持這個慈善計畫。等觀眾魚貫離開時，志工會捧著捐款箱在大廳等候。

葛洛夫得到這個捧捐款箱的機會十分興奮，他幾乎每天都要更改他的表演課和餐廳的輪班時間表來當募款志工。「就在《春之覺醒》（Spring Awakening）剛要上演時，我每天都在劇場晃來晃去，認識了很多人。」葛洛夫說這齣戲十分賣座，「他們在找人演劇中幾個十幾二十歲的小夥子，就找上我了。」

是的，他就是這樣開始的。他得到了那個重要的角色，並獲得他的第一次東尼獎提名（這回是他的第二次提名），而那時他還不到可以飲酒的法定年齡。

在葛洛夫神采奕奕的敘述中，從募款少年一躍成為爆紅明星是偶然的機運。在劇院附近流連，認識一些人，然後砰的一聲巨響！你就成為明星了。但葛洛夫早在讀四年級時就已經在準備。他小學時就熱愛唱歌，「我把東尼獎頒獎典禮錄製成錄影帶，帶到學校播放給數學課的同學看。我不敢相信有人能唱出這麼好聽的歌，我好開心！」

那個在切爾西餐廳點牛排三明治的客人，和那個《春之覺醒》的選角經紀人都明顯看出他懷抱的熱情。想得到幸運，往往需要在別人都放棄時你依然堅持不懈。如果你熱愛你的工作，並對它深具信心，你不太可能灰心。捧著捐款箱（即便有很好的理由）對許多人而言可能會覺得單調乏味，或甚至感到卑下，但如果你把它看成一個更大的框架的一部分，你會用能量、熱情和毅力去做，這就是使你幸運的原因。

葛洛夫和我聊了很久，由於公關人員開始著急了，我只得祝福他好運，將他交給其他正在等候的記者。我看著他和幾個人相互擁抱，然後抓起一瓶水，這時我忽然想到，如果運氣發生在機會、才華與努力的交會口，那麼這幾個要素他都具備了。他是巴納比和我找到的所有原則的絕佳實例。他把他自己放在好事可能發生的地方（不是蘭開斯特），然後尋找每一個可能性。他知道他要什麼，因此當機會出現時他立刻抓住它們。他具備能在百老匯發光發熱的技能：一副極好的嗓子和表演細胞、會贏的個性，以及一頭可愛的鬈髮（不是必要條件，但有也很好），再加上他願意努力達成他的目標，因而他再度受邀參加東尼獎早餐會並非意外。他也許喜歡把焦點放在他被選去當募款少年，但在整個故事中，那其實是最不重要的因素。

與強納森葛洛夫、鮑伯・曼科夫、李奧納德・曼羅迪諾，及馬丁・賽利格曼這些人的談話，讓我深信我們任何人都能培養一種幸運的性格。熱情、堅持與樂觀不會保證運氣，但少了它們很難有穩定的幸運。它們是曼科夫充滿詩意地稱之為「生命的領航之光」的要素，它們點燃需要持續燃燒才會出現運氣的火焰。

第8章——你的籃子裡有幾個蛋？（以及，你有幾個籃子？）

維持很多機會……不要逞強……享受這一刻，但要有備援計畫……
失敗是榮譽勳章……你可以多擺幾個籃子……

一個例行見面的星期三早上，巴納比晚了幾分鐘出現，見面後直道歉。快步走好幾條街的他拿出一塊雪白（折得整整齊齊）的手帕擦拭額上的汗，坐下來喘口氣。

「抱歉，今天早上很忙。」

我瞄一眼我的手錶，九點才過幾分而已。早上我吃了一杯優格，洗了頭，然後步行過來赴約。

巴納比完成的事項比我多，他一大早就和一位找他諮詢的億萬富翁共進早餐，和一位在柏林的同事商討慈善事業，又和一位這天剛好人在紐約的矽谷創業家一起做瑜伽。

「你做了好多事。」我輕描淡寫地說，心想早知道我就多花點時間抓幾顆莓果放在優格裡。

「柏林那邊只是用電話商量。」他澄清。

我笑著說：「我很高興，就連神通廣大的你也無法在上午九點以前飛去柏林再飛回來。」

我認識的人很多都很忙（似乎是時勢所趨），但巴納比的活動範圍比大多數人更廣泛。他可以在早上和狄帕克・喬布拉討論業果，下午和對沖基金天才保羅・都鐸・瓊斯（Paul Tudor Jones）討論創新的理財策略。

「多樣化可以得到幸運，」巴納比說，「你永遠不知道可以從哪一個機會得到回報，所以你需要保持很多機會。」

我的父親曾經以拋球雜耍來比喻這件事。對一些人而言，能一口氣在空中拋許多球是件刺激的事，但如果你不專心，所有的球都會掉下來。

巴納比離開「約翰・坦普頓基金會」的高級主管職位後，其他許多慈善機構爭相邀請他加入理事會，但他都拒絕了，他想探索新的領域。這將是個更大的挑戰，但這也是他曾經錯過、希望在他的人生中增加的那種挑戰。

我的職業生涯也是如此，我當過雜誌編輯和電視節目製作人，我還寫過書。有時我懷疑，如果我只專心做一件事會不會更成功？但我喜歡做不同的事，而且有許多選擇表示我永遠有下一步。我從沒想過這是多樣化，我只是喜歡新的冒險。

然而，巴納比認為你有許多個籃子——雜誌、電視，和寫作——是個聰明的策略。

「你永遠不知道哪一個會成功，而且如果一個失敗了，你已知道其他可能性。」他說，「如果你想抓住運氣，必要時你必須快速轉移你的焦點。」

巴納比指出，要想幸運，你要讓你的生活多元化，誠如專家建議的，要讓你的財務投資多樣化一樣。即使你自認你在挑選股票方面可以擊敗股市（非理性的），也不要把所有錢全都押在一支股票上，至少一般情況下不該如此。問那些投資網路公司盛行時期的著名公司——如Web-van與Pets.com——的人就知道這個熱潮已經熄火了。的確，它們起初看似前途大好，但假如你把所有的蛋都放在一個籃子裡，當它們被打破時你就不會覺得很幸運了。

理性的投資計畫是你用一部分錢來買公債，一部分錢買股票（或者買一點期貨），假如一部分投資失利，另一部分或許可以將它平衡過來。當你有能力在棕櫚泉安享退休生活，坐在你家的陽台上喝雞尾酒時，美好、安全、多樣化的策略也能讓你有幸運的感覺。

但如果是中了人人都想要的巨大幸運呢？我認識一個人，他常誇耀他在一九八六年就買了剛上市的微軟股票，他當時投資二千美元，如今市值大約是百萬美元的四分之三。好極了，他怎麼會這麼幸運？我立刻打電話問他。

「我對微軟做了許多研究，而且我感覺比爾．蓋茲這個人……」

「好了，你老實說，」我打斷他的話，「你那一年還買了多少我從未聽你說過的其他股票？」

對方沉默良久，「好吧，我想那是真的，被妳逮到了。」他輕聲笑著說。

換句話說，他在挑選**正確的**股票方面並沒有得到好運——他挑選了**許多**支股票，他只是始終不提他在大約同一時間買的其他沒有獲利的股票。人們經常這樣，也許你的姊夫每年感恩節時都會提到他以前什麼時候買的蘋果股票已分割不知多少次，下次他再提起，你就問他當時還買了什麼其他的股票？說不定他買了一些他沒有提起過的Pet.com？如果你不想破壞全家團聚的氣氛，你可以說以多樣化來得到運氣確實是個聰明的策略。這和你同時做一個胡桃派、一個南瓜派和一個蘋果派一起端上桌是一樣的道理，無論你怎麼預測，也永遠無法真正知道哪一種派會最受歡迎（當然，你可以多一個藉口，每一種都切一小塊來吃）。

早期階段投資公司的風險投資者，普遍都認為他們會有十分之一的回報。如果九個爆了，但一個變成「微軟」或「臉書」或「阿里巴巴」，人人就會眉飛色舞。從這個模式看來，多樣化意味著你不會憑你的直覺或從你的姊夫那裡聽來的小道消息就孤注一擲，將你的農場（或你的退休基金）一股腦兒全數投入。你會分散風險，為自己設定至少有一種或兩種幸運的回報。

數學家納西姆．尼可拉斯．塔雷伯（Nassim Nicholas Taleb）——《隨機騙局》（Fooled by Randomness）與《黑天鵝效應》（The Black Swan）的作者——花了許多時間思考如何擬訂一個能讓你在（他認為的）隨機世界得到幸運的策略。他所謂的「黑天鵝事件」是指那些似乎無端出現且無法預測的事，例如，世界大戰、股市崩盤、恐怖攻擊。塔雷伯舉了一個例子，拉斯維加斯一家飯店為它的賭場擬定種種應變計畫，但是當一個明星表演者被老虎咬傷、一名雇員隱藏重要紀錄，以及一個股東的女兒被綁架時，這家賭場差點毀於一旦。像這種稀少但衝擊力大的事件，對大多數依賴現狀和其他鉅額意外之財的人，都會帶來災禍。

塔雷伯的看法是，如果你想從黑天鵝得到好運，你應該做極端的投資。把它想像成真實的槓鈴場館，你不會採取中間路線，你會裝上極安全和風險極高的東西。因此，舉個例，你也許會把百分之九十的存款拿來買得到妥善保護的美國公債，然後把剩餘的錢，也就是你願意損失的金額，拿來做風險極高的投資。如果你想得到大好機會，這是個好主意，但我們多數人都寧可謹慎一點。賭黑天鵝是一種創造運氣的理論方法，但如果你沒有謹慎規劃你願意冒多少風險，很可能在黑天鵝還沒有出現以前你早就破產了（或擔心得發狂）。

所以，在財務與生活兩方面，你可以多樣化，採取一般的中間路線；或者像塔雷伯建議的走極端。但在多數情況下，沒有一個數學家或分析師會推薦多樣化以外的其他任何方法。

好，那麼我們都一致同意，從每一個理性的角度，在你的籃子（或許多個籃子）裡多放幾個蛋會讓你得到幸運，你會有更多成功的機會。萬一打破一個蛋，你還有其他幾個光滑、閃亮，隨時可以取用的蛋。

但是你不得不承認，小心謹慎（即使採用塔雷伯的極端方式）不夠刺激。我們都過著希望有朝一日榮歸故里的美式傳奇生活，我們都看過《超級大富翁》（Who Wants to Be a Millionaire?），以及其他數不清的同類型競賽節目，你越是冒險就越幸運。如果你真的相信某個東西，你會把你所有的一切都投進去。

「就像弗芮德．史密斯的故事。」我提起這個問題時，巴納比說。「把你所有的一切孤注一擲，結果得到這麼多幸運，創立一家大公司。」

確實，弗芮德．史密斯（Fred Smith）從耶魯畢業幾年之後，生起一個連夜航空快遞服務的瘋狂構想。他為此籌措了數百萬資金，在一九七一年創立公司，不料幾年後油價上漲，公司財務岌岌可危。在瀕臨破產邊緣並負債數百萬的情況下，他向「通用動力公司」董事會請求金援，但遭到拒絕。

史密斯的銀行帳戶只剩下五千元，放棄嗎？不，他飛到拉斯維加斯，整個週末就用公司最後這筆錢賭二十一點，結果贏了二萬七千元。星期一早上，營運副總經理看到銀行帳戶這筆錢時非常吃驚。太好了！夠他們那一週的石油開銷了。他問史密斯錢從哪裡來？聽到的答覆是這場豪賭。

「你是說你拿了我們僅剩的五千元去賭博？你怎麼可以做這種事？」營運副總吃驚地說。

史密斯說其實沒有關係，這五千元本來就不夠支付那個星期的開銷，拿來冒險並不為過。他有勇氣把所有的蛋都放在一個二十一點的籃子裡，並且贏了。

這是一則傳奇故事！孤注一擲，然後創立一家名叫「聯邦快遞」（Federal Express）的物流公司！豪賭之後不久，史密斯籌募到更多資金——多達一千一百萬美元——公司終於得以繼續營運下去。幾年後，公司開始獲利，業務蒸蒸日上，史密斯的個人身價如今已超過二十億美元，相信你也曾經接過聯邦快遞送到你家門口的包裹。

冒著破壞一則傳奇故事的風險，我認為這種神話故事對每一個人都只有幫倒忙。它的教訓應該是：如果你真的相信你自己，以及你正在做的事，你應該把你所有的蛋都放在一個籃子裡，結果破產了（沒有人提到你可能真的會破產）。

但事實上，弗芮德．史密斯本人在那個豪賭週末並沒有得到幸運，他為他的公司奠定基礎已經有很多年了。讀大學期間，他曾經寫了一篇有關自動化與運輸，以及如何以小型飛機運送貨物的經濟學報告。他後來開玩笑說，他不記得這篇報告得到多少分數，但他懷疑很可能「還是C」[19]。他從耶魯大學畢業後在海軍陸戰隊當了三年兵，開過飛機（雖然他不是飛行員），學習軍事物流運輸，當他開創後來的「聯邦快遞公司」時，這些經驗對他都很有幫助。

在拉斯維加斯那件事發生之前，史密斯創新的「聯邦快遞」已有八架飛機在飛行，並得到許多關注。星期一早上那兩萬七千元也許讓他感覺良好，但真正重要的是他在不久之後又籌募到的一千一百萬美元資金。在拉斯維加斯孤注一擲的想法是個很好的寓言，但顯然不是他用來拯救公司的唯一選擇。

開始深入思考之後，我意識到我們經常陷入「孤注一擲」的迷思中。我的櫥櫃裝滿凱特・斯佩德（Kate Spade）的袖珍包、鞋子和衣服（我的廚房還有更多她的大大小小可愛的盤子，比我應該承認的多更多），而且我一直都很喜歡她辭去雜誌編輯的職務創立公司的故事。她的朋友與家人都認為她瘋了，她怎麼可以放棄那個光鮮亮麗的《小姐》雜誌（Mademoiselle）的編輯工作？[20]當時她還是凱特・布洛斯納罕（Kate Brosnahan）小姐，辭去工作後，她和她的男友安迪・斯佩德（Andy Spade）一起冒險，兩人合作設計並製作袖珍包。

凱特談過他們的公司曾差點關閉，但她堅持下去。比較不常提到的是安迪（她很快就和他結婚了）在公司工作，但他同時也在廣告公司兼幾個高階職務。在我算來，他們的籃子裡至少就有兩個蛋，公司和安迪的事業。

這多出來的一個蛋使凱特・斯佩德的創業故事少了一點性感，但也有助於解釋她為何如此幸運。你需要時間才能在擁擠的時尚界掀起軒然巨波，副業的支持有助於她繼續往前划。

亞當．格蘭特（Adam Grant），一位天才型的賓州大學華頓商學院教授，過去信奉創業家的「孤注一擲」神話。他以樂於對學生敞開大門提供諮詢而聞名，幾年前向他尋求智慧的學生中，有四個取得MBA學位的學生想在網路上賣眼鏡。他很樂意跟他們討論，但是當他們要求他投資時，他想確認他們是否全心投入他們的構想，於是他問他們上一個暑假有沒有去實習。有，他們有去實習。那麼畢業後有沒有去找工作？他們仍然回答有，以防萬一。這是備援計畫，因為你永遠不知道創業時會發生什麼情況。

「因此我斷然拒絕投資。」格蘭特教授說。成功的創業家不會為了避免損失而兩頭下注，他們會睡在地板上，只吃披薩！相信他們的構想，直到世界末日！要把所有的蛋都押在創業的籃子裡！

他們的公司在二〇一一年創立，取名為「沃比帕克」（Warby Parker），而且幾乎立刻一炮而紅，如今它的市值已超過十億美元。格蘭特教授開玩笑說，經過這次錯誤的決定後，現在家裡的投資由他的妻子負責處理。

「我以為要創業你就必須冒險，而且必須全部投入。我當時不知道的是，首先，成功

19. 他和喬治．布希一樣都是「骷髏會」（Skull and Bones）成員。布希也說過他在學校的分數很低。有哪個成功人士在耶魯拿過比C更好的成績嗎？

20. 康泰納仕集團在二〇〇一年結束經營的《小姐》雜誌（Mademoiselle）是一本時裝雜誌，其中也發表許多作家的文章。該雜誌每年舉辦一次著名的大學競賽，優勝者可以到紐約擔任為期一個月的客座編輯。席薇雅．普拉絲（Sylvia Plath）在她的《瓶中美人》（The Bell Jar）中曾提到她的經驗。其他歷年來的優勝者包括瓊．蒂蒂安（Joan Didion）、瑪莎．史都華（Martha Stewart）、艾莉．麥克勞（Ali MacGraw）、安．比提（Ann Beattie）、克蒂絲．西坦菲（Curtis Sittenfeld），以及——在下我。

的創業家可能比失敗的創業家更謹慎安全地操作。其次，他們花許多時間做其他的事，為的是讓他們能更自在地去做真正原創的東西。」格蘭特說。

和凱特．斯佩德一樣，這四位華頓商學院畢業生也有一些後盾，才得以從容做決定（他們測試過兩千個名稱，最終才決定採用「沃比帕克」）。無論創辦公司多麼辛苦，他們仍持續進修，並多方考慮其他選擇，這可能使他們對自己的公司有更宏觀的看法。該公司聯席執行長戴夫．吉爾波（Dave Gilboa）前陣子有些尷尬地解釋：「『沃比帕克』不是我想把我所有的蛋全部放進去的那個籃子。」

我最近剛好聽到「沃比帕克」的幾位創辦人發表幾次談話，當他們一次又一次敘述他們的故事時，一件奇怪的事發生了，他們不再提起籃子裡那些多出來的蛋了。這幾個聰明的傢伙，他們知道創業傳奇應該是什麼，所以他們把焦點放在他們的工作多麼辛苦，睡眠多麼缺乏，他們如何忙著拆開包裝盒、答覆消費者，以致無暇做功課和專心上課。這些都是真的，而且激勵人心，但我很高興亞當．格蘭特願意提醒我們另一面：你必須專注與冒險才能得到幸運，但你不需要瘋狂到不顧一切。

從籃子裡的蛋當中找到適當的平衡點並讓自己得到幸運，不會總是明顯的。當年我在一家大型全國性雜誌當主編時，曾和一位也在另一家雜誌當主編的可愛的朋友一起吃中飯。這不是她第一次當主編，而且在那前幾年，她被一家銷路很好的女性雜誌很不客氣地解雇了。在這個媒體遊樂園中，這是經常發生的事，當然不會成為不利於她的黑紀錄。但她很喜歡那個工作，失去它讓她非常難過。現在她正在經營另一本雜誌，她很謹慎，並且決心保護她自己。

「妳的問題是妳太投入目前的工作，」我們小口咀嚼加了許多起司的希臘沙拉時，她對我說，「我已學會，你必須少花點時間想目前的工作，多花點時間思考你下一步會在哪裡。」

人人都知道她的備援選項不是只有計畫B，她的備援計畫似乎多到可以從A數到Z。她不斷為將來的機會做準備，眼前的工作在她眼中更像個墊腳石。她建立人脈，在電視上露面，甚至拿了一個不相干領域的碩士學位，只因她剛好有興趣。萬一雜誌社倒了——可能性似乎很大——她還有一條完全不同的路可走。

她為將來有一天失業預作準備，把她所有的蛋妥善地分裝在幾個籃子裡。她有兩支電話和兩台電腦——辦公室和家裡各一套——兩邊都有工作聯繫。「我的辦公室沒有任何個人用品，只有一個辦公桌抽屜內有個盒子，裡面裝我的化妝品和一把梳子，和少數幾樣其他東西。」她告訴我，「哪天這個工作結束了，我會交回工作用的電話和電腦，拿起我的盒子，頭也不回地走出去。」

我能體會她的直覺，但聽她這麼說也讓我變得神經質。如果你的人生太多樣化意味著你永遠不把自己投入在你所處的位置，你會錯過一些當下的樂趣。我朋友的工作最後終於還是結束了，和我一樣，如今我們都改做其他讓我們很快樂的專案，但想到我們的立場，我忽然領悟到運氣的一部分就是享受當下，如果你認為你的備援計畫比現實生活更重要，這就錯了。

巴納比認識一個名叫艾歷克斯．亞伯林（Alex Abelin）的年輕人，他在幾年前離開Google後創辦了一家有趣的公司叫「流動人才」（Liquid Talent），它本質上是一個行動應用程式，使網頁開發人員與設計師能和有意雇用他們的人相互聯繫。

「我們來追蹤他的進度一段時間，也許可以學到一些有關運氣的經驗。」巴納比建議。我們安排幾個禮拜後的星期三與艾歷克斯見面。到了那天，我們的談話並非原先所預期的那樣。經過一些愉快的寒暄和保證他樂意談論如何得到運氣後，巴納比問他最近都在忙什麼，艾歷克斯卻稍稍猶豫了一下。

「我們今天談這件事很有意思，因為我在星期一讓它成為夕陽公司了。」

夕陽？我的腦子裡出現艾歷克斯和他的團隊坐在一艘詩情畫意的小船上，在耀眼的夕陽餘暉中航行的畫面。我望著巴納比，想澄清這個事實。

「他把它結束了。」巴納比小聲說。

喔，這麼說小船的確有在航行，只不過一點也不詩意。

艾歷克斯解釋說，公司缺乏營運資金。他仍然相信這個構想，但公司無力維持下去，只好放手。

「這是個困難的決定，但我相信這句諺語：當一扇門關上時，會有一扇窗打開。」他說，語氣聽起來非常樂觀。

艾歷克斯不需要去尋找那扇窗，因為它早就在他的藍圖中。離開Google後，他很興奮地開創他自己的公司，但他也希望理智，因此他在開創「流動人才」的同時，也在一家他的同事創辦的公司「流動無線上網」（LiquidWiFi）擔任顧問。「你不能把所有的蛋全部放進一個籃子裡。」艾歷克斯說。巴納比和我交換一個會心的微笑，「我知道假如一個不成功，我還有另一個機會。」

第二個蛋不僅僅是防止第一個蛋破掉後的備援計畫，它還能彼此互相增強。艾歷克斯指出，他全心投入他的公司執行長工作，「我們互相連結，使兩家公司更穩健。」雙方的互動意味著他有更廣泛的人脈和更多的人才。但現在艾歷克斯對這種雙重角色格外興奮，因為他明天要去一個地方。

我們都同意失敗不再是一種窘境，它更像一種榮譽，意味著你已經有可以協助你繼續往前走的經驗。巴納比知道在矽谷，公司失敗被奉為圭臬，因此他們經常開「恭喜，你搞砸了！」派對。為了激勵冒險，它們慶祝失敗。事情不成功你不會垂頭喪氣，你會昂首闊步，為你已經嘗試過而感到驕傲。還有兩天，艾歷克斯還沒有昂首闊步，但他有個很好的展望。

艾歷克斯認為，公司失敗不是因為任何大事情，而是因為「一些小事情加起來」。如果有一、二個人願意出資，他還是可以繼續經營下去。或者，也可能是他和女友分手分散了他的注意力，影響他的心態。「商業和人有關，所以永遠會受情緒影響。」他說。過去三年，公司引起媒體很大的關注，並推動吸引成千上萬人參與的活動。如果你要看成功的一刻，他們有很多。

與艾歷克斯互道再見後，巴納比和我又多聊了一會兒。巴納比對於艾歷克斯結束公司這件事仍感到意外。從他先前的觀察，艾歷克斯所做的每一件事都是正確的。他吸收優秀的人才，所有行動都經過謹慎的規劃。「也許這使他成功的機會從百分之一變成二分之一，但還是不能保證。」巴納比若有所思地說，「這是為什麼你必須有退路，無論如何你還可以站穩腳步。」

我們經過一段時間之後再持續追蹤，發現艾歷克斯果然是個有智慧的人。他立刻卯足全力創辦第二家公司，並且在很短時間內就被Verizon公司以一筆很大的金額收購。艾歷克斯非常高興，他們現在有很多錢去推動一項在城市、公園，甚至超級盃場地設置無線上網資訊站的計畫了。

「聽起來好像是我們安排的！」我對巴納比說，「他的第一個計畫失敗了，但他的備援計畫帶來豐厚的回報，證明你的籃子裡的蛋理論是正確的。」

「我們沒有安排，但他安排了。他增加了得到運氣的機會，並且成功了。」巴納比說。

「他一直讓我們感到驚訝，但它是個好故事，它甚至有做真實的自己的優點。」我嘆口氣說。

巴納比在他的普林斯敦「運氣實驗室」一直在探討冒險與多樣化的種種情況。他發現，萬古以來，生物學已顯示多樣化的價值，近代成功的金融機構與投資者也呈現多樣化的價值。因此問題是，幾個蛋和幾個籃子最好？他沒有單一的答案，因為很多事取決於你的才能、心願和風險偏好。但他提出幾個一般原則。

「通常分成二或三個選項是合理的。」他說。最簡單的是兩個相似的選項——主要的和備援的，如同艾歷克斯所做。但你也可以再增加第三個完全不同的選項，萬一前兩個都因為相同的原因而失敗。

艾歷克斯離開Google時，他想去旅行，體驗新的冒險。「Google是個巨大的生物圈，一個有牆壁有天花板的生物圈。但我想去看看這個世界，想做很多很多事。」他告訴我們。所以他基本上已經有了第二個完全不同的選項。假如他的兩家公司都失敗，他可以整裝出發，以半年的時間去探索紐西蘭、斐濟和波拉波拉島（或任何他想去的地方）。選項不一定是有一份工作或另一份工作，它們是要讓你看到人生有許多不同的機會，而運氣就來自採取會帶給你快樂的不同路徑。

有兩個選項，還有第三個可能完全不同的選項，似乎就是得到幸運的一般道路了，但是當然也有例外。我的事業是從當體育記者開始的，經常聽到教練大吼著要隊員付出百分之一百一十。如果你在世界職棒大賽第九局結束時打成平手，你不會去想什麼備援計畫，你會全神貫注在那一次打擊上。

巴納比點頭。「把你所有的蛋都放在一個籃子裡是合理的，我只能想到兩個例外。」他說。第一個例外是回報很高或機會很小，所以你必須小心謹慎。這包括世界職棒大賽第九局，或者如巴納比所說，當你試圖贏得一面奧運獎牌，或得到一個特別的人的愛時。

「第二個例外是那個籃子對生存至關重要。」他說。有道理。如果你想為明天規劃幸運的備援計畫，你必須先確認**有**明天。

與巴納比告別後，我在回家的路上邊走邊想，忽然想到，當我們在探險時，我們不會意識到後面還會有多少危險。也許我們可以把那些蛋一個接一個放進籃子裡，而不是一次全部放進去，來為自己得到幸運。

幾天後，我接到我的大學校友吉姆・班內特（Jim Bennett）的電話。我們有很久沒見了，但我們一直靠摔角在維繫情誼。不，不是**那種**摔角，我們是好朋友。我在大學校刊工作的第一個採訪任務就是報導摔角校隊，吉姆是校隊明星之一。那是個有趣的工作，因為那些摔角選手很聰明，有決心、難以想像地奮發圖強（以及很厲害的二頭肌）。吉姆甚至還贏得「全國大學體育協會」（National Collegiate Athletic Association）的摔角冠軍，這是一件了不得的大事[21]。他既是摔角選手又是校園英雄。

電話中，吉姆告訴我「全國大學體育協會」錦標賽將在麥迪遜花園廣場舉行，他為這三天的賽事特別訂了一個包廂，問我想不想去看？一些大學時代的老隊員和吉姆現在的同事都會去。

於是一個星期四的晚上我去了麥迪遜廣場，找到吉姆訂的寬敞包廂，裡面有許多面向競技場的座位，空間寬敞舒適，很適合聊天，中央還有一張大桌子，上面堆滿啤酒、葡萄酒和點心，足夠度過一個美好的夜晚。吉姆看起來健康而快樂，體重和他當年參加比賽時的重量級數相去不遠。大學畢業後，他在金融公司服務，後來自己開了「班內特管理公司」（Bennet Management）。由於包廂通常都是租給大公司，不難猜想吉姆在財務上的成就和他在「全國大學體育協會」摔角錦標賽的成就不相上下。

吉姆忙著招呼他的許多賓客，所以我先和他公司的高級主管交談。他告訴我，吉姆投資不良資產，有段時間該公司管理的資產高達二十億美元。這是一門競爭激烈的行業；有幾家在同一時間創立的同類公司如今已徹底失敗。

「那麼，你認為有什麼不一樣的地方？」我問，「你們為什麼會一直都很幸運？」

「我們幸運的原因在這裡，」他說，伸手朝競技場比了一下，各大學的摔角選手正在場中央比賽。「吉姆過去是摔角選手，全國大學體育協會摔角冠軍，而他從不放棄。他以多年的時間養成頑強的堅持與毅力。他在生意上和他在競技場上一樣有耐心，目標明確，而且他等待適當的時機。然後他有不可思議的耐力，不在乎受一點傷，摔角選手多少都會受傷，但吉姆會預測每一個動作，並保持實力。」

「很棒的聖人傳記。」我含笑說。

「那是什麼？」

「一種對聖人的形容。」

他笑著說：「吉姆沒有賄賂我，我用不著吹捧他，但我說的都是真的。」

幾分鐘後，我和吉姆各自拿了啤酒和健怡可樂坐下來，我告訴他他的同事對我說的那段話。吉姆微微一笑。「摔角會把人訓練成很有毅力，這在生意上或許也有幫助。」他說。

21. 吉姆在「全國大學體育協會」第一級別個人比賽中，贏得一百四十二磅重的冠軍。從那以後，這項競賽的重量級別就改變了。

他知道一些其他的摔角選手後來在華爾街都有很高的成就，他在評估公司時，摔角時用的按部就班的方法確實對他有幫助。「也許我比多數人願意用更多方法和花更多時間去研究細節。」他說。二〇〇八年經濟不景氣時，吉姆的競爭對手至少有三分之一關門了，但他沒有恐慌，安穩度過。「你要繼續努力，尋找機會，試著去創造你的運氣。」他說。

讓我驚訝的是，吉姆是個連續把所有蛋都放在一個籃子裡的人。他全力投入他所做的事，但永遠會有一個仍在孵的蛋。他全神貫注，毫不懈怠地成為全國大學體育協會摔角冠軍，但他讀的依然是長春藤聯盟學校，並且用功讀書。他的成績很好，進入哈佛商學院，為他的下一輪運氣鋪路。現在他全神貫注在他的事業上，但他每年會有十週的假期，和他熱情洋溢的妻子與孩子一起共度美好時光。

「當你一週工作七十或八十小時時，你可能會筋疲力竭，但我會繼續拚下去。」他說。

摔角仍然是他的生活重心之一，事實上，他不久前才被任命為二〇二〇年奧運美國女子摔角代表隊的隊長，但他一直都很謙虛，不想靠以前的全國錦標賽冠軍頭銜沽名釣譽。知道我對運氣的看法是以匯集才能、努力與隨機的機會為基礎後，他表示這三種要素他都需要。

「每一個做到高階職位的人都有才能與努力，」他說，「但是當你到了最後的競爭時，有些事情可能對你有利，有些則否。」

一會兒後，吉姆站起來去履行他的主人義務，我悄悄走到賽場旁邊的座位觀看大學摔角選手的比賽。吉姆可能是對的，因為其中牽涉到機會，如同體育競賽——一個不當的判決、一個意外的受傷——但在一般規則中，最好的摔角選手會結合才能、努力與決心贏得他們的獎牌。

優勝者會非常驕傲。他們值得驕傲。他們在體育館內集訓好幾個小時，在馬路上跑好幾英里，為了維持體重可能連續幾天都吃芹菜。他們為這項運動付出一切。但我希望他們同時了解，人生很長，大學摔角會有結束的一天，他們（如同吉姆在他們這個年齡時）的籃子裡還有一個仍在孵的蛋，正在為人生的下一個階段做準備。

和吉姆相擁道別後，我離開麥迪遜廣場花園，想著人生比你意識到的更短也更長。更短的原因十分明顯（**大學時代已經過了這麼久了嗎？**）；更長的原因是，你會有比你最初意識到的更多的循環週期與機會。如果你想成為幸運的人，你必須全力投入，同時為將來做好準備，這就需要多幾個蛋和多幾個籃子，也許這就是幸運人生的方程式。

第9章——真正重要的好運

好運也許從小事開始……為運氣奠定基礎……
為什麼亞歷山大．弗萊明的偶然發現並不偶然……可以改變世界的好運……

有一天我們走過中央公園，巴納比提起好運的話題，我於是想到康州鄉下我家附近一家雜貨店那個可愛的年輕女店員。她總是樂於助人，態度溫和，笑容可掬，身上的圍裙掩蓋不住她的能幹。而且，她長得非常漂亮，有點異國風情，很像我在當電視節目製作人時找來的第一個助理。

可是她在康州鄉下，在包裝貨物，我猜想她可能來自一個沒有太多優勢的家庭，她怎麼會有機會得到幸運？

「真希望我是她的神仙教母，帶她到紐約，幫她在電視台找一份工作。」我說，「你想有這樣的好運她會怎樣？」

「也許會很好，或者惹禍上身。」巴納比說，「不是每一個人都知道如何處理好運。」

這是真的嗎？好運不能帶給你……好運？

在各行各業中，運氣好是改變一切的里程碑。你的上司辭職，把他的工作移交給你，結果你的創業銷售額高達十億美元，或你的YouTube視頻在網路上爆紅，使你聲名大噪。女星莎莉・麥克琳高中畢業不久，百老匯音樂劇《睡衣遊戲》（The Pajama Game）的女主角因扭傷腳踝需要替身演員，莎莉・麥克琳因此站上舞台。一個不折不扣的好運！（這只是其中之一。）

這種驚人的事件層出不窮，但巴納比是對的。以莎莉・麥克琳為例，好運可能為她帶來六度奧斯卡獎提名的影藝事業高峰，或者什麼也沒有。因為如果你沒有準備好，你將失去老天給你的機會。

真正的秘訣是知道幸運的機會出現**後**你該做些什麼，因為運氣好和幸運的結果不一樣。在我們的機會、才能與努力的吃角子老虎機中，運氣好是偶然出現的一個大櫻桃，但你還需要另外兩個櫻桃出現並排成一列。我們都聽過簽下數百萬美元合同的運動員被逮捕與逐出體育界，或樂透彩得主最後身無分文的故事。運氣好的結果和其他任何機會一樣，你可能看到它出現在你面前，然後使它成為幸運人生的一部分；你也可能處理不當，結果一無所獲，甚至惹禍上身。

但假如你能為它打下適當的基礎，你就能充分利用這個好運。莎莉・麥克琳不是只有在百老匯舞台上跳華爾滋（或踢踏舞），她從三歲時就準備成為一名舞者。表演也是她的家族基因（她的哥哥是名演員華倫・比提），當她站上舞台時，她已有充分的準備。同樣的，如果你買一張樂透彩券時心中已有得獎後的真實概念，你會比只是幻想大獎將改變你的生命更能妥善處理這筆意外之財。

中樂透彩的機率很小，這種情況也許不值得提早做準備，但你明白它的意思。

許多時候，運氣不是什麼天大的事，只是一些小事。但一個小小的優勢也能增長廣大。如果你苦苦等待這種大機緣，你會錯過運氣大部分都是越滾越大的事實。你的挑戰是要了解一個小小的運氣如何成為一個巨大的幸運。

舉個例，我們走著走著，巴納比說他這天感覺特別慷慨，他想給我一個好運。他可以給我一分錢，然後這一分錢每天增加一倍，直到一週結束。這樣夠不夠慷慨？

我抬頭看他（他很高），嗤之以鼻。換作是你，你不會嗎？你不必用高深的數學也能算出這神奇的一分錢到了一週結束後不過只有六十四分錢。22

「好吧，我可以給妳一個更好的。」巴納比說。如果這一分錢每天增加一倍直到月底，這樣能吸引我嗎？它可以算是好運嗎？

我嘆一口氣。

「真是的，巴納比，你說要給我好運，結果卻玩這種一分錢的把戲！」

他能感受到我的哀怨，因此他讓我選擇。到了這個月底，我可以得到這每天增加一倍的一分錢，或者一百萬元。我會喜歡哪一個？

當然是一百萬元！雖然其中必有詐，但我還是忍不住。我告訴巴納比我選擇一百萬元。

巴納比有點得意。

「錯誤的選擇！」他說，「每天增加一倍的一分錢，到了月底比一百萬元更有價值。」

「不可能！」

「相信我。」

我不相信他，因為這一點也不合理。一分錢怎麼可能是正確的選擇？他坐下來，迅速寫出一些數字來證明（你可以在本書最後的附註中找到完整的概要）。

一百萬元對我來說當然很好，何況我又不是以違法的方式獲得，但真正的機會來自倍增的一分錢，而我（或許你也是）卻與它擦身而過。你很難相信那一分錢到了月底會增值為一百萬七千美元[23]，因此，如果我能了解累積優勢的力量，我就會有十倍的幸運。[24]

如他所說，小小的運氣可以變成巨大的幸運。

你不要等待會改變一切的神奇的一百萬元，你最好開始想，並且收集那個會累積成真正（或寓意）財富的一分錢。運氣是逐漸累積的，最大的運氣可能只是從一個銅板開始。幸運的人會為這個重大的機會做準備，他們會去上舞蹈課，或得到一分錢，或僅僅以不同的方式接納種種可能性而得到巨大的幸運。

22. 這顯然是中學數學課中一個普通的問題，但我以前沒聽說過。開始時是今天的一分錢明天變成二分錢，後天變成四分錢，然後八分錢、十六分錢、三十二分錢、六十四分錢，依此類推。

23. 如果有人要在二月給你雙倍的優待，不妨請他延到三月。二月只有二十八天，三月有三十一天，結果會有很大的差異（這就是雙倍的威力）。

24. 巴納比立刻澄清，這些都是理論。他但願能給我這雙倍的一分錢！

我們都喜歡聽大大改變生命（或改變世界）的幸運故事。每個人也許都聽過盤尼西林（青黴素）、便利貼、魔鬼沾是在偶然的情況下發明的，因此假設這些幸運機會幾乎都帶有神話色彩。但你要小心，不要太相信這些導致發現或發明的偶然的幸運機會，因為這會破壞真正創造運氣的決心和努力（之前和之後）的真實故事。

所以，讓我們先從盤尼西林是偶然發現的故事說起。亞歷山大・弗萊明（Alexander Fleming）有一天發現他的一個培養皿長出黴菌。故事中說，他在一九二八年九月全家出去度假一個月，行前他把幾個帶有葡萄球菌的培養皿放在實驗室窗台上，等他度假回來後，發現其中一個培養皿被黴菌感染，仔細一瞧，黴菌周圍的葡萄球菌都被破壞了。

他沒有興奮地大喊「我發現了！」或者全身赤裸衝出街道（如同故事中的阿基米德那樣）[25]。他意識到黴菌可能抑制了細菌的生長，就這樣，一個偶然的機會，然後千百萬人就從鏈球菌性喉炎、猩紅熱及傷口感染中被拯救出來。

「一九二八年九月二十八日天亮後醒來時，我絲毫沒有以發現世界第一種抗生素或細菌殺手來革新醫藥的計畫，但我卻在無意中這樣做了。」弗萊明事後說道。

這項革新並不完全偶然。在第一次世界大戰期間，弗萊明曾在皇家陸軍醫療團從事傷口感染與防腐劑的研究。戰後他回到倫敦大學聖瑪麗醫院他的實驗室，到了一九二一年，他有了第一次大發現，找到一種能抵抗細菌的酶。

據報導，弗萊明因為感冒，有幾滴黏液落在他的一個細菌培養物中，從而開啟了這項研究。你從這裡看出一點名堂了嗎？黏液和長出的黴菌是偶然的，但這是常見的事。它們的發生不是多麼幸運和神奇，而是弗萊明造就的。

在全家度假之前，弗萊明在細菌與人類免疫系統問題上的研究已進行了十餘年。正如科學中經常發生的那樣，他有許多小突破和許多漸進的實驗。他做過許多嘗試，但都沒有結果。當一個人有了成果時，它不是偶然的運氣，它是經年累月集中精力，以及大量沒有成功的實驗的結果。

只有當你知道你要尋找什麼時，你才會得到幸運。那次假期之後如果換一個人在弗萊明的實驗室，也許會毫不猶豫扔掉那個被污染的培養皿。一個人的科學突破，在另一個人眼中看來也許是令人作嘔的發霉的髒東西。

但儘管有這個幸運的機緣，弗萊明並沒有在九月二十八日這天給醫學帶來革命性的突破。真正的挑戰往往是後來的事。他的團隊又增加兩名研究員，但他沒有成功分離與淨化那個「青黴素液」。不久之後，兩位牛津大學的科學家霍華德・弗洛里（Howard Florey）與恩斯特・柴恩（Ernst Chain）領導的團隊才研發出第一劑可用的青黴素（盤尼西林）。最後，他們與弗萊明共同獲得諾貝爾獎。

弗洛里與柴恩沒有得到媒體的太多青睞，因為他們提供的是智慧和努力工作得到的回

25. 阿基米德試圖找出如何計算黃金的純度。有一天他坐進浴缸裡，猛然領悟排出浴缸的水量等於他身體的體積（或浸泡在水中的部分）。他高興得跳出浴缸，大叫：「我發現了！」就這樣裸著身子跑回家。這個故事在事件發生後兩世紀才開始被傳頌，使它的真實性產生一些懷疑，但我們寧可信其有。

報。但弗萊明的故事卻充滿神奇與神秘——心神不定的科學家、亂七八糟的實驗室、擱在窗台上長黴的培養皿。運氣……偶然……然後改變了世界！但好運氣只是幸運鏈中的一小步，在這之前必須先有許多努力，甚至後來還需要更多努力並有了回報，才能賦予它任何意義。

我們記得的幸運機會都是有回報的運氣。如果弗萊明的同事最終沒有製造出盤尼西林，我們不會知道這個長黴的培養皿故事。有許多候補演員成為主角，但因他們不是莎莉·麥克琳（或知名度與她相當的人），我們沒有理由去記住他們。只有當我們能利用它們來認識好運時，過去的經驗教訓對我們才有用。

喬許·葛洛班（Josh Groban）如今是美國的流行天王之一，但他在十八歲時，前途並不那麼明顯。我最近很榮幸邀請他和我共進簡單的晚餐，對他的聰明、體貼與認真大為折服。一個流行天王不是應該有點腦袋空空嗎？他告訴我，他在卡內基梅隆大學（Carnegie Mellon）著名的戲劇系讀一年級時，獲得華納兄弟公司給他的一份錄音合同錄製唱片。他記得他坐在學校宿舍的床上，心想他該怎麼辦。這個幸運機會會使他一炮而紅嗎？如果他離開學校，他會在一個學期之後夾著尾巴重返校園嗎？

「我想我會失敗然後回到學校。可是如果我不去做，我可以想像下個學期我上舞蹈課時內心會有多麼糾結。」他說。

簽錄音合同的事不會突然發生。對喬許·葛洛班而言，當他代替著名的義大利男高音安德烈·波伽利為一九九九年葛萊美獎頒獎典禮彩排時，運氣便接踵而來。他與席琳狄翁合唱，使葛萊美獎主持人蘿西·歐唐納（Rosie O'Donnell）對他留下深刻的印象，她當時在電視上主持一個脫口秀，便邀請喬許下一週去上她的節目，並在現場演唱。這次訪問又導致當紅製作人大衛・E・凱利（David E. Kelley）為喬許寫了一個角色，在當時紅極一時的電視劇《艾莉的異想世界》中演出。

那麼，是幸運的機會使他代替波伽利、受邀上蘿西的節目、使凱利對他留下深刻的印象，或者獲得唱片合同嗎？如同我們倍增的一分錢一樣，這一切都十分複雜，但喬許・葛洛班不得不接受這些機會，並讓它們成為超越一次性機會的東西。

他冒險離開學校，和許多大明星到全國各地演出。二〇〇一年他的第一張同名專輯很快從金唱片變成雙白金唱片。幾年後他又陸續出了幾張唱片，至今已有四張「多白金」唱片，並成為全國最暢銷的藝人。

成為大明星後，喬許仍持續得到他的運氣。儘管他在少年時代沒有演過音樂劇（他開玩笑說：「我是音樂劇《海上情緣》（Anything Goes）中的水手四。」），但我們這頓晚餐一方面也是為了慶祝他即將在百老匯一齣名叫《娜塔莎、皮耶與一八一二大彗星》（Natasha, Pierre, & the Great Comet of 1812）的歌舞劇中首度擔綱演出。

「我想做一些新的、會讓我害怕的事。」喬許說。他為了這個角色去學手風琴，期待穿上墊得厚厚的戲服，使他看起來更像那個粗壯與放蕩不羈的皮耶。這齣戲的構想出自一位很酷的新銳作家戴夫・馬羅伊（Dave Malloy），並由同樣很酷的瑞秋・沙夫金（Rachel Chavkin）執導。兩人素以非傳統藝術家著稱，不在乎是否合觀眾的胃口。得知瑞秋與戴夫和一群實驗藝術家往來時，喬許說，想到市中心觀眾即將到百老匯來看他表演——美國的流行天王之一——讓他一則以憂一則以喜。

「我希望戴夫和瑞秋的朋友看完演出後會想：『我真的喜歡喬許，我為自己感到慚愧。』」他笑著說。

首演之後，每個人顯然都很喜歡喬許（甚至包括那些很酷的朋友），《紐約時報》劇評家讚美他「好極了」，又說他連著兩天去看兩次。喬許．葛洛班因此獲得東尼獎提名。

當你具備喬許．葛洛班這樣的天分與動力時，你會更容易從一個幸運的機會中得到利益。但無論你的情況如何，你都需要認識機會可能出現在你面前，然後冒險從你的學校宿舍床上爬起來去追求它。

好運氣只有落在肥沃的土地時才會變得有意義。巴納比和我都有許多天分（希望你能認同），但其中不包括歌唱。如果我有機會在葛萊美獎彩排時上台表演，結果不會像喬許．葛洛班那樣成為流行天王，而是許多人紛紛戴上耳塞。

好運氣要產生影響，你必須做好準備，像亞歷山大．弗萊明；還要能利用它，像喬許．葛洛班。給人有回報的幸運機會不是一件簡單的事。一九八一年，慈善家尤金．朗（Eugene Lang）在東哈林區對一群六年級學生演講。他本人在五十年前也就讀這所學校。當他望著這六十一名來自低收入戶家庭的學童時，忽然興起給他們一個集體的幸運機會的念頭。他臨時起意，說台下每一個學生高中畢業後，他們的大學學費由他負責。

這位仁慈的神仙教父對一群學童撒出仙粉的事成為全國頭條新聞。受訪時，尤金．朗指出，影響的不只是金錢，還有孩子們作夢的能力，有人關心他們。他很快就意識到，如果這些孩子沒有想繼續升學的毅力、或興趣、或願景，他提供免學費也於事無補。因此他安排一些能夠在課外指導他們的人來協助與支持這些孩子和他們貧困的父母。

結果呢？這塊地沒有它所需要的那麼肥沃。一名少年搶劫商店後入獄，幾名少女懷孕，其餘的輟學，但原先的六十一名學童中大約半數利用這個幸運的機會繼續升學，並進入大學，有些人還進了斯沃斯莫爾學院（Swarthmore）與巴納德學院（Barnard）這些名校。聽起來好像人數不多，直到校長指出，在尤金．朗提供援助之前，每一班大概只有一個學生能進入大學就讀。

尤金．朗的計畫迅速散播開來，他創立的「我有一個夢」基金會（"I Have a Dream" Foundation）帶動全國紛紛響應。其他慈善家在尤金．朗的拋磚引玉下，也認養城內的班級，提供大學學費給讀完高中的學生。這個吸引力是明顯的，那些在人生中得到成就的人可以經常回顧過去，感恩一路上幫助他們與支持他們的人：父母或老師，或給他們第一份工作的人。他們會有幸運的感覺。給那些不敢奢望的孩子一個幸運的機會，這種想法著實令人佩服。

自從尤金．朗即興提議之後，幸運的機會就逐漸普及，但結果都差不多。中學畢業的比例的確上升，一些永遠不可能有機會發光發熱的孩子利用他們難得的幸運機會，但不是每個人都如此。當一位慷慨的捐款人對費城西區一個貧困社區的一百一十二名學生提供幸運機會時，最終卻發現重刑犯比大學畢業的多更多，只有一個學生順利完成大學學業，他現在是一名航空工程師。

兩位富有的企業家亞貝・波林（Abe Pollin）與梅爾文・柯罕（Melvin Cohen）也搭上這輛幸運花車，一九八八年在馬里蘭州喬治王子郡一個窮鄉僻壤的學校成立一個「夢想家」（Dreamers）計畫。波林當時已是家喻戶曉的人物，擁有幾個大型球隊，包括國家冰球聯盟的華盛頓首都隊，和國家籃球協會的華盛頓子彈隊。他的臉上經常帶著一個大大的微笑，手上戴著一枚巨大的NBA總冠軍戒指。

這兩個人所做的都是正確的。他們為孩子和家長請來一名課外指導老師，並承諾為每個孩子支付馬里蘭大學全額學費。他們帶這些孩子到首都中心球場觀賞子彈隊的比賽，並與球員認識。這項計畫獲得媒體的許多關注，當孩子們出現在地方新聞時，他們明白他們是多麼幸運，才五年級前途就充滿機會，這是絕大的運氣。

但同樣的，儘管有龐大的計畫與經費，結果仍然好壞參半。《華盛頓郵報》在二十多年後追蹤其中五十九名學生，發現一名學生成為醫生，還有一名學生成為大提琴家。但有成功也有災難。「一個會自殺，一個會殺死他的父親，一個會成為政治家，一個會成為警察，一個會成為毒販。」

好壞參半的結果顯示好運氣的結果範圍，可以從暖人心房到令人心碎。東哈林、西費城，以及喬治王子郡的孩子都有許多障礙，使他們難以利用這個幸運的機會。「全美家庭學習中心」（National Center for Families Learning）創辦人夏蓉・達林（Sharon Darling）早在一九八九年就曾建議尤金・朗讓這項援助計畫擴及家庭。她發現到一個問題：並非每一個人都認為免費的大學是個幸運的機會。

「這些家長本身都沒有讀大學，他們期待他們的孩子高中畢業後找工作賺錢。他們當然更不希望他們離開家。」她說。如果你是個青少年，假如你的父母認為這個幸運的機會反而是個障礙，你是很難去善用它的。如果你在短期內就困難重重，從長遠計更難以看到它的利益。

我們許多人沒有那些排山倒海的障礙，但我們會給自己製造障礙。我們看不出這是一個機會，或者不明白它可能會改變我們的生命。我們太習慣於自己的模式，以致我們不願意冒險並換一個新的方向。

譬如，假如有人給你一個離家六千哩的工作機會，你會認為這是個可笑的想法，還是一個幸運的機會？我認識一個名叫古斯塔沃・林柏格的人幾年前就遇到這個問題。他當時是個二、三十歲的青年，住在布宜諾斯艾利斯。他和他可愛的妻子瑪麗莎都生長在阿根廷，壓根兒沒有離開的念頭，但當時加拿大曼尼托巴省溫尼伯市的猶太社區代表來到阿根廷，並提供一個機會。他們想為他們的社區挹注年輕的新力量，鼓勵南美洲的猶太人家庭移民到加拿大，並提供工作、住房與就學等各方面的協助。他們保證，溫尼伯會是一個互助與溫暖的社區。

這種溫暖是心靈上的，溫尼伯冰天雪地的草原氣候可以低到零下四十度，一月的平均溫大約是二度。雪堆比人還多，也比人高。根據任何一個估計，溫尼伯都是個偏僻的地方，離它最近的大城市是明尼亞波利斯，在它以南大約四百哩的地方（而且當你不得不往南到明尼亞波利斯時，你知道那裡也是個冰天雪地的地方）。

但古斯塔沃被它吸引。他是在阿根廷軍政府的統治下長大的，當時有成千上萬人「失蹤」，後來雖然恢復了民主，但經濟仍岌岌可危，披索持續貶值，以色列大使館又遭炸彈攻擊。古斯塔沃不認為布宜諾斯艾利斯是一個撫養猶太家庭最好的地方。

「我們的兩個女兒當時分別是四歲和十個月，所以這也許是個瘋狂的主意。」不久前我們共進一頓溫馨的加拿大式蛋餅早餐時，他告訴我，「我盡可能考慮到未來，而不是只管眼前。」他設想他的孩子在這兩個地方會有什麼機會，於是一個月之內，他和瑪麗莎便收拾了他們的房子、他們的兩個孩子，和他們的高度期待。他們坐上飛機，準備好好利用溫尼伯提供的幸運機會。

「但相信我，剛開始一點也沒有幸運的感覺。」他笑著說（帶著一種迷人的口音），「我們抵達溫尼伯時，那裡的氣溫比我們離開布宜諾斯艾利斯時的氣溫低了七十度。第一個冬天，我們全家人都生病了。」

但這個社區一如它所承諾那麼溫馨，古斯塔沃和瑪麗莎很快便找到工作和一份歸屬感。「我們是移民計畫下第一個響應的家庭，所以我們在當地格外有名。」他說，「人人都希望我們快樂。」

他們是很快樂。在那個給予諸多支持的社區，他們的機會越來越多，運氣似乎也越來越好，一個工作接一個工作。他們在那裡居住了九年，最後才搬到多倫多（那裡的冬天稍微好一點）。古斯塔沃說，在他的朋友眼中，移居溫尼伯不一定是件幸運的事，以草原短暫而黑暗的日子換取沙灘上長期陽光明媚的時光？不，謝了。

「他們不明白我到底在想什麼。」他說，但現在布宜諾斯艾利斯那些朋友經常來探望他們，「他們看到我們有這麼好的房子和美好的生活，以及我有這麼好的工作，他們說：『啊，你們好幸運。』他們不知道第一年的日子有多難過，不知道有多少個晚上我們躺在床上哭泣，因為我們想念我們的家人。所以我說，『幸運？不，這是你為自己所做的選擇的結果。你現在所做的都會影響你的將來。』」

回想起來，好運氣就像太陽（或風雪）吻上你的臉一樣偶然。一個有錢人決定提供支援時，你剛好是那個班上的孩子。或者，當一個猶太人社區正在設法擴大時，你剛好在對的地方。但為了使這個偶然的機會開花結果，我們的運氣方程式中的其他要素——才能與努力，也必須發揮作用，甚至一開始就需要一點靈感去辨識它。

古斯塔沃和瑪麗莎看著他們的女兒在一個良好的環境中成長，並且上了好的大學。帶著幼兒搬家也許是件難事，但新的研究結果顯示，這恰好是給他們幸運機會的最好時機。史丹佛大學經濟學教授拉傑．切蒂（Raj Chetty）應該知道什麼叫起步早：他二十三歲獲得哈佛博士學位，是哈佛最年輕的終身教授之一。他發現向上提升和其他的優勢來自於他們在很小的時候遷移到較好的環境。

拉傑．切蒂最近回顧一九九〇年代柯林頓政府主導的一項名為「迎向機會」（Moving to Opportunity）的專案計畫，這項計畫旨在幫助一些家庭從最貧困的住宅區遷移到經濟較好的地區。追蹤這項計畫的研究人員起先感到失望。他們原本期待這些遷移的人會有更好的工作和家庭，但似乎成效不彰。切蒂於是決定從不同的觀點審視它的結果。這些家庭當初遷居時家中都有幼小的孩子，這個幸運的機緣有改變**他們的**生命嗎？經過大約二十年後，切蒂發現這些遷居時還不到五歲的孩子後來都有顯著的成就。

「你可以明顯看出，他們長大成人後，目前都過得比以前更好。」他說。這個幸運的舉動意味著他們的收入大幅提高，他們上大學的可能性更高，成為單親的可能性也比那些沒有搬遷或後來才搬遷的孩子更低。

利用幸運的機會來改變社會是可行的，但有些事必須注意。和搬家一樣，幸運的機會必須在孩子的一生中適時給予；以及和大學學費計畫一樣，它不一定適用於每一個人。得到好運氣的人仍然必須認清有人已經給了他們一個機會，他們應該善加利用。

得到好運氣永遠是故事的開始，而不是結束。每年從「麥克阿瑟基金會」（MacArthur Foundation）獲得「天才獎金」的二十多位男女得獎人，都不需要為他們的好運氣特別採取任何行動，因為每一個人都可以在五年內獲得總額六十二萬五千美元的獎金，而且沒有任何附加條件。得獎者早已證明他們有才華，並且願意努力工作，這是運氣方程式中的兩個要素。但是當他們得到最後一個要素「機會」（以意想不到的獎金形式出現）時，他們都能辨識這個幸運的機會並願意利用它，即使沒有人監督他們。當我打電話給麥克阿瑟基金會執行長塞西莉亞·康拉德（Cecilia Conrad）——她負責監督獎金（正式名稱為「麥克阿瑟獎學金」）——時，她立刻同意。

「這個無條件本身似乎就傳達一種責任。」她笑著說。

這項天才獎金感覺上就像一個最極致的運氣。一切作業都在一種保持機密的提名與評審程序下進行，沒有人知道他們被列入考慮。即使你懷疑你成為角逐者，你也不可能等待消息公布，因為沒有固定的公布日期。因此，當得獎人接到康拉德的電話時，他們的反應通常是激動與手足無措，有一種青天霹靂的感覺，極端的好運。

激動過後，得獎人會利用他們的幸運機會去做各種不同的工作。康拉德說，對許多得獎人而言，「它重新推動他們，使他們承諾繼續走他們的路。有些人認為這是一個安全網，他們可以從事新的冒險。有些則認為這是一個使他們成為更公開的學者或知識分子的機會。」

頒發獎金的目的是在獎勵每個領域的創造力。是的，詩人與劇作家會得獎，但麥克阿瑟基金會也認可金工與製弓技藝（指弦樂器，不是弓箭）。二〇一六年獲獎的安妮・巴斯汀（Anne Basting）利用戲劇與說故事的方式來改善失智症患者的生活。

「每次參加雞尾酒會時，如果有人問我做什麼工作，我都不知道如何回答。我的丈夫就會幫我做簡單的說明。」一天早上我們通電話時，她告訴我，「我總是在試圖合法化我所做的工作，但今後不必再這麼辛苦了，這是一種解脫和節省精力。」

巴斯汀有一天在開車時，電話鈴響了，這才得知她獲得天才獎的消息，這是她所能想像的最幸運的事。她不認識那個來電號碼，但她還是接了。康拉德先以輕快的聲音自我介紹，然後問巴斯汀是否方便說話？一聽說她在開車，康拉德建議她靠邊停車。

「我告訴她我正經過一處建設工地，沒辦法靠邊停車，我們只好隨便聊聊，車子走了一哩路，一直到下一個出口。」巴斯汀笑著說。

那時候她難道不知道即將聽到什麼消息嗎？

「你不會公開顯現你的失望，所以我以為她大概希望我推薦別人。」後來她明智地靠邊停車，因為當她聽到這個消息時，她忍不住喜極而泣。

巴斯汀是威斯康辛大學密爾瓦基分校第一位獲得天才獎的人，而且該州只有少數人獲得這項榮譽（自一九八一年迄今只有近一千人）。麥克阿瑟基金會做了一張圖表，標示所有「麥克阿瑟研究員」的出生地和他們得獎時的居住地，其中（除了國外得獎人外）[26]以紐約州和加州人數最多。當你整理人口時，得獎者明顯出生在那些州並不令人感到意外，但更戲劇性的是人們**最後**選擇居住的地方，勝出者獲得這個幸運獎項時有一半以上是住在紐約州、加利福尼亞州和麻薩諸塞州。[27]

如果你想在藝術、科學、人文、教育等任何創意領域增加你的運氣，你也許需要買張機票。「把你自己放在運氣可能找上你的地方有一個因素。」康拉德說。

「同一個地方的人的互補性，會有更多運氣發生的機會。大城市會吸引更多創意和原創類型，而且會有較多頂尖的教育機構。」

好運氣（以及六十二萬五千美元獎金）不會從天上掉下來，康拉德認為是你為你自己的好運鋪路。它始於「基本能力、技能和努力工作，以及對可能性充滿熱情」。康拉德說。然後是願意無饜足地追求你的熱情。「回報可能遙遠而且不合常理，你必須冒險，並願意接受失敗，這也是一種韌性。」

安妮・巴斯汀就是個很好的例子。她只關心她的作品能否帶來深刻的影響，因而得到好運。「我不追隨其他人的成功標竿。」她承認，「我對工作的滿意度使我堅持不懈，我以工作給我的感受來衡量它的重要性，我知道當別人看到它時，他們也會感受到它的力量。」願意找出適合自己的工作，盡情發揮創意，它就能為你帶來好運。無論做什麼事，你是唯一的評審，不管有沒有得獎，這份工作都會讓你有幸運的感覺。

與塞西莉亞・康拉德和安妮・巴斯汀談過話之後，我明白這裡還有一個後續動作——好運氣會有巨大的加乘效果。當你改變一個人的生命時，其他人也會連帶產生骨牌效應。安妮・巴斯汀與認知失能者合作（「請不要說他們是病人。」她說。），她幸運獲得天才獎，意味著她可以將這筆獎金和機會擴大到更多有需要的老人身上。

麥克阿瑟基金會目前正準備以最可能的方式，擴大幸運事業來支持這種骨牌效應——撥款一億美元資助專案計畫。一億美元，無論怎麼看都是一筆大錢。康拉德告訴我，該基金會為「一億元與改變」計畫（100 & Change）競賽所撥的款項比該基金會一般頒發的獎金多十倍或一百倍，而且幾乎沒有指導原則。這個構想不只是在設法解決問題，還要找出迫切需要解決的問題。

「我常說能和這些研究員一起工作是件最酷的事，現在我自己也在做，所以我有雙倍

26. 極大多數得獎者都在美國以外的國家出生，但他們獲獎時都住在美國。至於移民對美國進步的價值，則是另一個話題。
27. 目前美國人口最多的州（依次）是加州、德州、佛羅里達州和紐約州。就得獎者的出生地而言，佛州和德州遠遠落在榜單後面，而獲獎時住在這兩個州的人數更少。總人口排名第四的紐約州，無論是在得獎者的出生地或得獎時的居住地，都排名第一。

的最酷的工作。」康拉德說。

康拉德早已預料到會有許多人提出申請，但是當他們收到一千九百件申請案時，她和她的同事仍不免大吃一驚。但這件事也為我們上了一課，大多數提案因為不符合基本條件而被退回，只有八百件通過提交評審。如果你想得到巨大的幸運，你必須有所準備。你必須投入時間和努力，而且不能期待奇蹟出現。

最後獲選進入決賽的八件提案範圍甚廣，從治療奈及利亞的河盲症（river blindness，又稱蟠尾絲蟲症），到「芝麻街」所提的為敘利亞等國家流離失所的孩童提供教育的新概念。從這項專案計畫得到好運的不只是參加競賽的勝出者，還有數以百萬計因這項計畫而獲益的人。

那麼，給人一個幸運的機會就能大幅度改變生命，以最可能的方式產生骨牌效應？

「我們希望如此，」康拉德說，「而且它能鼓舞人心，不是嗎？」

是的。我有受到鼓舞。但我仍不免想到康州鄉下那個雜貨店的年輕女店員。她可以試著靠努力工作，冒一點風險，並且願意走一條老路給自己一些好運。而且，假如她真的得到一個好的機會——任何一種——她都必須能夠辨識它，並且有勇氣一直往前走。

下一次我去那個雜貨店時，我以為我會跟她交談，多了解一點她的身世和她對未來的期許。但她不在店裡。我再下一次去時也沒看見她。我問雜貨店經理她是否已經離開了。

「想必吧。她申請到一份大學獎學金，雖然不多，但足夠她開始起步了。」他說，語氣中有點像做父親的自豪。

我含笑離開，忽然想到這份大學獎學金就如同那個幸運的一分錢，運氣的完美起步。如果這個雜貨店女孩看到了可能性，持續使機會倍增，她就可以將這個小運氣變成一筆巨大的意外之財。我想到偉大的蘇聯作家鮑里斯．巴斯特納克（Boris Pasternak）說過的一句話：「當偉大的一刻來敲你的生命之門時，它往往不會比你的心跳更大聲，你很容易錯過它。」

當你的好運以任何規模或形式來敲門時，你必須知道。你不要錯過它，而且你需要做好準備，讓它繼續增長廣大。

PART

3

目標鎖定運氣

把每一個出口當作其他地方的入口。

——**湯姆・史托帕**（Tom Stoppard），《君臣人子小命嗚呼》（Rosencrantz and Guildenstern Are Dead）

如果機會不來敲門，就自己開一扇門。

——**米爾頓・伯利**（Milton Berle）

第10章——如何在高盛找到工作（或任何你想去的地方）

不要循一般管道……聽你的髮型師的意見……

要有辨識機會的勇氣……如果你想從哈佛大學休學（並買一頭驢）也無妨。

巴納比經常堅持我們的幸運原則必須是「穩健的」（robust），這個形容詞常讓我聯想到一個胖呼呼、兩頰紅通通的蹣跚學步的幼兒，但在科學術語中，它意指在大部分情況下都能適用的規則。這個術語是從電腦程式設計師那裡借來的，他們用它來確保即使輸入過程中發生錯誤，他們設計的編碼也能正常運作。你可能不會想太深入研究這個術語，因為那樣你會發現模糊測試（fuzz testing）就是隨機輸入數據，然後看它是否會使整個程式癱瘓。

我們都相當確信，我們得到運氣的程式一點也不模糊，而且那些原則——從留意機會到走和其他人不同的方向——絕對是穩健的。它們能幫助你度過任何難關。

現在，既然我們已經找出大理論，我想知道它們在日常情況下如何運作。在理論的意義上，讓自己幸運是很好的，但如果你能在真正重要的領域，如愛情、工作和家庭得到幸運，那就更好了。

我們決定先從工作開始。什麼是結合機會、才能與努力，讓你在職業生涯中得到幸運的最好方式？

巴納比告訴我一個向高盛集團（Goldman Sachs）申請成為第一年分析師的野心家的有趣故事。這些人大部分都是各種比賽的優勝者和班上（可能是長春藤聯盟名校）的佼佼者。有這麼多高水準的人在競爭，任何一點小優勢都能發揮作用，於是他們精心撰寫求職信，審慎考慮他們的履歷應該用黑體字或宋體字書寫，並苦心搜索能使他們脫穎而出的警句妙語。

有一年，負責監督新進人員招聘的高盛公司總經理，把他辦公桌上那堆初步篩選出來的分析師角逐者履歷分成兩小堆。他考慮了一下，然後把其中一堆扔進垃圾桶。

他的同事看到了非常驚訝。他聳聳肩，「想幹這一行，你得幸運才行，」他說，然後他指著桌上那一堆履歷，又說：「我們就從這些幸運的人當中挑選吧。」

我聽了哈哈大笑。這是個好故事，想到許多菁英也不得不臣服於隨機定律覺得很有趣。我問巴納比這個故事是真的，還是華爾街的傳說。

「我無法追查來源，」他承認，「但我認識的這個行業的人，沒有人懷疑它的真實性。」

如果你曾經求職，或花時間想建立一種事業，你要知道隨機性似乎比公平性更能決定一切。你的前途與命運也許取決於人事室的承辦人員和你面談那天早上是否頭痛，或者接見你的主管是否跟你一樣是同一所大學的壁球隊員。一個異想天開的主管只是為了表達一種觀點就扔掉一部分履歷，由此可見隨機性所扮演的角色。

這個故事令我們深思。如果你想得到運氣（如同我們一直在陳述的），如何才能確保你的履歷最後會留在那個辦公桌上？一旦對自己提出這個問題，我們會花時間反覆琢磨。我們最終也會碰到這樣的例子：你無法控制的隨機性對運氣的操控力，遠大於你能控制的其他因素，如才能與努力嗎？

「除非你有魔法，否則你不可能移動你的履歷讓它留在桌上。」我憂慮地說。

「對。」巴納比同意。但他焦躁的表情很快一變，「所以你不要在任何一堆當中！」

啊哈！高盛的總經理是對的，找工作需要運氣，但切記我們所說的運氣匯集了機會、才能與努力三種要素。扔掉一半履歷的異想天開舉動是隨機機會的一個完美例子。如果你被放在扔掉的那一堆當中，你也無能為力。既然你無法從生命中排除隨機機會（除非你有魔法），你就不得不做好準備來解決它。你不能總是期待意外的驚喜，但你可以把焦點放在你可以控制的因素上，使你的機會不會那麼……不確定。

所以假設你正在申請高盛的工作，秘訣是要確保你的履歷最後落在**第三**堆履歷當中，也就是總經理已經挑選出來，知道他會仔細看過並予以考慮的少數幾個人之一。

現在看來我們好像要從這裡倒回去了，因為當你求職時，你不可能知道總經理會做出這麼隨機的事。但無論你是否剛好那一年被放在幸與不幸的履歷堆中，我敢說一份基本的履歷——即便是用黑體字打的，而且還附了一封文辭並茂的求職信——都不足以讓你被雇用。一般的技巧在高度競爭的環境中不太會成功。你必須一開始就讓自己脫穎而出，這樣你的履歷才不會被放在總經理桌上的任何一堆求職信中。

有一個方法就是想像肯定得到幸運的這個人的情況。譬如，你可以想像，假如某個高級主管有個孩子想申請進入高盛做事，他會直接打電話給公司執行長，確保他家神童的履歷至少會被總經理看到。你不要跺腳和抱怨這一切有多麼不公平，相反的，你可以想像如何把這個例子應用在你身上。假設你的家庭關係比較偏向水電工、會計師和銷售業務員，而非投資銀行，你的下一步應該怎麼做最好？

顯然，你必須找個人幫你打這通電話。這件事其實不是很難。不要擔心你的母親和你的父親能（或不能）為你做什麼。記住，社會學家已證明運氣不一定，或者通常不是來自你周邊的人。你必須仰賴弱連結的力量。

巴納比認識一個名叫唐納德・亞舍（Don Asher）的企業主管教練，他寫過十幾本如何找工作的書，所以我們找他就這個議題提供一些意見。他說，如果你「跨越你的日常生活的泡沫邊界，你比較有可能找到能幫你打這通電話的人。如果你只和你的朋友互動，你會錯失許多運氣」。

亞舍告訴我們，他有一個從事零售業的客戶想突破現狀進入時裝業。他叫她去問她遇到的每一個人，問他們是否認識那個領域的人。「她和她的私人教練海嘉在健身房，她告訴教練這個情況，結果海嘉有個顧客是一位大設計師的財務副理。」亞舍說。她們就這樣拉上了關係。

我們又打電話給另外兩位職涯教練，發現海嘉的故事不是反常現象。你想像不到，髮型師和私人健身教練——他們的職業很自然地使他們得以跨越邊界——竟是運氣的絕佳來源。知道自己要什麼，你在上街舞課或剪一個層次分明、撒上金粉的髮型時，也能觸發幸運的連結。

最強大的弱連結之一往往是大學校友關係。你很難解釋為什麼讀聖母大學比讀賓州大學更讓人願意跟你交談，但事實上的確如此。心理學家一再指出，人們往往對無關緊要的關係形成部族式的忠誠。把一群人分成兩組，一組發給紅色T恤，另一組發給白色T恤，忽然間，這些人就都效忠於他們的同色隊友。他們會更願意借錢給他們的隊友，並在比賽中彼此合作。

我們的神經系統內建群體識別本能，為人類史上帶來許多從宗教戰爭到種族大屠殺，到移民禁令的悲劇事件。翻轉這種本能，將群體識別用在正向的意圖上，似乎是我們開始平衡的最起碼的下手處。所以，如果你正在向高盛（或其他地方）求職，不妨查一下「領英」（LinkedIn）或你的大學校友名錄，找一位和你同一所大學畢業、在該公司任職的高層人士為你說項。

或者，你可以嘗試做更有創意的事。我認識一個名叫泰勒的年輕人，他告訴我他讀大四時花了許多時間透過一般管道謀職。他向那些在校園內招募人員的公司提出申請，並將他的履歷投入學校的求職名單中。

「毫無運氣可言，」他說，「我讀的是小規模的三級學校，我有興趣的公司根本不來。」

泰勒想到以全國大學體育協會的分級制來考慮學校，因為他正好是一個極有天分的長曲棍球球員。到了最後一個賽季即將結束時，他去找他的教練，問教練是否可以給他一份長曲棍球隊校友名單和他們目前的聯絡方式。教練很快就給他了，因為他經常邀請校友們來參加賽後舉行的慶功宴（也許還順便請他們捐款）。

泰勒注意到名單上有個人的球衣號碼和他一樣，甚至跟他一樣打中場——二十年前，而這個人現在在亞特蘭大經營一家保險公司。

「我寄給他一張我穿球衣的照片，上面可以明顯看到我的球衣號碼，然後告訴他我對他的公司非常感興趣。」泰勒說，「我在信中寫道：『如您所知，中場是任何球隊的中堅分子。』」幾天後，他接到那位校友的電話。

「我問過教練了，他說你有速度、有耐力，嗓門也夠大。」那位校友說。

「還有決心。」泰勒補上一句。

「顯然有很大的決心。」那位校友笑著說。

去了兩次亞特蘭大（以及在一次長曲棍球季最後獲勝）之後，泰勒獲得一份工作。

「我想我的父母對於我透過校友關係得到這份工作感到很尷尬，彷彿他們花這麼多錢讓我讀大學，結果唯一的成果是我的曲棍球。但我想只要能讓你得到幸運，怎樣都行。」

在這個案例中，我認同泰勒甚於他的父母。他知道他想要什麼樣的工作，當運氣不會主動出現時，他就為自己製造運氣。泰勒和那位校友同樣打中場、穿同樣號碼的球衣，這是個隨機機會，但泰勒必須技巧地看到這個機會，抓住運氣，然後想出一個別具創意的方法去追求它。機會、才能與努力——太好了，你看起來很幸運。

我想知道我是否能誇大人際關係的重要性，在我跟傑克談話之前讓你免於履歷被扔進垃圾桶的厄運。傑克現年三十歲，是一個快速擴張的電子商務網站老闆。聰明又勤奮工作的他，正是許多人夢寐以求的那種能啟發人又體貼下屬的上司。他發現，支持他的團隊人員對每一個人都有利。

傑克開始創業時需要雇用大約二十個人。人事部門塞給他數百封漂亮的簡歷（以及正楷書寫的求職信），申請者大部分都自誇來自名校或商學院的畢業生，並且有豐富的經驗。這種情況下你如何區別？

「我雇用的人大多數都是想辦法直接和我聯繫，或者找到公司的人幫他們說好話。」傑克說。他要的是能夠自動自發和負責任的人，而直接和他聯繫是一種證明方式。網絡與弱連結給他們一個優勢。「我並沒有真的以這種方式規劃，但是當有人表達他們的渴望並多跨出一步時，你會注意到他們。」

這家新的網路公司被一家更大的公司併購了。當對方以高額權利金支付他們的股票選擇權時，傑克和他雇用的每一個人似乎都非常幸運。但他們是因為一開始就建立良好的關係而得到好運。

有些人認為利用這種人際關係有點不名譽，彷彿他們以竊取的方式獲得他們不該有的優勢。有時它又讓你感到有點噁心。HBO剛推出《女孩我最大》（Girls）影集時，我記得我還對他們的選角感到吃驚。創作者莉娜・丹恩（Lena Dunham）挑選三個女孩和她一起合演，其中兩人——艾莉森・威廉斯（Allison Williams）與柔夏・馬梅特（Zosia Mamet）——都有一對名人父母。而第三個女孩潔米瑪・柯克（Jemima Kirke）則是丹恩的高中同學[28]。幾個女孩都很有才華，但我不斷想到那些同樣有才華卻沒有她們的優勢的年輕女演員。我想像那一排排年輕女演員在排隊等候試鏡，殊不知道勝算與她們無緣。這似乎很不公平。

但後來有趣的事發生了。節目播出六季之後，由於威廉斯、馬梅特和柯克將她們飾演的角色詮釋得很好，已不可能想到誰能替代她們。馬梅特持續磨礪她的演技，我去看她在一齣外百老匯舞台劇中的演出，發現她演得非常好。那時我才明白，人脈可以讓你一腳先跨進門，但跟其他任何幸運的機會一樣，真正重要的是你如何處理它們。[29]

然而，人脈與弱連結對某些人有用，對其他人則未必。在社會流動及每個人的可能性方面，我們必須考慮到如何在工作、金融及娛樂方面公平分配機會。有些人就正在做這種事。我的朋友朱利安・強森（Julian Johnson）是「贊助教育機會」（Sponsors for Educational Opportunity，簡稱SEO）的執行副總裁，這是一個為貧困社區學生提供職訓的非營利機構。如果你想在高盛謀職，但你來自阿拉巴馬州南部的窮鄉僻壤，朱利安也許就是你要找的人。這些年來，他和他的同僚已幫助數千名少數族裔學生在金融、法律和投資銀行業找到工作。

「我們幫助沒有人脈的人建立人際網絡。」朱利安告訴我。例如，小型學校的少數族裔學生可能沒有任何通往華爾街的明顯渠道，因為投資銀行通常只給少數內定的大專院校學

28. 布萊安・威廉斯（Brian Williams）當時是NBC夜間新聞主播，大衛・馬梅特（David Mamet）是著名的劇作家。莉娜・丹恩當時雖然才二十三歲，但她應該已經知道——無論是有意識或無意識——開新節目時，有個知名的劇作家和當紅的NBC夜間新聞主播在背後支持是有利的。她的高中同學潔米瑪・柯克也有個傲人的背景——她的父親曾在兩個著名的搖滾樂團中擔任鼓手。

29. 更奇怪的是……威廉斯的父親因為涉及一起醜聞而被NBC撤職，馬梅特的父親寫了幾個很爛的劇本。他們的女兒反而比父親更成功。

生提供工作機會。但SEO會拓寬人際網絡。你只要提出你願意努力工作與決心，他們就會給你機會跟合適的人聯絡[30]。朱利安與我談話時，SEO已經讓來自一百零五所不同大專院校的學生開始在暑假實習。這是很多所學校了。SEO為許多人打開幸運之門，他們預料百分之八十的實習生都能得到一份全職工作。

朱利安指出，為了在你的職業生涯中得到運氣，你需要做的不僅僅是學習和努力。學習和努力也許能使你從幼兒園到十二年級都得到好成績，但那樣已經不夠了。你不能只是埋頭苦讀期待有好結果，你還必須找到能夠協助你進步的導師、顧問及贊助人。朱利安告訴我，SEO團隊在學生實習完之後仍持續協助他們了解如何在公司內部提升，「因為你的人脈會成為你的淨值。」

人事管道會打開意想不到的路徑，無論你從人生的什麼地方開始，你都應該為自己開發路徑並利用它們。你必須給自己一個公平的機會。無論它是你的父親、你的髮型師，或校隊隊友（幾年前被除籍），或一個像SEO這樣的組織，打通你的人脈就能改變你的運氣。

我的朋友大衛・艾德爾（David Edell）現在一直在思考職業生涯中的運氣問題，至少有部分原因是他知道他有時是個給人運氣的人。身為DRG公司——一家大部分與非營利組織交涉的獵人頭公司——的負責人，他已為一千多名高級主管找到工作。為了尋找他們，他接觸過成千上萬沒有料到會接到他的消息的人。

大衛和他的妻子瑪莎剛好住在曼哈頓我家對面。一個下雨的晚上，我過馬路到他漂亮

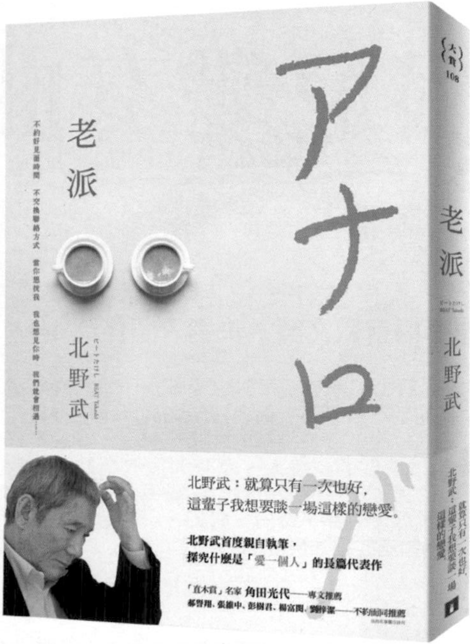

北野武：就算只有一次也好，這輩子我想要談一場這樣的戀愛。

老派

北野武——著

北野武首度親自執筆，探究什麼是「愛一個人」的長篇代表作！

悟和美紀有個非常「老派」的相遇。他們相識在咖啡廳，巧的是，美紀喜歡的這間咖啡廳剛好是悟設計的；再巧的是，美紀在看的雜誌介紹了咖啡廳的設計；更巧的是，這本雜誌留在悟的位子上；但最巧的還是，兩人都很「老派」。於是，相談甚歡的他們訂下了一個有點笨拙的約定，說好不主動聯繫，如果想見對方，就在星期四傍晚到這間咖啡廳來。相信「只要彼此都想見到對方，就絕對可以見面」的他們，究竟能不能在這個瞬息萬變的世界裡，義無反顧地「老派」下去？

幸運的科學
普林斯敦高等研究院
「運氣實驗室」
為你解開「幸運」的秘密
珍妮絲·卡普蘭 & 巴納比·馬殊——著 林靜華——譯
How Luck Happens: Using the Science of Luck to Transform Work, Love, and Life
by Janice Kaplan & Barnaby Marsh

的公寓和他喝酒聊天。做為一名高級主管招聘人員，大衛告訴我他知道有些人從他那裡接到消息時會多麼驚訝。

「我是隨機打的電話，這個打電話的人一開口就說，『嗨，我有個很好的機會，我想你也許會有興趣。』」大衛含笑告訴我，「你剛用過午餐回來，沒有想要換工作，現在我提供你一個你完全想不到的機會。所以，問題是，當那個機會落在你身上時，你會怎麼做？」

從長期的經驗，大衛發現人們的反應通常分為三種。他形容第一種人會「立刻提出一百個理由說不可能」。有時問題是現實生活阻礙機會（如果你的孩子仍在讀初中，你可能會不想換工作），有時他們只是對改變現狀感到不安。

第二種人也有點心生警惕，會「問許多深入的問題：他們的上司是誰，上一個人為什麼被解雇，他們需要負什麼責任。他們要先了解所有資訊後才決定是否跟你對談」。然後是第三種人，「這種人聽了之後會說：『好極了，我沒料到你會打電話來，但我接受。』」

大衛發現，從初步的反應就可以衡量這個人會如何繼續前進。第一種說不的人即便他們改變主意決定接受這個機會，通常也不會成功。第二種問很多問題的人可能是深思熟慮、擅長分析的人，大衛欣賞這種人。但他也會小心觀察，看他們是不是那種會繼續拋出障礙，找種

30. SEO也提供訓練。大學生第一次與投資銀行面試之前，可以先有三十個鐘頭的培訓預做準備。

種理由拒絕的人。第三種人最可能看到新的幸運機會，但他要確認他們不是輕率魯莽的人。

「幸運的人是在機會出現時有勇氣去辨識它，並願意考慮如何利用它的人。」他說。

大衛在他的職業生涯早期就曾經有一次意外的機會，當時他正在為一個規模極大的非營利組織募集基金。「然後瘋狂的事發生了，我接到星辰錶（Citizen watch）公司打來的電話，問我願不願意指導他們的業務員如何推銷手錶。那時候我只有三十歲，對手錶一無所知。」原來是該公司一名高級主管曾在一次募款活動中見過他，知道他有說服力，十分幹練，便向公司舉薦他。「於是我帶著我的妻子，在墨西哥的阿卡波可公主酒店住了五天，為一家產值七千五百萬美元的鐘錶公司培訓業務員。勇敢嗎？是的。我很幸運，沒有搞砸？當然。這個經驗常提醒我當你遇到機會時要勇敢地抓住它們。」

大衛持續指導這些業務員，連續做了幾年之後，他開始看到自己在籌募基金以外的機會。他對自己的職業生涯採取一個宏觀的視角，開創他自己的高級主管人力公司。他以過來人的經驗，鼓勵人們對自己的想法要有一個總體的了解，但又不要**太過於**專注他們想要的東西。

「創造運氣並不表示抓住每一個機會，但它意味著你必須以開放的態度去探索『要』或『不要』是否正確的答案。」他說。他不介意在徵詢一個人的可能性時，最後得到一個理由充分的「不」字。當人們告訴他為何拒絕一個機會，並且能說明他們下一步將怎麼做時，他都很尊重他們。

「另一種是採取模稜兩可的策略，那麼你下一次接到電話就是另一個工作了。」他說，「這種情況下你只能依賴隨機性，無法創造任何真正的運氣。」

接到大衛（或像他這樣的人）打來的電話，似乎就像個意外的天大好運，但對大衛來說，它完全不是隨機的，是有人曾經告訴大衛某個人值得見上一面。他們可能是在大會上發言，或委員會的一員，或寫過有趣的論文或部落格，而提高他們的專業知名度。

「在尋覓人選時，我會依賴別人告訴我他們見過這些有才華的人。我會聽到他們說：『喔，你應該跟喬見個面，因為他在做一件有趣的事。』或者，『我在一項大會聽過他演講，他真的很棒。』你做的事為你創造機會。」

大衛並不認為人際網絡能像增強你的知名度一樣，讓世界知道你在做好事。但工作表現良好不就說明了一切？

「有時可以，」大衛含笑說，「我也許會聽說某個人在做一件有趣的工作，所以我打電話給他們，但他們必須談他們的工作，對吧？他們必須想要這個機會，然後才採取下一個步驟。」

巴納比和我談到我們各自在過去幾年所做的工作，驚訝地發現我們幾乎沒有正式申請過工作。我們不曾擔憂履歷被扔進垃圾桶的問題，因為我們不曾真正寄出履歷。我們都是用另一種方式。

我的職業生涯是依循一件事導致另一件事的模式。好幾次我工作單位的主管要我跟她去做另一個工作，然後我就去了。那不是審慎規劃的，但有時創造事業（和幸福人生）最好的方式是機會來到時看到它們，然後抓住它們。

巴納比一向都是自己創造幸運的方向，甚至走比較不那麼傳統的路線。他的父母都是冒險家，提早從主管級職位退休，帶著他們的五個孩子（巴納比是家中老大）移居阿拉斯加。他七、八歲時跟著他的父母住在森林深處，家裡沒有時鐘也沒有日曆，沒有電也沒有自來水。許多時候他都要靠自己，要設法提防那些野生態。他不可能仰賴標準路線，因為沒有任何標準路線。他必須自己想辦法解決問題。

巴納比告訴我，他第一個真正的工作是在迪士尼，而且當然不是從「領英」上找來的。當時他以為那是一個研究特殊鳥類行為的有趣工作，所以他去拜訪「發現島」（迪士尼動物王國主題樂園的前身）的館長，問他是否能進去研究迪士尼蒐集的各種不同鳥類。

「根本沒有這樣的工作，」巴納比說，「但我對這個想法太興奮了，結果館長當場給了我這個工作。」

巴納比的第一個研究對象是一種叫叢塚雞（brush turkey）的大型鳥類，牠們的原產地是澳洲東北部的雨林深處，大部分時間都忙著將枯葉堆成巨大的堆肥。堆肥會產生熱，然後用它來築巢。聰明吧？研究堆肥聽起來也許不像**你的**夢幻工作，但巴納比非常熱愛他的工作，使他成為野生動物公園裡的熱門人物，甚至成為公園發行的一本著色書的主要人物。巴納比持續追求他的運氣，宣稱他對禿鷲的行為充滿好奇，他想去追蹤棲居在公園內的禿鷲——有何不可？於是迪士尼為他安排，讓他使用一架特別安裝無線電追蹤器的私人飛機。

我很想說這種事你不可能辦到，但你仍然**可以**辦到，這就是為自己創造運氣的關鍵所在。巴納比告訴我，華特．迪士尼本人就深諳如何為他自己創造運氣——他在事業上遭遇無數次失敗，但從不氣餒。早期，華特想當郵政人員，但因年紀太小被拒絕；他再回去，這次換上比較好的衣服，並且用鉛筆在臉上畫出鬢毛，結果被錄用了。還有一次，華特被公司開除，因為有人說他「缺乏想像力，沒有好點子」。如果你想得到幸運，你要堅持不懈，創造自己的神奇王國。

當有人相信你，並願意按照原創想法採取行動時，屬於你個人的工作就會到來。幾年前，我得到一份以前不曾有過的工作，為一個流行雜誌品牌創作電視節目。我製作的其中一個節目曾多次獲得電視特別節目獎，吸引了一些當時最著名的電視明星。在第一年的頒獎典禮中，有一張我個人最喜愛的照片：我的丈夫和我一起走在紅地毯上。他打著黑領帶十分帥氣，我則被公關人員打扮得美美的，穿上借來的、在燈光下熠熠生輝的設計師禮服，戴上向羅迪歐大道上的一家珠寶店商借的價值一百萬的寶石。運氣夠好了吧！

「得到幸運最好的方式就是追隨一種熱情，打造你自己的地位。」巴納比說。

我的長子柴克還在求學時，有一次去聽一位線上支付公司總裁的演說，因而對創造自己的運氣有了概念。事後柴克找上那位總裁，說他很欣賞他的公司，問能否給他機會見面一談。這位總裁答應與他見面，但聲明在先，他只提供建議和資訊。他們公司沒有空缺給柴克這種背景的學生。

柴克跟他見面時事先做了充分的準備——這永遠是一種讓自己得到幸運的方法——但他也懂得仔細聆聽。當這位總裁敘述他們如何嘗試與客戶接觸時，柴克提供一個如何收集與分析某種數據可能會有幫助的構想，總裁若有所思地點頭。他以前沒想到過用這種方法，然後他問柴克能不能做這件事。

「當然，我很樂意接受。」柴克說。

「你今天下午能開始上班嗎？」總裁問。

「沒問題。」柴克說。

如果你和你未來的上司坐在一起，幫他解決問題，你就不用擔心你的履歷會被扔進垃圾桶。你能提出具體的意見，就能把對方的答覆從「不能用你」改變成「你今天下午能開始上班嗎？」。在柴克朋友的眼中，能在這家非常酷的公司上班就像個最極致的運氣。但這個運氣是他自己創造的。

以我的孩子為榮？那還用說。

為了避免隨機性的反覆無常，越來越多人嘗試走他們自己的路來創造運氣。有時最後落在第三堆履歷的最好方法就是去一個前兩堆履歷都不存在的地方；或者如同我們一個非常成功的朋友所說：「人們總是談到換位思考，但我從來不知道有什麼位子存在。」

在一個創業當道的世界中，進入大多數領域的門檻不斷在降低（現在你有一台筆記電腦就能成立公司，不需要廠房），因此捨棄標準的求職途徑走自己的路並不瘋狂，它有可能是進入幸運俱樂部的方法之一。

巴納比建議我和一個名叫蕾貝嘉·康塔（Rebecca Kantar）的女青年創業家見面，她是一個以自己的方式思考來創造運氣的專家。她在二十多歲時已是一位連續創業家。於是一天下午，我們去了格理集團（Gerson Lehrman Group）辦公大樓，她有時在那裡辦公。那是個超級時髦的空間，你立刻會有四周的人都比你酷的感覺。前面的柔性空間設有紅色和橘色的椅子，一座上下顛倒的魚缸，圓球狀的黃銅吊燈。在這個很酷的空間後面是一排又一排坐在電腦前工作的人。

康塔含笑出來迎接我們。她身材苗條，舉止優雅，一頭金色長髮使她更顯得婀娜多姿，是那種很容易被選為中學啦啦隊長的美女，但她從未當過啦啦隊長。當我們在一個角落坐定後，康塔很快承認她一直都是個堅持自己的本色、走自己的路的人。幾年前她在哈佛大學就讀二年級時決定休學，讓每一個人都很驚訝。但她認為這是一個很好的得到幸運的方式。

「哈佛中輟生的年均收入比哈佛畢業生還要高。」她一派輕鬆地說。

巴納比說這個平均數大概是被哈佛中輟生（也是「臉書」創辦人）馬克・祖克柏拉高的。「是的。祖克柏、比爾・蓋茲和麥特・戴蒙都是拉高這個平均數的哈佛中輟生。」蕾貝嘉說。她樂見自己也是這種模式，她也想成為一個冒巨大風險、看起來非常幸運的原創人。她在哈佛求學時，感受不到她的課程帶給她什麼靈感，也看不出她的學位會有什麼前途。

「我的父母嚇壞了，但我試著說服他們，問他們擔心什麼。」她說，「我的母親說，沒有大學文憑，我無法在投資銀行或諮詢方而找到一個傳統的工作。但我說我不要那種工作。她還擔心萬一我有一天想投身政治時怎麼辦。我說，我們這一代會更喜歡看到一個做有趣事業的人，而不是迎合他人期待的人。」

康塔小時候就很有自己的主張。在麻州紐頓郊區長大的她學過中文，熱愛摺紙，並學習吹小喇叭。她在她的成人禮當天帶她的朋友去滑雪胎（「我討厭舞會。」）。進入初中後，她央求她（百思不得其解）的父母讓她養一頭毛驢。

「我覺得在後院養一頭毛驢也不錯，沒有特別原因。我喜歡毛驢。」蕾貝嘉含笑說。為了避免引起更大的爭論，她的父母簡單解釋他們的郊區住宅不能飼養農場動物。蕾貝嘉那時候還太年輕不能開車，於是一天下午她步行到市政廳，申請都市計畫變更，結果如其所應（但她還是沒有得到她要的毛驢）。

從毛驢的故事可以總結蕾貝嘉的態度。她追求不同的東西。讀高中時，她不想接受標準課程，希望自己設計她想要的課程。於是她寫信給長春藤聯盟的幾個校長申請入學，並在信中表示她想放棄她的大學先修課程，在那一年的剩餘時間做她自己的獨立研究計畫，不知他們意下如何？大部分學校回信說可以。蕾貝嘉於是在高三那年剩餘的時間離開教室。「那是我最好的一段求學經歷。」她說。

蕾貝嘉仍在哈佛求學時，就開發了一家名為BrightCo的公司，這家公司將青年創業家與企業家及投資者連結起來，使他們的理念得以發揮。它的構想是藉著年輕人創新的思路來提升傳統模式。

「可口可樂公司也許不知道有幾個二十多歲的年輕人，正在研發一種可能使他們的企業完全癱瘓的咖啡因噴霧劑。」蕾貝嘉說，「因此我們把他們拉在一起。」

蕾貝嘉退出時這家公司的規模還很小，而且她知道它永遠不可能成為「臉書」那種規模。但後來格理集團提議併購它。格理集團將想要獲得訊息的企業家和投資者與專家連結而獲得極大的成功。他們非常佩服蕾貝嘉的頭腦，遂給她一個駐點創業家的頭銜。

康塔現在正在開發一家公司，改變大學入學與就業的測試方式。她認為，目前使用的標準測驗，無論是智商測驗，或ＳＡＴ測驗，或性向分析，都無法找到對成功至關重要的原創思維。

「那些知識分子、或在某方面走自己的路的人，是創造巨大的幸運變化的人。」她說，「你必須讓他們用他們自己的方式。我們的世界需要綿羊，可是當你找到怪怪的黑綿羊時，就讓他們黑吧。」

康塔發現，一直走標準路線會帶來不良的後果。「如果你進哈佛大學，最壞的結果是你成為投資銀行的行員，」她說，「但輟學能為更好或更壞創造巨大的可能性。」

我們離開時，巴納比告訴我，幾個月前他去參加一項蕾貝嘉說她也很想參加的創業菁英大會。他曾代替蕾貝嘉向主辦單位詢問，但是沒有結果。當她沒有接到她渴望的邀請時，有人發現她還是想辦法進去了。我聽了留下深刻的印象。蕾貝嘉雖然看起來像啦啦隊長，但她顯然具有海豹突擊隊的兇猛與力度。當她有一個任務時，任何東西都阻擋不了她。

當一個人是個原創者時，你永遠不知道會發生什麼。蕾貝嘉有可能成為下一個史蒂夫・賈伯斯，也可能最終完全沒有工作。企圖衝撞團體，有時反而會衝撞到你自己。

願意冒任何風險是你可以在工作上得到幸運的另一種方式。有時它會有豐厚的回報，有時沒有。但失敗不一定是壞事。巴納比告訴我他與創業家納文・耆納（Naveen Jain）談話的內容。納文．耆納在一九九〇年代末期創立了一家名叫InfoSpace的公司，短時間內便成為美國最大的網路公司之一，使耆納的身價高達八十億美元。後來網路公司泡沫化，加上一連串訴訟，他的股份一夕之間跌到只剩兩億多。

「失敗是成功的一部分。」兩人不久前見面時，耆納告訴巴納比，「在籃球比賽中，最好的球員在最好的一天，得分最多只有百分之五十左右，其餘的百分之五十不會被認為失敗，而是成功的一部分。失敗是好的。」

熱愛太空探險的他，在二〇一〇年成立了「月球快遞公司」（Moon Express），試圖成為第一個以無人太空船登陸月球並傳回圖像的私人公司。他已和美國國家航空太空總署（NASA）簽署一項發射合同[31]。

「生命取決於你的人生觀，」耆納說，「對任何新的合資企業，你都會思考『會發生什麼？』和『有什麼可能性？』，這為你帶來好運和壞運，這些未來都會出現。」

耆納深信，堅持你自己的方向必須冒一些風險，但經過分析之後，它們也許不像乍看之下那麼戲劇化。所以，舉個例，讓一家私人公司嘗試登陸月球一點也不瘋狂。

「對於太空旅行，政府嘗試消除百分之九十九點九九風險，因為失敗不是政治選項。最後百分之一的風險消減會增加百分之九十九成本。」他說。一家私人公司可以使這艘無人駕駛火箭「令人滿意」，然後買私人保險來彌補萬一出了差錯後的成本。耆納以此做為如何引導其他追求者的隱喻。

「放棄絕對是安全的，」他說，「但沒有什麼是百分之百安全。」

你必須了解你自己和你願意接受冒險的程度。巴納比和蕾貝嘉・康塔也許是那種會登上耆納的太空船，看它能把他們帶到哪裡的人。但我想我不會。我願意透過建立正確的聯繫、努力工作和接受機會來得到幸運，但我不是一個大冒險家。有些人則可能願意嘗試一種完全未知的方法來得到更多的幸運。

嘗試用你自己的方式得到幸運不會每次都成功，但是當它成功時，你會成為展現原創價值的傳奇之一。例如，巴納比沒有像蕾貝嘉那樣輟學，但他換過好幾所大學，從哈佛轉到康乃爾，再轉到牛津大學研究一年（他是有意規劃的，他想和每一位世界知名的鳥類學教授共事）。後來，他想得到羅德獎學金重返牛津，但必須由他的學校背書。康乃爾大學最初說他們不能為他背書，因為他就讀該校期間的分數未達標準。巴納比到行政部門層層上報請願，最後到了校長辦公室。他估計，他以各種管道前後聯繫了近五十個人來支持他的申請。

「這不是標準方法，但在這個案例中，做一個原創者讓我脫穎而出，」巴納比告訴我，「我認識了很多人，其中有些甚至成為新朋友。」

不管你有多聰明，贏得羅德獎學金的機率仍然不高。但巴納比沒有透過標準管道，最後仍獲得獎學金。不尋常的方法能使你得到幸運。

無論你是想登陸月球或在高盛謀職，當你走自己的路時就能得到幸運。當然，可能有

31. 撰寫本文時，他是五個仍在角逐Google「登月X大獎」（Lunar X PRIZE）的五個團隊之一。勝出者必須發射無人太空船登陸月球，行進至少五百公尺，並將高解析度圖像傳回地球。這項獎金大約是三千萬美元。

一些隨機性會發揮作用，但你會提前預料到，並盡可能解決它。你會把你自己放在第三堆履歷中，而不是可能被扔進垃圾桶的履歷之一。你會去找合適的人談，找出自己的方向，並願意脫穎而出。這種方法不會每次都奏效，而且可能有從失敗中學習的機會，但是當它成功時，你會看起來非常、非常幸運。

第11章——在愛情中得到幸運

不要期待超級名模帶給你幸運……投資愛的關係……
換個地方尋找愛……選擇合適的牧草場……

我的丈夫和我不久前遠赴南非享受了一趟夢幻之旅，隆重慶祝我們的結婚紀念日。我們在豪華的卡蒂爾法國飯店（Le Quartier Français）住了一夜，在著名的The Tasting Room餐廳吃了一頓九道菜（是的，九道菜）的晚餐。我們在這極致的美食中握著對方的手，愛慕地互相對視，驚嘆我們有這麼好的運氣。我們至今仍然會互相打趣，笑談這趟驚險的旅程（南非的獅子和河馬！），以及我們共同撫養了兩個很棒的兒子。

你聽了也許會覺得噁心。

但我是一直到很晚之後才想到我們有多麼幸運。是偶然的機會使我在多年以前巧遇這個完美的人嗎？是我不知何故，從全世界七十億人口中找到（在我二十四歲那年）這個命中注定成為我的靈魂伴侶的人嗎？

我但願我能如此浪漫。當然，榮恩長得英俊瀟灑，體格又好，身為醫生的他具備我所欣賞的慈愛、體貼的特質。但如同我在做過許多研究後所懷疑的那樣，在遇見對的人這個神奇的魔法上，後來的努力比我們在愛情上的運氣影響更大。尼可拉斯．史派克（Nicholas

Sparks）如果寫出美好婚姻的點點滴滴——當對方表現粗暴無理時，轉頭不理他；當對方打鼾時，轉身背對他——相信他一本書也賣不出去。但最終，就是這些曲折和轉變使其他人認為這一切都只是好運。

大多數人對於何謂幸運的愛情都抱持務實的態度。在巴納比和我所做的全國調查中，只有百分之七認為必須找到十全十美的人。絕大多數人，整整有百分之八十的人表示，幸運愛情的秘訣是關注對方的需求一如關注自己的需求。

回到家吃只有一道菜的家常晚餐（烤雞佐蔬菜）時，我問榮恩，他認為我們在愛情方面得到幸運的原因是什麼。

「也許是『網飛』（Netflix）。」他說

「網飛？」我問，一頭霧水。

「對。我們總是找不到可以看的影片，因為妳都想挑我喜歡的，我也想挑妳喜歡的。我喜歡這個解釋。當你讓對方感受到他的需求和你的需求一樣重要時（你的伴侶也一樣），你們就都能感受到愛與幸運與支持。榮恩對於在愛情中得到幸運的定義，和我們的調查結果相吻合，但有些名人卻有不同的觀點。

米克·傑格（Mick Jagger）在一九八五年發行的他的第一張個人專輯中，大聲嘶吼一首名為〈愛情一路發〉（Lucky in Love）的歌曲。對這位扭腰擺臀的搖滾巨星來說，這首歌顯然在吹噓他在性愛方面的成就。他在賭牌九、賭馬、賭輪盤、擲骰子方面也許運氣很差，

但他有本事得到女性的青睞，這對他來說小事一樁。「是的，我有獲勝的能力。」他大聲嘶吼。

米克・傑格是那些（以青少年的術語）超級幸運的人之一。超級名模瑞莉・霍爾（Jerry Hall）一直跟著他生了四個孩子，儘管她一開始就知道他不老實。他有很多孩子，其中一半是不同的母親生的，而他即使已經七十多歲了，仍維持著性感偶像的稱號。他在性方面顯然很幸運，如果他說他在愛情方面也很幸運，我們相信他。

但米克・傑格對運氣的定義不像你想像的和許多人相同。從南非回來後，我在一次簽書巡迴活動中到了愛荷華，遇見一位名叫菲比的婦女，她告訴我她和她的中學情人艾爾結婚已四十多年。除了對方，兩人從未和其他任何人在一起過。（她自己說的，不是我逼她。）

「沒有人比我更幸運的了。」菲比說，伸手去握他的手。

她深愛的丈夫頭微禿，卡其色的短褲上挺著一個大肚腩。他們沒有孩子，但他們有一隻半盲（但他們很愛）的德國牧羊犬，以及他們可以在溫暖的週末開兩小時車去度假的一間湖畔小屋。

「愛巢？」我開玩笑問。

「不，只是一間小木屋。」她含笑說。

原本是會計師的艾爾在幾年前失業，現在在家接諮詢的案子。

「他的案子不多，但我仍在當護士，日子還過得去。」她說。

將所有元素加起來——失業，外表邋遢，以及一間小木屋——我忽然想到，至少從表面上看，有些人會認為菲比在愛情上一點也不幸運。但菲比深愛艾爾，她會去看他的優點。專注在積極的一面，給對方大量的愛與支持，使他們兩人都感到幸運。

菲比顯然已找到著名的心理學家貝瑞・史瓦茲（Barry Schwartz）立即可以體會的一個公式。

「幸運的關係是用心去建立的，不是找到的。」一天早上，巴納比和我去拜訪史瓦茲博士時他說。

在史華斯摩爾學院（Swarthmore）長期任教的史瓦茲博士，以他在「選擇的弔詭」（paradox of choice）這個議題上的驚人研究而聞名於世（他寫了一本同名書籍，並多次在TED上發表演說）。他指出，雖然我們認為有很多選擇能讓我們覺得更快樂，但事實上它使我們更不滿意。當你有太多選擇時，你心裡惦記的永遠是被你放棄的那些選項。

史瓦茲博士開玩笑說，幾年前他家附近的商店只賣一種牛仔褲時他很快樂。後來多了許多選擇，有緊身的、休閒的、舒適的、前開釦的、石洗的、酸洗的……等等。現在他走出商店時，雖然牛仔褲穿在身上更舒適，但他的感覺卻更糟。選項增多會使期待跟著提高，對此他表示，「雖然結果很好，但是對結果的滿意度會降低」。

牛仔褲如此，配偶也是如此。「如果你想找到最好的，你永遠不會花時間和精力去努力營造你最想要的東西。」他告訴我們，「這就是Tinder（譯注：交友、約會應用程式）效應。當你滑一下手機就有另一個選擇時，你又何必投入那麼多時間與必要的承諾來建立一個關係？」

結婚超過五十年的史瓦茲博士長期投資自己的婚姻。「我們認識的時間更長——她是我八年級時的知己，因此當我談到要找一個『夠好』的配偶時她很不高興，」他笑著說，「但說真的，每個人都想要最好的。」

菲比可能也會反對她的丈夫「夠好」的想法。但顯然的，無論他有什麼特點，她都努力以積極行動表達，包括：握手、相對微笑，以及相偕去湖濱小屋度假，因而擁有幸運的愛情。和史瓦茲博士夫妻一樣，菲比與艾爾也是年輕時就認識了（中學時代），而且兩人都一直住在家鄉附近。

「住在小城鎮，可供選擇的機會較少，你比較可能把心態設定在找一個對象，然後看能不能成功。」史瓦茲博士說，「你不太會分散注意力。」

沒有人喜歡為一個配偶「安定下來」的想法，但史瓦茲博士指出，我們通常不知道如何評價未來的伴侶。這麼多年來，他知道他的妻子心地善良、有同理心、聰明，強烈的道德感，加上她是他所寫的每篇文章的第一個讀者。但是他們認識時，這些都不是他關注的焦點。「我被她吸引是因為她是我認識的第一個熱愛棒球的女孩，更特別的是，她支持紐約洋基隊，這算哪門子關係基礎？」

但顯然地，這是個好的基礎，或者「夠好」的基礎。如果你對愛情幸運的概念是來自好萊塢的浪漫喜劇，你可能會把劇本的焦點放在故事開頭：巴瑞和米娜是青梅竹馬，而且是知己。他想方設法使她成為他的女友，最終兩人結婚了。此時音樂演奏，鏡頭淡入，故事結束。

但他們的幸福婚姻不是在相互認識或舉行婚禮那天敲定的。那只是故事的開端，不是結束。真正的關係是在後來的歲月中兩人互信互愛、相濡以沫，而逐漸形成的。「常聽人家說，『喔，他們找到彼此，多麼幸運。』但不是這樣的。事實上是他們找到了彼此，然後把它變成對方想要的。這種運氣發生的機率會比命中注定的多更多。」史瓦茲博士說。

幻想有可能為兩人的關係帶來不幸，因為當你把焦點只放在婚禮前那幾天時，你會忘了思考婚禮以後的事，但真正的愛的運氣是在結婚之後。

一位成功的金融業人士——我姑且稱他為特洛伊——和名牌內衣「維多利亞的秘密」的一個名模開始約會時，他認為他是全世界最幸運的男人。和一個穿著胸罩與性感內褲搔首弄姿的美女約會，可以為他提供大量的米克．傑格般的自誇機會，「**我多麼幸運，我多麼幸運……**」。

運氣持續（或者看起來如此）達到最高點，他在社群媒體上分享了一場令人垂涎的盛大婚禮。但接著真正的生活開始了。你可以說，一個和美如天仙的模特兒（我們姑且稱她為海倫）約會的男士是屬於A型，一個有高濃度雄性激素、喜歡成為眾人矚目焦點的人。特洛伊在床上可以趾高氣昂，但是當他們出現在公共場合時，他忽然發現自己常被推到背景後面。攝影師要拍海倫走紅毯的畫面，會說：麻煩你讓開一下好嗎？當他們走進一家高級餐廳時，總會引起一陣騷動，但同樣的，所有眼光都聚焦在她身上，不是他。他又發現自己很討厭她每次出門都要花很多時間準備，她在服飾上的高額消費，以及她愛她自己似乎勝過愛他的事實。

這個運氣最後以非常昂貴的離婚收場。

當你想在愛情方面得到幸運時，你必須花更多時間去思考，不能只想到步入禮堂的短暫興奮。約會時能逗你開心的人，不一定是能在生命中的好、壞時刻都讓你感受到愛（與幸運）的人。婚禮有可能是愛情的墳墓；昂貴的樂隊與鮮花不能保證幸福快樂的婚姻。

再一次，才能（在這裡指的是慈善與包容的能力）與努力是得到運氣的要素。那麼，你第一次見到你的未來伴侶那個機會呢？如果你是單身，找到合適的人結婚似乎就是個無盡的寶藏。一天早上，生物人類學家海倫．費雪（Helen Fisher）——她如今是世界知名的愛情專家之一——與巴納比和我見面一起吃早餐，暢談約會與愛情上的幸運。金髮、苗條的費雪長久以來一直涉足愛情遊戲中，但她擁有她一半年齡的人的旺盛精力與散發光彩的肌膚。而且，她依然會為愛情而激動。

「你還是會試著去攫取生命中最大的獎項，那就是一個終身伴侶，以及把你的DNA傳遞到未來的機會。」她一邊秀氣地吃著健康的新鮮水果一邊說，「但出去約會能給人一種上班的感覺，需要花點功夫。你必須精心打扮，把頭髮洗乾淨。」

費雪是「金賽研究中心」（Kinsey Institute）的研究員，也是羅格斯大學的約聘教授，但她目前以交友網站Match.com的首席科學顧問身分而廣受矚目，每一個與她談話的人都想知道科技如何改變愛情。她說，雖然有百分之四十單身男女和他們在網上認識的人約會，但她斷然表示，科技完全不能改變愛情。

「大腦天生具備尋覓愛情的強大能力，而且人類學研究告訴我們，百分之九十的互動是非語言性的，當你和某個人在一起時，古老的人類大腦會自動告訴你這樣做是不是正確。」她說。

因此，儘管交友網站付她高薪，她說她認為得到幸運的第一守則是走出去與人互動。「無論你的第一次邂逅是在教堂，或星巴克，或網路上，唯一真正在演算的是你的大腦。」

她贊同貝瑞．史瓦茲的看法，認為太多的選擇會破壞愛情。在網路上停留太久你會無所適從（按幾下滑鼠就能找到另外一個！）。她建議在Match.com或其他交友網站找出五到九個對象即可，然後去認識其中的**一個**。「出去約會，並且保持熱忱與興趣，你越認識他就會越喜歡他。」她說。

如果你想得到幸運，你可能需要擴大你對你想要的東西的視野。例如，費雪發現，交友網站上的人往往會對他們想要的伴侶開出特定條件，後來卻和完全不同特徵的人聯繫。這有點像你宣稱你想看BBC的劇情片，結果卻下載十集《六人行》一樣。你真的知道什麼會讓你快樂嗎？現在有些約會應用程式的演算，已經可以把你所做的和你所想的納入考量了。

當被問及有人抱怨與人見面十分困難時，費雪博士嘆口氣說：「我們要去運氣可能發生的地方才能得到我們的運氣。如果你喜愛歌劇就要去歌劇院，如果你喜愛藝術就要去藝術館，如果你愛錢就要去有錢人去的地方。百分之八十七的美國人最後都結婚了，但假如你整天關在家裡看《西方極樂園》，你什麼也得不到。」

那麼，什麼是找到一個伴侶的最佳地點？後來我們談到這一點時，巴納比指出，幸運來自連結的力量大於來自數字的力量。你在一場有一百二十五位來賓參加的友人婚禮上，會比在一場有兩萬名觀眾的足球場中更容易找到愛（如果你要找對象，在甜點自助餐檯與人交談會比在球場的熱狗攤更容易成功）。信心、積極的心態和廣為接納可能性，能幫助你在愛情上得到幸運。

巴納比從他在許多領域中的研究發現，當你關注你會找到最佳機會的地方時，你最可能得到幸運。這表示，那就是你最好的機會。還記得巴納比稍早說過「理想的自由分布」嗎？動物天生會聚集在牠們最可能找到食物與交配對象的地方。以人類的說法，它可以稱作酒吧內的歡樂時光。牠們似乎天生知道去哪裡收集相對可得的資訊。如果有一大片豐美的草地，你會發現有許多鹿（舉例）群聚在那裡，而另一邊水草比較稀少的地方鹿群也比較少。這樣每一隻鹿都有很多水草可吃。等到太多鹿聚集在同一個地方時，有一部分鹿就會（夠理性地）慢慢轉移到另一個地方。同樣的，每一隻鹿都會得到足夠的水草。

這個例子有助於記住，在約會的世界裡每個人都有足夠的機會。想一想你有什麼優勢，以及你的同儕都在做什麼，你就能合理地推測如何找到自己的運氣。你可以去那些最酷、最有錢、最性感的人去的酒吧，因為那是你最有機會遇到一個很酷、很有錢、很性感的白馬王子或白雪公主的地方。但假如其他人也都聚集在那裡，那麼你們就是在爭奪相同的資源。機會多的地方競爭者也多，如果你是那種可以在那種場合中競爭的人，那就好好待著，點一杯馬丁尼。但假如你在那種嘈雜的場合中一點也不突出，或許你在街尾那家比較安靜的咖啡館會有更好、更幸運的機會（遇見某個人）。

想在愛情中得到幸運，你必須知道你的目標是什麼，而且這個目標不是共通於每一個人。如果你想要特定類型的對象，供與需可能就會不協調（抱歉，天下沒有十全十美的事）。我們暫且再回到巴納比的動物譬喻，有些動物運氣好能在草原上吃草，其他的只好爬到樹上尋找食物——設定正確的目標就能為你帶來運氣。如果你沒有正確的目標，你就會錯失好運。

費雪博士年輕時曾結過一次婚，但很快就放棄這段婚姻，並且沒有再婚。她用了三十年光陰和一個比她年紀大很多的男士維持親密的愛人關係，他去世後，她也曾談過幾次戀愛。現在她又認識了一位男士，正在研究兩人是否合適。她小聲說，她很喜歡他，但他們沒有共同的興趣。這個問題是個致命傷，抑或是你在一段快樂的關係中必須處理的事之一？

和其他任何人一樣，費雪博士也在探討什麼會讓她感受到愛的幸運。她聲稱，我們已演化出三種愛：性愛、浪漫的愛，以及依附伴侶的愛。這三種愛都有生物學基礎。性愛的演化原因昭然可見，因為沒有它就沒有演化。費雪博士說，依附也是一種先天的驅動力，「因為這種驅動力的發展，人們才得以相互包容，養育下一代」。

啊，那麼浪漫的愛，這個神話與傳說，以及莎士比亞戲劇中詮釋得最好的東西又如何？費雪博士說它也是基本的動力。她曾經和兩位同事做了一個實驗，讓熱戀中的人接受功能性磁振造影掃描來研究他們的腦功能。結果發現神經化學物質多巴胺與浪漫的愛有密切關係。

「大腦底部有個製造多巴胺的小工廠，它緊鄰調節飢餓與口渴的地區，這些都是非常基本的動力，你無法擺脫它們。」費雪博士告訴我們。

浪漫的愛（那些多巴胺！）的動力甚至可能比性愛或依附的愛更強而有力。費雪博士指出，你不會因為某個人不跟你上床就去自殺，但一段偉大的戀情結束可能導致極端憤怒甚至自殺，這叫「羅蜜歐與茱麗葉症候群」，「就此一吻，我亡矣」。

在浪漫愛情的陣痛中，你很容易忽略伴侶的缺點，因為大腦會產生一種快樂而模糊的正向的幻覺。當浪漫凋萎時，你會注意到更多，有時會有不再那麼幸運的感覺（哈囉，特洛伊和他的超模海倫）。費雪博士認為，維持一些正向的幻覺，或者至少把重點放在你喜歡的這個人的優點而不是他的缺點上，是讓你保有幸運感，從而進入依附階段的部分原因。不信可以去問愛荷華的菲比。

愛情幸運的一個小關鍵是這三個系統——浪漫、性愛和依附——不一定指向同一方向。你可以和你緊緊依附的人依偎在床上，但仍然對其他人有強烈的性衝動。「你的腦子裡永遠有個會議在進行。」費雪博士說。

綜觀全世界及所有的文化，七年之癢似乎已逐漸變成四年之癢。生物學似乎將夫妻設定在共同生活一段夠長的時間好生兒育女，直到它們脫離嬰兒期，而演化會更喜歡我們為了遺傳多樣化而找一個新的伴侶。是的，我們可以抗拒它，但如同詩人拜倫在他的史詩《唐璜》中所說：「這個惡魔為何有如此清新的五官／對我們這些可憐的人類竟然有如此的魅力？」

有位男士，我從他還是俏皮的單身漢時就認識他，現在他不但有快樂的婚姻，兩個孩子也已長大成人。他在聖塔莫尼卡有一棟高級住宅，在科羅拉多有一座農場。我有說過他有一段幸福的婚姻嗎？他的妻子懷第一個孩子時他有了第一個外遇，從那以後，每隔幾年他就會有一段新的羅曼史（我最近沒有再繼續追蹤）。

這些年來他一直維持著忠實的假象，口口聲聲說他不想傷害他的妻子，但其他人都知道他在幹什麼。由於他的妻子似乎具有理性的洞察力，最好的猜測是她喜歡她的家、她的孩子，以及她舒適的生活，而且在各個地方有錢人妻子的偉大傳統下，她樂於只看另一面。她對她丈夫的愛是屬於依附型的，她不擔心他到處拈花惹草的性衝動。

她在愛情上是幸運的嗎？雖然她擁有一些精美的珠寶，但我不會和她交換。

想到米克．傑格與菲比，以及我那個性好漁色的朋友，我在想是什麼讓我很肯定榮恩和我在愛情上是幸運的。在費雪博士的天平上，我現在就可以測量浪漫、性愛，**以及**依附，這三個元素都有了似乎就是幸運的。但時間長短也很重要。你能一直幸運下去嗎？這些年來，我們有過一些小爭吵與大衝突，也曾因為在氣頭上而虛度了許多個週末。我們的婚姻並非一直是完美的。參加婚禮時，我有時會想，我能送給新娘與新郎最好的禮物是一句話：「你們將會有一些難過的日子！」但沒有人喜歡聽到這句話。也許我可以在烹飪書內夾一張紙條，告訴新人婚姻幸福的真正秘訣是：無論如何，你們都要決定相守在一起。

巴納比和我做了安排，與杜克大學心理學與行為經濟學教授丹．艾瑞利（Dan Ariely）

展開一席談話。丹・艾瑞利以研究人們的不理性行為著稱（如果你曾經花二十分鐘上網查米香的最低價格，然後出去吃一頓高檔晚餐，你就明白他所謂的不理性是什麼意思）。我想知道在艾瑞利所做的研究中，是否有提出任何以理性方式得到愛的幸運的深刻見解。

他當然有。

「我們必須擺脫想找到世上最好的人的心態，因為世上最好的人根本不存在，你的尋尋覓覓只是徒費功夫。」他一針見血地說，「在某個時候，你會說：『這個人很棒。』也許另外還有更棒的人，但我不要繼續找下去了。」

喔喔。艾瑞利博士是個備受推崇的教授，但那聽起來很像……穩定下來。但艾瑞利博士當然是從一個非常理性的觀點而做的結論。他和巴納比開始討論經濟學家常提到的一個名為「秘書問題」（the secretary problem）的經典例子。這是一個觀察你如何知道什麼時候該停止尋找的簡單方法。這個公式是一個主管必須雇用一個助理，於是他開始面試，尋找合適的人選[32]。他想要一個很棒的助手——他每天都沒有助手是個大問題，沒有人幫忙接電話！——問題是，他應該在什麼時候停止尋覓並雇用一個人，即使這個人並不完美？

「最好的解決方法是找出那一行的人的分布狀態，一旦了解，就雇用第一個通過門檻的人。」他告訴我們，「找合適的結婚對象也一樣。」

32. 經濟學家對辦公室的了解顯然更甚於對臥室——但無論你在什麼地方尋找，過程都同樣一體適用。另一方面，現在還有人在用秘書？助理？也許我們應該稱之為「人工智慧語音助理問題」（Siri prcblem）。

如果你相信真愛，當白馬王子就在附近時，你也許不會去屈就「還可以王子」（或公主）。但艾瑞利博士認為擬訂計畫是在愛情上得到幸運的最佳方式。即使在最情緒化的時候，你都不能依賴你的情緒。聽從我們對愛（或工作，或財務，或者買米香）的直覺，不一定就能做出最理智的抉擇。如果你是單身，想在愛情上得到幸運，你不能只是希望愛情降臨，你必須擬定策略。我認識的一個主管最愛說的一句話就是：希望不是策略。

在談話中，艾瑞利博士以約會和投資股市來比喻。你以為你有一個理性的方法，但後來情況改變了（道瓊指數大跌二〇〇點！），你在驚恐之餘讓一時的情緒改變你的計畫。「想在愛情或股市得到好運，你不要讓你的直覺來主導一切。」他說。

但談到這裡，他又指出股票和人之間一個很大的差異。當你選擇股票時，股票不會改變。但你選擇一個人的那一刻，你們的關係就改變了。「當你決定你要長期維持下去時，你會得到運氣。所以，讓我們來探討，然後找出什麼可行。」艾瑞利博士說，「當你投資一段關係時，關係會越來越好。承諾會創造新的機會。」

要在愛情中得到幸運，你需要以刺激的投資理念來取代穩定下來的令人惴惴不安的恐懼。對一個人投入時間、努力、信任與愛，你會得到巨大的紅利。我忽然想到，榮恩和我就是走這條路線，我們互相承諾、信任對方在外面的一舉一動，因此我們可以探索並嘗試一些事情，捨棄行不通的，繼續維持行得通的。「如果我們要長期廝守，無論我對我自己有什麼要求，它同時也是我對你的要求。」艾瑞利博士說，「你會因此得到運氣。我們可以一起嘗試新的事物，不會擔心它行不通。」

留下來也不一定是正確的選擇。有許多情感虐待、或暴力、或酗酒、或其他破壞性的行為，在這些情況下，得到幸運的唯一方法是離開。但艾瑞利博士指出，在比較良性的情況下，重要的不是選擇，而是一旦做了選擇，你會做什麼。

許多行為心理學家指出，一旦我們做了決定，我們的大腦會認定我們做了最好的選擇。在許多不同的廣泛實驗中，研究人員給受試者一些馬克杯或鉛筆這種小東西，一旦它正式成為屬於他們的東西後，他們可以拿來與人交換。但很少人這麼做。擁有它會使他們更喜歡它。伴侶也一樣。海倫．費雪在一項對一千一百名受訪者所做的調查中發現，百分之八十六的受訪者表示，他們會再度和同一個人結婚。

艾瑞利又舉出一個住公寓的例子。你有一個短期租約，上面載明你和房東必須同意續約。「如果你每天都在考慮要不要展延租約，你就不會粉刷房間或買花，你會一直觀望其他的選擇。」他說。

在許多方面這是個很好的觀點。當榮恩和我在決定要不要離開我們的郊區住宅搬到曼哈頓時，我提議先租一間小公寓住。如果我們喜歡都市生活再走下一步。榮恩不贊成。他認為如果我們買一間房，讓它成為我們的家，對它許下承諾，那會是完全不同的體驗。

於是我們買了房子。我們買了一間格局很差的小公寓，然後將它裝修得美輪美奐。我負責挑選油漆顏色和浴室設備，以及新的廚房櫥櫃。榮恩負責規劃管線和電路插頭，以及……同軸電纜什麼的，我不需要去了解那麼多。但重點是，我們投入時間與關注後，我們超愛這間小公寓。

我相信有人會在簽了短期租約後仍決定油漆牆壁、買鮮花和填補浴缸縫隙。但不知何故，當你知道你會堅持下去時，它會變得更容易。

巴納比建議我們找一位名叫保羅·札克（Paul Zak）的教授聊聊。他目前在「克萊蒙研究大學」（Claremont Graduate University）教書，並在該校成立「神經經濟學研究中心」（Center for Neuroeconomics Studies）。他也經常出現在電視上，人稱「愛情博士」。

我怎能拒絕「愛情博士」？

我們在康乃爾俱樂部的大廳等候時，巴納比告訴我，札克博士的研究主要集中在神經化學催產素如何與信任、愛，和道德產生連結。這聽起來像是一個小分子扮演重要的角色。然後巴納比靠過來悄悄說，他應該先提醒我，愛情博士喜歡……

話沒說完，愛情博士就進來了。巴納比為我們介紹。

「嗨，我喜歡擁抱。」札克博士把巴納比沒說完的話接下去說了。

由於他很高大又很帥，外表看起來很像肥皂劇的原型明星，擁抱似乎是個再好不過的問候方式。但我們坐下後，我問他這有什麼意涵。

「擁抱會釋放催產素，有助於人們開放。」他說，「我第一次在一項會議上嘗試擁抱每一個人，結果發現人們都面帶微笑，和我做更多的分享。」

我說，短暫擁抱不會讓人有改變生命的感覺。

札克微笑。「催產素在一秒鐘內就能釋放，並且在大腦內維持大約二十分鐘。」

札克博士正在進行研究，證明我們的身體知道我們什麼時候在愛的幸運中——即使我們有意識的大腦沒有那麼聰明。他為ABC電視台二〇一六年那一季的《黃金單身漢》（The Bachelor）節目做了一個實驗，檢驗單身漢班與六名女性約會時的腦部活動，觀察他們對彼此身上的氣味有什麼反應，催產素的分泌量，以及生理同步——通過他們的心跳變化及雙方的律動是否緊密配合來測量。

這些實驗在一個嶄新、潔白的房間內進行，裡面有許多試管、裝滿彩色液體的燒杯，和看起來很複雜的機器——一間室內設計師概念的研究實驗室。有人懷疑這項實驗會不會跟那些五彩繽紛的燒杯一樣虛假。一個名叫奧莉薇亞的單身女郎在三次測試中勝出，但班最後向一個名叫蘿蘭的女郎求婚。札克博士深信這項研究有它的正確性，但《黃金單身漢》可能是個錯誤的展示場所。

札克博士感興趣的生理反應確實在我們的愛情運氣中扮演一個角色。古代的詩人認為心臟是愛的源頭並不全然是錯誤的，因為我們的身體會將愛的信號傳給我們。心理學家說，如果你想讓某個人對你著迷，你要在第一次約會時做出驚人的舉動，例如去攀岩或深夜滑雪，或去坐旋轉雲霄飛車。它有個複雜的名詞，叫「生理激發的錯誤歸因」（misattribution of arousal），意指你的大腦會對你的興奮感做出錯誤的推論，如果你在雲霄飛車上發出興奮的尖叫，你的大腦會將部分興奮歸因於坐在你旁邊那個人。冒險會讓你興奮，讓你感覺你與另一個人產生聯繫。

過去每當榮恩和我在我們的關係中觸礁時，我都會打電話給我的一個密友，她會一再聆聽並提出建議。但後來她開始注意到一種模式。有一次當我充滿焦慮想找她談時，她拒絕我。

「你們夫妻倆上床恩愛一下，或者去遠足，或者去逛逛博物館就沒事了。」她說。

我聽了忍不住大笑，但我後來轉述給榮恩聽。我不得不承認，這句話從此以後成為我們的真言。沒有什麼比性愛、遠足或博物館更能改善我們的關係。畢竟這些都是榮恩和我喜愛的東西，任何一對夫妻都能找出他們共同喜愛的活動。當你們在進行某種新的活動（譬如逛博物館）或挑戰（譬如遠足）時，那些釋放出來的神經化學物質會幫助你們連結。其中，以性愛的效果最好。

札克博士是在飛機上認識他的妻子的。當時他坐在她後面，發現兩人同樣都點素食。他先是靠過去和她搭訕，最後移駕到她旁邊的空位和她坐在一起。他那時候正在讀經濟學博士學位，手提箱內裝了一大疊研究報告，以防交談中斷時他仍有事可做。

「她對我那些龐大的方程式留下深刻的印象。」他開玩笑說。

如今他們已結褵數十載，有兩個青春期的女兒。札克博士為婚姻下結論時指出：「有時你會有想殺了對方的感覺。」他經常旅行，坦承有許多出軌的機會，但他都放棄，因為他不相信米克．傑格意識中的在愛情中得到幸運永遠是件好事。

「如果我使四個女人懷孕，我在演化上也許更成功，但假如我的妻子發現了，她會把我踢出去。」他說。從神經學的觀點，大腦是個精於評估成本效益的計算機，他確定對他最有利的是待在妻子身邊。他把所有的注意力都放在一個人身上，建立互信，為他的孩子們提供一個安全的基礎和傾力協助。

「如果我減少一點對孩子的照顧，我可能會在一些非常漂亮的女性身上占到便宜，」他說，「但我想我壓抑腦幹的衝動，依靠前額葉皮質去思考，我會讓自己更幸運些。」

所以，在愛情中得到幸運的第一步，也許是要了解所有的選擇都是互換式的。或許到了七十歲時，米克・傑格會不介意少一點性愛，多一點依附。幸福地依附著丈夫的菲比可以多讀一些浪漫小說來填補那些錯過的利基。你不可能擁有一切，但它有助於你知道你不必無休止地去追求在愛情中得到幸運。你只要製造你想要的幸運的情境就好了，也許去坐一趟雲霄飛車。

第12章——得到幸運的孩子

為子女多指引一些道路……敦促他們努力工作與冒險……協助他們培養積極的觀點……讓他們知道他們能創造自己的運氣。

一個晴朗的星期天下午，我開車北上參加一個朋友的產前派對。準媽媽四十歲出頭，懷雙胞胎。陳列在她面前的禮物並不令人感到意外，因為這些都是她指定的。前幾年她舉行一場不怎麼正式的婚禮時，曾表示她對上等瓷器或水晶器皿沒興趣，但現在她要她的寶寶穿的、用的都是有機棉和絲綢般柔軟的毯子。他們要用莫札特的音樂來激勵寶寶，用電動搖籃哄他們入睡。雅致的嬰兒床、蠶繭狀的搖籃，看起來像肯辛頓皇室的豪華嬰兒車都是經過精挑細選的，為的是給兩個小寶寶一個幸運的開始。

想當然耳，我們都盡可能為我們的孩子著想。但假如運氣發生在才能、努力和機會的交會點上，我看不出高檔用品能為孩子帶來什麼運氣。我們能給孩子的最大禮物，是教導他們如何創造自己的運氣。

兩天後我在紐約市布朗克斯區的「霍瑞斯曼學校」（Horace Mann School）綠意盎然的校園漫步時，心中仍想著幸運的孩子這件事。這裡的孩子不全然是一出生就睡在蠶繭形狀的嬰兒床，但大部分都有資源豐富、重視教育，希望子女能得到最好照顧的父母。而那些仰賴獎助學金的孩子，他們的父母也都曾為他們朗讀，培育他們參加課後學習課程，自己做了許多犧牲來協助他們茁壯成長。有正確價值觀的父母能給他們一個好的開始，但最終什麼才能使他們得到幸運的人生？

站在校園外陽光明媚的人行道上，我看著一群女孩走下山坡朝運動場走去。她們過馬路時，一名警衛謹慎地走出他的車。這所學校一年的學費要四萬五千美元，校方必須確保孩子們的安全。但比警衛更令人印象深刻的是那些女孩對他的反應。有幾個女孩經過時對他揮手，有一、兩個大聲說：「謝謝你，喬治！」他是一個人，不是一個隱形的東西。能夠感謝這位協助她們的人，似乎就是得到運氣的一個好的開始。

兩個穿運動短褲與霍瑞斯曼T恤、腋下夾著曲棍球桿、長髮整齊地紮成馬尾的女孩穿過馬路。她們談得正熱絡，我猜想她們是否在討論學校功課，或派對，或下一場曲棍球比賽。但我的猜測都不正確，當她們接近我時，我聽到其中一個誠摯地對另一個女孩說：「妳快樂嗎？因為，妳要記住，那才是真正重要的。」

我在內心莞爾。一個打曲棍球的十四歲少女提供了我要的答案。幸運的孩子是快樂的孩子，反之亦然。

幾分鐘後，我在高年級部主任潔西卡・雷文斯坦因博士（Dr. Jessica Levenstein）明亮的辦公室內。雷文斯坦因博士告訴我，學校的目標永遠是教育出快樂的孩子，我們於是從這裡展開有關幸運的孩子的對談。我含笑告訴她我聽到的那句對話。她點頭，顯然很欣慰。她要表達的訊息已經傳遞出去了。

但雷文斯坦因博士教導快樂的孩子的方法和許多行政人員不同。擁有普林斯敦博士學位並專研但丁與奧維德的她，不是在校園內到處以笑臉迎人的那種人。她認為快樂比高檔物品和積極的口號有更深的內涵，至少有一部分是來自好奇心和學術發現。她認為，孩子需要的運氣是「能辨認他們眼前所有可能導致快樂的途徑的能力」。

霍瑞斯曼學校經常把高年級生送入長春藤聯盟大學，數量幾乎占全國第一，但雷文斯坦因博士送給學生最大的禮物之一，是讓他們能看到比普林斯敦或哈佛更寬廣的視野。當一個高二學生對即將到來的考試手足無措地來找她時，她會引導他去思考：假如他的表現不如他所希望，將會帶來什麼衝擊。他會讓他的父母失望嗎？他自己呢？

「學生們往往有一種概念，以為通往幸福的道路只有一條，如果他們偏離方向，另一條路就會帶來痛苦。」她說。雄心勃勃的家長可能會要求孩子拿好成績才能進入哈佛，然後在華爾街謀得一職。「那絕對是你的幸福人生的關鍵，但你才十六歲，你還不知道。你當然也不知道還有其他許多種你想都沒想過的幸福人生。對我們這些與學生共事的人來說，最大的挑戰就是幫助他們擴大對幸福與幸運人生的概念。」

雷文斯坦因博士有時會邀請走原創方向的校友回來演講，告訴在校生「他們在這個階段可能無法預見到在一些他們不知道的城市裡，還有很多他們聽都沒聽過的工作」。

鼓勵學生的思維超越長春藤聯盟與華爾街，聽起來像是高難度問題，但她的重點是擴大他們的視野。無論來自什麼樣的成長環境，孩子們對他們未來的可能性看法通常有限。他們看到的都是他們的父母和朋友正在做的，很少看到其他。他們也許無法想像他們可以離開他們居住的小鎮或在太空總署找到一個工作，不一定要在當地的Walmart超市謀職。家長和老師要對孩子展示機會並擴人視野，為他們帶來幸運。

那麼，你要怎麼做呢？雷文斯坦因博士認為在家或在學校多多閱讀會有幫助。她說，一本小說「可以讓孩子看到不同的生活方式，讓他們了解其他人存在的現實」。一堂英語課的主要目標也許是教學生如何讀、寫一篇複雜的文章，「但透過小說，我們也在向學生展示人類行為的模式。」我可以想到許多帶有這種作用的書，但讓我感到意外的是，雷文斯坦因博士提到伊底帕斯（Oedipus）戲劇。

「學生不認同一個將來會殺死他的父親並愛上他的母親的孩子，但他們認同一個想創造自己命運的人。他們能理解嘗試主控自己的人生的想法。」她說。由此可以證明為什麼她是教育家而我不是。

我想到，要是時光能夠倒流回到中學時代，可以上幾堂雷文斯坦因博士的課，或霍瑞斯曼中學的任一堂課該有多好。這個主意不錯，因為家長可以以她開放與靈活的胸襟為榜樣教導他們的孩子，使他們更幸運。

當你的孩子的幸運未來正在緊要關頭上時，要對可能性抱持開放的態度並不容易。即便你現在看到不同的機會，試圖走與他人不同的路線來為自己創造運氣，你也可能（不知不覺地）做出和你的孩子相反的事。家長們有一種觀念：運氣來自控制，而且只有這條路。雷文斯坦因博士經常在還未開學前就接到家長的電話，要求將他們的孩子轉班。「他們認為只有一個老師會教，否則那個學期會很慘。」她說，「假如家長都抱著這種心態，我不知道孩子們還有什麼幸福的未來。」

唉呀，我想我們都打過這樣的電話。我的小兒子在社區的公立小學即將升上四年級時我就打過一次電話。我在足球練習場上聽到別的媽媽說有個老師（姑且稱她為W老師）很可怕，最好不要被她教到，她已經毀了許多四年級學生。因此當麥特被分發到W老師那一班時，我打電話給校長。和雷文斯坦因博士一樣，校長不肯在還沒開學前做任何改變。她認為麥特和W老師可以合得來，鼓勵我引導麥特對他的老師採取積極的態度。

「他如何接近老師可以改變一切。」她說。

我只好姑且一試。結果令人大出意外，麥特四年級時的成績好得驚人。W老師喜歡麥特的聰明，鼓勵他往新的方向發展。他至今仍開玩笑說，有一天老師拿著一把剪刀，把他帶到走廊上教他如何剪紙。「你在數學與閱讀方面也許很有天分，但你沒有學會幼稚園的手工藝。」她對他說。幸好他聽了之後呵呵一笑，從此以後師生倆都很欣賞對方。33

孩子（以及大人）被鼓勵接受任何情況，並鼓勵他們自己解決問題，他們才能學會讓運氣發生。假如他們把人生看成即將降臨他們身上的災難，你無法教孩子們去創造自己的運氣。「如果你當下的反應是拚命想應該責怪誰，你會永遠受到外力的擺布。認為自己的人生由自己的行動來創造的人會比較快樂。」雷文斯坦因博士告訴我。

如果一個孩子數學考試成績不理想，回家時家長可能會立刻抱怨孩子的老師教得不好，人生太不公平。或者她可以說：「我們一起來檢討，我很樂意幫助你，也許你下次可以準備得更好。」你想，哪一種孩子走在通往幸運未來的道路上？

霍瑞斯曼中學是一所罕見的（以及美妙的）學校。聰明的孩子會受到表揚，甚至被認為很酷，但雷文斯坦因博士擔心家長似乎把情感與成就混為一談。幸運的孩子知道他們被愛是因為他們是誰，而不單單是他們的表現。慶祝考試成績得A，或為了你七年級時榮獲科學獎而訂購一個冰淇淋蛋糕慶祝，這樣很好。嘿，太棒了！「但他們不應該感到你對他們的愛和那個經歷有關。」雷文斯坦因博士說。

很早以前，我還在讀初中時，有一天我把我的第一張成績單帶回家。當時學校採取開放的方式（後來取消了）讓我們自己選課，而且不打分數，直到九年級結業時。因此，雖然我是個聰明的孩子，我卻從未拿過A，但現在我的成績單上有一排五個A了。

我的母親向來以成績來評斷她的孩子，她大大地恭賀我。但我迫不及待想向我那很有學問（及靈性）的父親炫耀。當他那天晚上回到家時，我興奮地一直等到他在他書房那張舒適的椅子坐下，然後我大步走進去，將折疊的成績單遞給他。他看了一眼後把成績單放在他的腿上，然後望著我。

「妳的表現如何？」他問。

「打開看你就知道了。」我沾沾自喜地說。

33. 麥特後來就讀霍瑞斯曼，而且他的英文老師正是雷文斯坦因博士。他受到她很大的啟發，一直很崇敬她。我們可以從孩子身上學習是件好事，建議我去找「雷博士」討論運氣的人正是麥特。

他搖頭。「我不是問妳的老師對妳的看法，我要知道妳的想法和妳是否盡力了。」我嚇了一跳，站在那裡思索他的問題，然後氣急敗壞地說我很用功，努力學習，而且我盡力了。

他沒有打開成績單，而是將它交還給我，他的眼中閃耀著光芒。「那麼我以妳為榮。」父親說。

我很驚訝。小時候發生那麼多事情，這件事卻在我腦海裡留下鮮明的印記。此刻與雷文斯坦因博士交談，我明白這個記憶之所以一直跟著我，是因為我的父親讓我自己去定義幸運人生的意義。只要我對我所做的事感到快樂，他也快樂。我要決定什麼才是重要的。

當雷文斯坦因博士談到，幫助孩子們看到很多道路都能帶來快樂與幸福，並為他們創造運氣時，她指出，家長在他們自己的生命中看到這種彈性和可能性十分重要。

「家長絕對不能對孩子說：『我現在做的不是我想做的事，或我想過的生活，但我無法改變它。』」她說，「因為那會傳達人生是一種束縛的觀念，你小時候所做的決定會成為你的桎梏，一直到你退休。我很反對這種觀念。」

她在紐約成長，父親是個成功的廣告公司主管，但後來辭職去追求他的熱情成為劇作家。雷文斯坦因博士的丈夫本是耶魯大學教授，幾年前他決定他喜歡寫作更甚於研究學問。於是他離開紐哈芬（New Haven），現在熱中於他所追求的著書工作。他希望它們能給世人帶來衝擊，而且它們為他帶來快樂。她的父親和她的丈夫有相似的故事是個巧合，但這是一個她渴望傳達的觀念。

「我希望我的孩子長大後能持續探索，不要有被困在一個地方動彈不得的感覺。」她說，「我希望他們知道，在任何年齡都有無盡的機會。」

我很想和雷文斯坦因博士聊一整天，但她還有學校的事要處理，於是我謝謝她，走出美麗的校園去搭地鐵。返回曼哈頓途中，她的睿智談話彷彿真言般一直在我耳際響著：幸運的孩子是快樂的孩子。幸運的孩子知道有許多途徑可以通往快樂與幸福。

回家後，我打電話給巴納比，告訴他我和雷文斯坦因博士的談話。他喜歡她的立場。讓孩子們知道幸運人生有許多不同的途徑，等於賦予他們去嘗試不尋常與失敗的自由，這些都可能使他們未來更幸運。

「有聽過『資料流』（Traf-C-Data）嗎？」巴納比問我。

「沒有。」

「這是比爾．蓋茲和保羅．艾倫（Paul Allen）還在讀高中時成立的一家公司。那時候他們有一套用電腦分析交通資料的構想，但沒有人買，不過他們後來說，這是後來微軟成功的原因。」

「沒有人告訴他們應該專心準備SAT測驗嗎？」

「我想沒有。」巴納比笑著說。

假如你像比爾．蓋茲那樣成功，當你回顧你的父母當初所做的任何事時，你會認為它都是對的。蓋茲的父親是一家大法律事務所的共同創辦人，母親曾在許多公司和民間董事會任職。他的父親承認，比爾在十二、三歲時非常固執、難以管教，令人頭痛。他們堅持他去嘗試他不一定會喜歡的運動，不要老是做他熟悉的事，這樣才能看到新的可能性。但最終他們還是隨他做他喜歡的事。

「我對我想做的事永不厭倦，並且很固執。」幾年前蓋茲接受訪問時說。高中最後一年，年輕的比爾迷上電腦，想在這個新領域找個工作，但這樣他就必須輟學。「我很驚訝，我父親去見校長，得到所有的資訊後說：『好，你可以去做。』」

當你的孩子想做一件似乎把他們帶到非傳統路徑的事時，你必須了解（並相信）你的孩子，你才能答應他們。但和你的孩子一起擴大視野，能使你們兩人都感到幸運。

我不能說我在我的兩個兒子成長期間，始終對新的機會抱持開放的態度，但我會嘗試。（幸運地）孩子們後來談到的正是那些美好的時刻。我的大兒子柴克讀高三那一年，有一天傍晚我正在廚房準備晚餐，他走進來，看著我切胡蘿蔔。我看得出他有心事。那陣子他正在準備他的大學入學自傳，平日的信心似乎漸漸磨損了。我很難過，明白大學入學申請過程能摧毀一個最堅強的人。

「我可以問妳一件事嗎？」他問，伸手拿了一塊胡蘿蔔。

「當然可以，什麼事？」

他咬一口胡蘿蔔，緩緩咀嚼。「假如我沒有申請到任何學校會怎樣？」

我從他眼中看出他的憂慮，於是我深深吸一口氣，很難想像我這個聰明、努力用功的兒子明年會沒有大學可讀。但誰知道呢？入學申請過程十分繁雜，任何情況都可能發生。萬一……

「那很好啊！」我說，「你可以休息一年去旅行，或做研究，或找點什麼你以前沒機會嘗試的有趣的事做。你會有一個難忘的經驗，然後你再去申請學校。老實說，我認為這對你有極大的好處。」

「妳是說真的？」他問。

「當然。它只是一條不同的路，你一樣可以走得很精采。」

柴克又咬一口胡蘿蔔，說：「謝謝妳，媽。」然後回他房間。

我沒有把這件事太放在心上，出去摸索一年的事結果沒有發生，因為他早早就收到他的第一志願學校寄來的入學通知。但幾年後，柴克回憶那次廚房與胡蘿蔔的對談時說，我的回答不但解除他的一些壓力，並且提醒他人生並非只有一條路可走，轉個彎採取與他的計畫不同的路徑可能使他更幸運。

如同雷文斯坦因博士與老比爾．蓋茲所說，告訴孩子「好，你可以去做」能讓他們放手做他自己，找到他自己的路。這是創造運氣的一大步。

鼓勵孩子做他自己的一個不利因素是，在八歲、十二歲或十六歲的年齡，他們並不真的知道他們是誰。當你忙著模仿別人時你不可能做你自己。我認識的一個六歲小女孩最近去穿耳洞，我問她為什麼，她告訴我她的朋友都穿耳洞。她的母親同意她六歲的小女兒戴耳環，因為她希望她的女兒感覺她是她的朋友圈中的一分子。

小女孩得到她的第一對金耳環那天，也許會有幸運的感覺，但往後呢？不一定。

想要幸運，有時候孩子們必須願意與眾不同。我常讚嘆巴納比在進入大學以前一直在家自學，我想這是他能夠堅持選擇自己的道路、創造自己的運氣的原因之一。他從未感受到一般孩子們在學校餐廳所面對的那種壓力。

現在有了兩個年幼的女兒，巴納比和他的妻子米雪兒正在試驗他們自己版本的在家自學，包括家教、專門課程、都市體驗，以及爸爸規定的時間。在美國，只有百分之三的孩童在家自學。由於他的女兒曼德琳是個早熟的五歲小女孩（潔絲敏還不足兩歲），父母又都全天候上班，為什麼不乾脆把她們送進紐約的菁英學校？

「我認為量身打造的計畫更能培養出一個幸運的孩子，」巴納比說，「想像賽跑好了。你知道你跑很快，但你也只能穿一種尺寸的鞋子。好老師會設法調整你的步伐，但一天下來，對她最有利的還是那雙尺寸剛好的鞋子，也就是個人化計畫。」

巴納比還擔心孩子們忙著適應學校之餘可能會不願意發問。「好奇心是幸運人生的先決條件，」巴納比說，「孩子們能問『為什麼不？』，就能學會看到別人沒有看到的，想像到別人沒有想像到的。」

曼德琳參加學校測驗時，其中有一題要她選出可以在海灘上使用的物品，她勾選了滑雪板。當這一題被打錯時，她提出她的理由，堅稱：「它也許是個滑雪板，但它看起來很像衝浪板。」

巴納比笑著告訴我這件事。「我們總以為我們比孩子更了解這個世界，但她也許有真正的答案，她看到的這個世界略有不同。運氣的一部分就是要鼓勵她這樣做。」

讀正規學校的孩子，如果他們的父母能夠在家補充學習，鼓勵孩子保有好奇心、堅持不懈，和為新的想法感到興奮，孩子就能為運氣多奠定一些基礎。

並不是每個家長都能培養出一個巴納比或比爾．蓋茲，或曼德琳，而且就算你是，對於如何以創造力和自由來平衡架構與紀律，你也不一定會很清楚。你讓孩子得到幸運的方式是同意他們做讓他們高興的事（如穿耳洞），還是鼓勵他們做將來對他們有利的事？

巴納比建議，有一個人對這個問題也許會有獨到的見解，她就是引人爭議的「虎媽」。

「好主意！」我說。

蔡美兒（Amy Chua）是耶魯法學院教授，種族衝突與全球化問題專家，是耶魯最受尊敬的老師之一，但她也是一位世界知名的母親。她的暢銷書《虎媽的戰歌》（Battle Hymn of the Tiger Mother）中，她嚴厲管教子女的方式在世界各地引發爭議。她在書中說，她規定她的兩個女兒每天必須練習七小時鋼琴與小提琴，要求她們每一科成績都要拿A。她並且扔掉一張她女兒繪製的生日卡，因為她不夠用心。

書中一開頭，她就列出幾件她禁止女兒做的事，其中包括：「去別人家過夜；參加朋友聚會；參加學校話劇演出；抱怨不能參加學校話劇演出；看電視或玩電腦遊戲；自己選擇課外活動；任何一科成績低於A。」

但是當巴納比和我在一天下午與她聊天時，她似乎沒有那麼強悍。「我認為管教子女很難，」蔡教授嘆口氣說，「儘管我那麼出名，但我其實很謙虛，而且我認為這件事很不容易。」

蔡教授對於孩子的運氣有深刻的想法。她告訴我們，她的中國家庭（和其他許多家庭一樣）非常迷信，大家都公認她是個非常幸運的人。中國人認為「八」是個幸運數字，她的生日是十月二十六日，沒錯，二加六等於八。於是她開始意識到：人家說你是個幸運的人，本身就是幸運的基礎。

「如果人家說你是幸運的人，你會有勇氣去冒險、犯難，但仍然有信心繼續往前走，」她說，「孩子們看到的許多幸運的事，都是經過大量的準備與投資後的結果。那句諺語：『我越努力，我就越幸運』是什麼意思？如果你能把這個概念內化到孩子心裡，說假如我努力工作，我在某件事上就會有很好的機會，而且好像會很幸運，它會真的很有力。」

蔡教授意識到，控制自己的運氣這個觀念深植於中國人的迷信中。她告訴我們「風水」的概念，也就是講求屋子裡的某些方位是幸運的。「但萬一你的方位不對，你可以掛一面鏡子去扭轉它，或者開一個洞，讓好的風水進來。」她說，「有運氣，但是有漏洞，所以你也可以這樣控制你的命運。」

她將這個信息傳遞給她的兩個女兒。每當她們抱怨命運或事情不如意時，「我會立刻說，『不，妳有能力去扭轉它，讓你自己幸運。』」

我敢說蔡教授一定不曾打電話給女兒的學校校長，要求將她的女兒轉班。她只是教她們把任何事都做好。當她的丈夫希望多保護女兒時，她反而慫恿他讓她們去冒險。

「讓孩子變得脆弱然後保護他們會更容易，但我認為這樣不好。」她說，「許多孩子說『我不擅長考試』，或『我數學不好』，如果我們遷就他們，他們永遠不會知道他們能做多少。」

無論多麼在乎成就，蔡教授都強烈主張她的孩子必須創造她們自己的成功與運氣。她反對直升機式的管教方式，父母空降幫孩子做家庭作業，或設法幫他們解決問題。「家長不能為孩子做這種事，他們必須自己去贏得運氣。」她斷然說道，「外面是個強悍的世界，你必須敦促孩子努力並相信自己。」

蔡教授知道每個孩子都不一樣，她在書中自嘲她寫這本書的部分原因是，她發現用在大女兒身上沒問題的管教方式，在個性不同（並且更叛逆）的小女兒身上卻不管用。但兩個女兒後來都進入哈佛，並回憶她們有個快樂的童年。她的大女兒蘇菲亞感激她的父母永遠支持她，他們對她的高期待讓她知道「他們有信心我可以做出令人驚嘆的事」。

因為練習小提琴的時間太長最後極力反抗的二女兒露露，如今很高興她的母親沒有放棄她。「如果我考試成績不好，她不會讓我躺在床上哭哭啼啼，她會叫我起來用功。下次考好一點，我的心情就會好些了。」她說。

雖然我最早認為潔西卡・雷文斯坦因和蔡美兒對幸運的孩子看法不同，但我開始去看她們有什麼共通點。雷文斯坦因希望霍瑞斯曼的學生看到通往快樂幸福的途徑有很多，蔡美兒為她自己的女兒只規劃一條道路，但露露的話讓我震撼，因為她說她學會不責怪任何人，自己負責任，自己創造運氣（和好成績）。雷文斯坦因一定會贊同這句話。

雷文斯坦因博士對我說，快樂不一定和成就有關，各種能力水平當中都有快樂的孩子。蔡教授對她的女兒比較不那麼肯定，她認為成功會給她們帶來快樂，但她現在更明白，是嘗試、冒險和相信自己的過程讓你得到幸運。

蔡教授告訴我們，儘管她以嚴格聞名，「我繞一圈回來了，現在幾乎在另一邊了。我認為我們的孩子現在都被過度要求、過度管教。我可以想見他們的父母有多麼焦慮，我想我們拐錯了彎，目標應該是讓孩子們自己更堅強。」

但她不是自相矛盾，因為她仍然相信，當孩子們「投入努力，有一點控制力，向自己證明通過他們的意志力，他們可以完成一件事時」，實力和運氣就會出現。我們都想要有自信的孩子，但對他們說他們很棒其實力量不大。他們需要看到他們自己如何創造出運氣。

從她的書引發的爭議與抨擊，蔡教授可以把她自己看成是非常幸運或非常不幸的人。「我認為我是個非常幸運的人。」她爽朗地說。這種樂觀的態度是帶來更多運氣的關鍵要素。「人們都喜歡正向、積極的人，所以展現樂觀、信心與進取，而不是消極，才真正是成功的一部分。」她說。

我們互道再見後，我想到我在霍瑞斯曼學校看到的兩張海報，學生在上面寫了幾句健康人生的金玉良言。我把它們抄下來了。我拿出我的筆記簿，再度審視這幾句話：

愛你的社區

有歸屬感
和平與滿足感
積極的自我概念
儘管有缺點，但對自己感到滿意

我覺得寫這些句子的學生會有一個幸運的人生。他們讀菁英學校，他們努力用功，這樣就能導向蔡美兒希望的建立信心與創造運氣的循環。但他們同時也被鼓勵要有積極、喜歡發問的精神。幸運的孩子知道，如果他們尋找美好的東西，他們就能得到它。

PART 4

運氣的另一面

你永遠不知道，你的霉運已將你從更糟的厄運中拯救出來。

——**戈馬克・麥卡錫**（Cormac McCarthy）

第13章——厄運：為什麼最糟糕的時刻可能是最幸運的時刻

用更寬廣的眼光……想像積極的結果……

把厄運視為幸運的契機……笑一笑……

與巴納比討論了激勵人心的幸運之道後，又有一個問題開始困擾我。我們都會遇到隨機發生的壞事。你可以看到可能性然後抓住機會；你可以努力工作，以熱情和樂觀往前邁進；你可以展現不尋常的才華，甚至走不同於一般的路線。但是當你遇到疾病發作、發生悲慘事故，或不知從何處冒出的瘋狂殺手大屠殺（在美國經常發生）時，你可能被這個你無法控制的力量擊垮。

巴納比同意我的看法，但一如往常，他有略微不同的觀點。「有時你需要有更寬廣的眼光來認識什麼是幸運或厄運。」他說。那個星期，他才在「運氣實驗室」和天文物理學家皮爾特．哈特（Piet Hut）談過話，哈特告訴他，你可以嘗試走出自己，用更寬廣的眼光看眼前的情況，從糟糕的時刻來創造好運。巴納比將它比喻為獨自一個人走在森林中，四周是茂密的樹林，你看不到任何東西，你可能會覺得很可怕。「但假如你可以退一步，從上面看到底下更大的景觀，你會有不一樣的感覺。你可以看到你來自哪裡，以及你有許多方向可走。你不會有被困在那個地方和被遺棄的感覺。看到更多會給你更大的控制感。」

你不可能真的離開你的身體，但你可以試著想像未來可能的積極結果。或者，至少知道，即便你「無法」想像它們，它們都可能存在。今天看起來很糟的運氣，明天也許就好轉了。

這讓我想起一九八八年的一部電影《雙面情人》（Sliding Doors），片中葛妮絲．派特蘿飾演一個名叫海倫的英國女子。一天早上她被她的公關公司解雇後衝回家。到了地鐵月台，車門剛好在她面前關上。下一班車又誤點（運氣更糟），她只好離開地鐵站去招計程車，偏偏又在外面被搶（更不幸了），頭上被劃一刀，她又趕往醫院就醫。

不是幸運的一天，對吧？你也許會說有可能出錯的都發生了，但這時候電影又倒回去，敘述這一天的另一個可能性。在這個情節中，海倫抵達時，地鐵車門仍開著，海倫上車。這次運氣好多了！只不過她回到她的公寓時，卻發現她的同居男友和另一名女子在床上。

在接下來的影片中，兩種情況同時進行。在浪漫的情節底下暗藏著更大的信息：我們永遠不知道生命中會發生什麼。好運可能變成厄運，反之亦然。發現妳的男友不忠可能是個厄運，但假如它使妳認識一個比他更好、更善良，且不那麼薄情寡義的人呢？或者，遇到一個更悲慘的、無法預見的結局？

我們永遠無法預測事情的演變，如果平行的宇宙真的存在，我們也無從進入。因此你能做的是接受眼前遭遇的事件，然後試著將它從厄運轉成好運。

猶記得當年我主編一本大型雜誌時，一天早上我打電話給作家李．查德（Lee Child），問他是否願意為我寫一篇封面報導。我欣賞李．查德充滿活力的筆觸和他筆下名揚世界的小說英雄人物傑克・李奇。我想由他來訪問（當時）以桀驁不馴聞名的演員勞勃・狄尼洛再適合不過。李・查德答應了，幾天後，我接到他的報告。

「我剛訪問完，我和勞勃談得很愉快。」他用他濃厚的英國腔說，「這是一次極好的訪問，一定會寫出很棒的故事。」

我微笑。很少有記者能夠跟勞勃・狄尼洛度過愉快的時光，而且好到能親暱地叫他的暱稱，鮑伯。

「你太神了！」我說。

「你派傑克・李奇出任務，他一定使命必達。」李・查德回答。

我哈哈大笑。後來我們再聊時，我發現李・查德果真和他的小說主人翁一樣意志堅決。他是在被一家他已服務十三年的英國電視公司解雇之後才成為作家的。他原以為他會永遠在那個地方上班，但新的管理階層上任後，他簡直不敢相信他會有這麼糟的厄運。他有房屋貸款、汽車貸款、一個女兒，銀行裡只有夠幾個月生活的存款。他很憤怒、很沮喪，有被背叛的感覺，但他將這些情緒轉化為尋找下一個運氣的機會。

「我天生好戰。給我一個挑戰，我就會擊敗它或力抗到底。」他說。

於是他創造了傑克・李奇這號人物，他在海軍陸戰隊縮編後離開軍中，但他具有李・查德鋼鐵般的意志，決心將他的厄運轉化為好運。李・查德後來為我寫了一篇文章，談到如何在失業後繼續往前邁進。他的忠告令人難忘。

「找事做，任何事都行。坐下來洗個澡，相信你自己，確認你的夢想，然後全力去爭取。相信我，你的動機不會比這時候更強烈，這種偶然的機會也許永遠都不會再度發生。」他在文中寫道。

我喜歡他所闡述的觀點，厄運是一個降臨在你身上的機會，它也許不會再度出現。當你遇到厄運時，你可能不會立即看出這個厄運就是你的轉機。即使你像李．查德那麼有才華，你也不知道你有朝一日會成為世界知名的作家，而且將來有一天湯姆．克魯斯會在你的小說改編的電影中擔綱演出[34]。當然，這種事不會發生在每一個人身上，有時失業是個極難復原的苦難。但假如你有緩衝的能力，一個像失業這樣艱難的情勢就能給你一個出口，讓你重新考慮你真正想要的是什麼。也許它把你震出你的舒適圈，刺激你去接受這些能帶來意想不到的好運的風險與機會。

當我告訴巴納比我的「厄運是幸運的契機」的理論時，他立刻同意，並提議我們找女男爵蘇珊．格林菲爾德（Baroness Susan Greenfield）聊聊。

「一個女男爵怎麼會有厄運？」我問。

「她會告訴妳。」他說。

我很快發現，奧特摩爾（Ot Mcor）——位於英國牛津郡（說真的，你能不喜歡英倫

34. 由湯姆．克魯斯來飾演傑克．李奇曾引發一些爭議，因為小說中的傑克．李奇是個六呎五吋高、二百二十磅重的彪形大漢，而根據報導，五呎七吋高的湯姆．克魯斯顯然……體型小得多。查德公開解釋，湯姆．克魯斯的精湛演技可以彌補他體型方面的不足。

嗎？）——的格林菲爾德女男爵的頭銜，來自於她在研究腦部生理學方面的卓越成就。她是英國人所說的一代貴族，意思是你不是世襲的上議院貴族，你是做出重大貢獻後才進入上議院。且不提那地勢錯落不平的產業和晉見英國女王的機會，這位女男爵在阿茲海默症方面做了重要的研究，並且花很多時間從事試管試驗。

格林菲爾德（我們開始交談後不久便略去她的頭銜）是第一位在「英國皇家科學院」（Royal Institution of Great Britain）的「耶誕講座」（Christmas Lectures）發表一系列重要演說的女性。英國皇家科學院創立於一七九九年，為英國的科學研究中心。在熱烈的喝采聲中，她於一九九八年被任命為第一位女性院長。十二年後，在更熱烈的鼓譟聲中，她被免職。

「報紙上寫了很多垃圾，我覺得我很像柴契爾夫人在位的最後那幾天。那是非常不愉快的經驗。」她告訴我們。

有些人認為，格林菲爾德是傳統的性別歧視下的犧牲品，科學院裡的男性不喜歡她進來從事人事改組。巴納比記得他曾去拜訪過她一次，形容那裡是個「枯燥沉悶的地方，牆上掛著許多穿黑西裝的死人肖像，而蘇珊穿著紅色的短洋裝，腳上踩著閃亮的高跟皮靴。她非常獨立、自信，又充滿活力」。

但對這些保守的男性而言，她也許太有活力了。皇家科學院宣稱，格林菲爾德領導的一項發展計畫——在董事會的全力支持下——結果負債累累，他們將這個過錯歸咎於她。蘇珊記得最後一通電話告訴她，他們要裁汰冗員，這其實是他們要趕她出去的一個婉轉的說法。

「掛了電話後我心想：『現在怎麼辦？』望著眼前的深淵，那是我最徬徨無助的一刻，」她說，「但那天是十二月二十四日，我的父母已經抵達了，我必須度過**快樂的耶誕節**！我們要出去看音樂劇《飛天萬能車》，我不要破壞這美好的時光。當我嘗試這麼做時，我可以有頑強的心態。」

英國人喜歡醜聞，「裁員」消息公布後，格林菲爾德才知道她是這個醜聞的焦點。但她毫不畏懼，照樣維持幽默感。

「年輕時，我第一次和男生去參加派對，心裡直擔心『他們會怎麼看我？』，我母親說，『妳擔心妳會怎麼看**他們**吧。』她是個舞蹈家，一個反傳統的人，她給了我韌性和洞察力去觀察人生有多麼荒謬。」

和大部分失業者一樣，格林菲爾德也有點不安定感，但她認為「運氣來自你關心的事」。她對她所謂的「虛有其表的社交」沒興趣，因此她將注意力優先專注在工作上，持續開發她熱愛的、經常引發爭論的觀念。

「我認為我的阿茲海默症理論是正確的，其他人的理論是錯誤的！」她興高采烈地說，「你必須對它有強烈的信心才能敲開它的大門。」[35]

她繼續保持高度的活力（「這樣才會吸引人去喜歡它」），幾年後，她成立一家生物科技公司。她非常興奮。她離開皇家科學院，看到眼前彷彿有個深淵的那個耶誕節，如今已

35. 格林菲爾德認為，一種名叫AchE的胜肽可能與阿茲海默症相關的細胞死亡有關。這個觀念還沒有被接受，但她的公司正在尋求研發可以干預的藥物。

有非常不同的共振。

「我當時並不知道，但那個非常不愉快的經驗反而成為非常好的運氣。要是它沒有發生，現在我依然被困在倫敦主持晚宴。相反的，我創立了我的生技公司，現在我每天醒來都高高興興上班。我認為它是『宇宙的阿戈斯』（Cosmic Argos）。」

我猶豫了一下，還是問了，「什麼是『宇宙的阿戈斯』？」我問。

「阿戈斯，妳知道阿戈斯超商嗎？」

我不得不承認我不知道。她解釋，阿戈斯（Argos）是英國極受歡迎的看目錄選購商品的電子超商，你填好訂單後交給店員，等候幾分鐘，店員就會把你要的商品拿來給你。

「我的朋友和我戲稱它是『宇宙的阿戈斯』，」她笑著說，「你提出你的想法，它就給你正確的結果。我原以為它是最糟的挫折，結果證明它是美妙的。如果你做得對，『宇宙的阿戈斯』就會給你一個計畫。」

我們掛斷電話後，我心想格林菲爾德女男爵是我最近交談過的最快樂的人之一，但她的「宇宙的阿戈斯」並非什麼魔法。她接受那最糟的一刻，然後用她的決心、樂觀與熱情將它翻轉過來。你把任何壞運氣扔給她，她都會把它轉變成好運。

我為我的上一本書《感恩日記》在全國各地巡迴演說時，有許多人告訴我他們經歷了許多厄運——疾病、悲劇、家人往生——我很震驚，我也一遍又一遍聽到，艱難的環境使他們更感恩，並欣賞每天發生的美好事物。

一名年輕婦女含笑走過來，舉止愉快地告訴我，她在一年前被診斷出卵巢癌。

「我很遺憾。」我說，同情地握著她的手。

「謝謝。這應該是我這輩子最慘的一年，但有許多時刻我感到非常幸運。」她的雙眼閃爍著光芒。她沒有放開我的手。她說癌症治療很苦，但她的病情正在緩解中。她每隔兩週去醫院做掃描，她的妹妹都陪著她，她們會出去吃午餐，慶祝又一個好消息。她還有個很棒的丈夫，始終陪在她身邊。

「我的孩子一個才四歲、一個七歲，我希望能一直陪著他們，但現在我愛他們，每天開開心心，我為我們相處的每一刻感到幸運。」她說。

哇。我感動得幾乎流下淚來。被診斷出卵巢癌可以算是一個年輕媽媽最不幸的打擊，但她認為她很幸運，因為它為她和她的妹妹帶來快樂的時光，加深她與丈夫的關係，為她和她的孩子留下難忘的時刻。

我告訴她，我很佩服她能夠從一個非常黑暗的故事找出它的光明面。

「只有這樣才能度過。」她說。

幸運，就像感恩一樣，並非取決於事件，而是你對這些事件所採取的行動和你對事情的看法。

幾天後，我在洛杉磯，開著租來的車前往聖塔莫尼卡的百葉窗海灘酒店（Shutters hotel）。我一直很喜歡這裡，它有大片的海灘，雅致的裝潢，看起來宛如電影布景中的洛杉磯酒店，不像是真的。我的朋友莫妮卡・荷洛威（Monica Holloway）傍著燃燒的壁爐，坐在大廳的沙發上等我。室外的溫度是華氏六十五度，但在聖塔莫尼卡已是點燃壁爐的天氣了。

「妳的氣色好極了！」她站起來擁抱我時，我說。

「我這個裝扮對午餐來說有點太隆重，」她說，拉拉她的寬版長褲。和她的人一樣，褲子的設計大膽，極富創意。「但我必須從這裡直接趕往艾美獎晚會。」

幾年前我初認識莫妮卡時，對她有點敬畏。她是金髮美女，人很風趣，機智中不失溫暖。再加上，我發現她的丈夫是鼎鼎大名的《辛普森家庭》製作人邁可・普萊斯（Michael Price），我想像她的家庭生活就像情境喜劇中的情節。兩個有趣又有才華的人住在洛杉磯……掌管鏡頭！

但是當我們在百葉窗酒店，面向美麗的海灘邊吃邊聊時，我發現莫妮卡的生活並不那麼簡單。當兩個有趣的人的完美結合感覺上不那麼完美時，她和邁可在某一點上已形同分居。不錯，她現在似乎非常幸運，但那是她努力把厄運轉變為好運的結果。

莫妮卡的童年是在俄亥俄州的一個小鎮度過的，她有個生性殘暴、嗜好凌虐的父親。她的第一份工作是駕駛靈車去機場接死者遺體然後送到殯儀館。在她離開家鄉並結婚之前，她始終沒有安全感。當她有了孩子時，她決定給孩子一個她缺少的歡樂、安穩的環境。但不久她的愛子威爾斯被診斷出自閉症，她記得一位神經心理學家告訴她，威爾斯永遠不會閱讀，或開車，或獨立生活。

「那是最痛苦的一刻。」我們邊喝冰紅茶邊吃麵包時，她說。

但從那最糟的一刻透露出一絲生命或許可以變得更好的訊息。莫妮卡說那次看診後，她非常沮喪又害怕，準備將車子開出停車場時差點撞上一名婦人。「我臭罵她一頓，把我的憤怒一股腦兒發洩出來。我對她大吼：『可恥，妳嚇到我的孩子了。』這時我聽到坐在後座的威爾斯發出咯咯的笑聲。**他在笑！**」他覺得她的暴怒很有趣！

在恐懼中長大的莫妮卡想要一個充滿笑聲與寬敞的房子。起初，有一個害怕任何東西的自閉症孩子對她的打擊很大，「但正因為他害怕，我就必須勇敢！」莫妮卡望著窗外的海灘，愉快地說，「我必須向威爾斯保證這個世界是安全的，所以我自己也必須相信它。」

那天她的兒子在車上咯咯笑讓她意識到，無論他們從什麼樣的惡劣情況展開生活，她仍然可以讓運氣發生。

「我們很會搞笑。」莫妮卡告訴我。

威爾斯現在讀大學了。他能閱讀、開車，過獨立的生活。我不認為這是一個治療自閉症的神奇故事。自閉症是一種有許多階段性變化的複雜疾病，其他家庭也都和莫妮卡與邁可一樣有決心、有愛心、有方法，但卻沒有如此幸運的結果。

我認為更重要的是莫妮卡的態度，她會從任何苦難中找出幸運的結果。我們談到這裡時，她用力點頭。她告訴我，她曾經總結她生命中經歷過的痛苦——一個殘暴的父親、一個自閉的兒子，並對她處理過的那隻殘酷的手產生懷疑，但她後來決定將它扭轉過來。

「我現在可以對任何事一笑置之。開始時看似痛苦的一面，最後都能變成歡笑，甚至是幸運的一面，好比那個淋浴的裸男。」

「裸男……？」

「我沒有告訴妳嗎？」莫妮卡笑著說。

她總結的壞事包括必須動幾次手術的皮膚癌。但在典型的莫妮卡方式中，她也能夠從中找出幸運的一面。（「我現在正在處理一個新鼻子和新下巴的事！」她說，並敘述接下來要做的整型手術。）

其中一個手術發生在她生命中一個挑戰的時刻，當時她和她的丈夫分居，因此動完手術後她沒有回家，而是住進一家專門照顧術後病患的豪華飯店。

「大約在半夜三點半左右，我聽到我的浴室有淋浴的聲音。我迷迷糊糊的，幾乎看不見，但我心想『不對喔』。」她說，「於是我下床，跌跌撞撞地朝浴室走去，發現地板上有一堆男人的衣服，似乎有人脫下來放在那裡。我感覺不對，就進入浴室，發現一個全身赤裸的男人在淋浴。」

莫妮卡大叫，衝出房間求救，但三更半夜宣稱有裸男在妳房間洗澡，不一定會帶來預期的反應。櫃檯的飯店員工冷靜地解釋不可能，她一定是服了止痛藥產生幻覺。

這不是她的幻覺，後來這個神秘地通過層層安檢的無名男子被帶走了。但莫妮卡一刻也不想再繼續待下去，她和她的丈夫邁可雖然分居，但她仍然打電話給他。

「他像個騎士般趕過來陪我，」她說，「我身上穿著圓點絲質睡衣，兩個眼睛和一張臉腫得不像樣，我們都忍不住哈哈大笑。我告訴他，我有十九年沒看過另一個赤裸的男人身體了，現在好不容易有機會，我的兩個眼睛卻腫得看不見任何東西。我們都覺得很好笑，然後他帶我回家，這件事讓我們又和好了。」

我忽然想到，這是因為莫妮卡願意對生命中的荒謬事件一笑置之才為她帶來幸運。大部分人會把動手術、腫脹的臉，和侵入飯店客房的裸男視為一連串不幸事件，但假如你能加入一點笑聲，用它們來為你的婚姻充電，也許你就不是一個倒楣鬼了。你給自己一些對這些似乎無端出現的荒謬事件的主控權，就可以把惡劣的環境扭轉過來，從最不可能的來源和最糟糕的時刻得到好運。

回紐約後，我把我的想法告訴巴納比：運氣不一定走直接的路徑。如同莫妮卡與蘇珊．格林菲爾德所說，有時它從壞的變成好的。

巴納比拿出一張紙，在上面畫了五個大小不同的倒V字構成一幅高低起伏的山景。「我在『運氣實驗室』也做了類似的研究。」他說，「我們研究企業公司如何才能將它們的策略最大化來取得最佳的收益。我們稱之為『爬山演算法』。」

聽起來不像淋浴的裸男那麼有趣，但我點頭，等他進一步解說。這個理論是企業公司（或個人）想攀上山頂，並盡可能長期停留在山頂上。如果你已爬到其中一座中型山的山頂，你必須決定你是停留在那個地方，還是設法爬到另一座更高的山頂上。

巴納比指著他畫在紙上的倒V字，手指放在其中一座中型山的山頂。「如果你想從這裡到那裡……」他移動他的手指，指著其中一座更高的山，「……那麼你就必須先下山。從一座山到另一座山沒有直接的路徑。因此，為了使你得到最好的運氣，你可能必須通過一座山谷。」

過渡絕非易事。如果你想得到更多東西，往往需要冒眼前局勢的風險去取得。停留在中型山不動比較好，還是試圖爬上更高的山攫取運氣會更好？這些也都是我們個人生活中常出現的問題。

我想到我的大學朋友麗雅，她結婚很久了，生了兩個可愛的孩子。在外人眼中她過得很悠閒又很舒適，你可以說她坐在其中一座中型山的山頂上。但她不是很快樂，總覺得她的生活缺少她想要的浪漫、熱情與冒險。想得到這些東西，她必須再爬一次山到另一座山上。

她就是這麼做的。在生命中最糟的一年，麗雅和她的丈夫分居了，接著兩人協議離婚。她搬到一間小公寓，裡面只有少數幾件家具和很多不確定的未來。但她願意冒險達成她想要的目標。幾年下來，她現在和新的愛人快樂地在一起，並計畫未來共同生活——她夢想的生活。她的孩子都能體諒，前夫也和她保持友好關係。她正在向那座她想要的高山——真正的快樂——前進。

許多人認為麗雅有點腦筋不清楚，離開前一座山（亦即她漫長的婚姻）。誰知道以後的結果如何？眼前的未來看起來似乎有點淒涼。但為了得到運氣，有時需要有下山再穿過山谷的意願。為了追求更幸運的人生，你要忍受人生中最糟的一刻（或一年）。

「你必須知道你在追求什麼，以及你願意承擔什麼風險，」巴納比說，「當你在尋求最高的山頂時，你會抓住很多機會。」

公司的立場也大致相似。為了轉型並登上更高的山峰，它們必須穿過那座山谷，而對公司而言，它可能意味者股價下跌或利潤減少。我告訴巴納比我前一天晚上在「網飛」（Netflix）上看了一部電影，於是我們討論公司如何度過巨大的變革。

「事情通常會先變壞，之後才好轉。」巴納比說。

「網飛」的事業是從郵購DVD起家的（還記得那些日子嗎？），還因此造成「百視達」（Blockbuster）破產。它絕對稱得上站在一座中型山丘的峰頂上。但它的執行長里德・哈斯汀（Reed Hastings）環顧四周，意識到他可以在更大的串流媒體視頻山上得到更多的運氣。這是個好主意，然而一旦他從只做郵購服務的模式，轉型到開始嘗試一些引人爭議的價格策略時，公司立即遭到廣泛的抨擊。到了二〇一一年的某一點上，「網飛」股價大跌了百分之八十。

哈斯汀將那個最艱難的時刻轉化成幸運的未來。如果你曾經追劇，迷戀《紙牌屋》（House of Cards）這類風靡一時的節目，你知道該公司已想出一種全新的辦法。他們開始自己製作大型節目，這也是一個很好的運氣。他們爬出山谷，攀上另一個高峰。打從那個最糟的時刻迄今，他們的股價已翻倍上漲了幾百個百分點。

里德・哈斯汀在公司最艱難的時刻也許會有好幾個失眠的夜晚，但許多創業家和公司執行長都經歷過這種不穩定的過渡期。不過我認為，為了追求更好的東西而從高處爬下來——如同哈斯汀和我的朋友麗雅——以及被迫改變——如同莫妮卡與蘇珊・格林菲爾德——兩者間有很大的情感差異。在前者的情況下，你先有一種控制感和對風險的認識，但是當最糟的時刻來臨時，你會有更大的掙扎。你突然降到了谷底，但這不在你的計畫中，你能做的只是了解你所處的地位，然後決定你要開始爬哪一座山。

巴納比告訴我，他在他的「運氣實驗室」和天體物理學家皮爾特．哈特（Piet Hut）——強調試著用更寬廣的眼光去看情勢的價值——討論過這個「爬山演算法」。哈特說，如果你後退一步，想像你從遠處觀看自己，你就能看到四周的山。

哈特應該知道從遠處觀看事情，正如他發現了一顆小行星，因此科學界以他的名字為這顆小行星命名[36]。他也應該知道，將最糟的時刻轉變為幸運的時刻，因為兩者他都經歷過了。他在三十二歲那年就成為普林斯敦高等研究院的正教授，人人都視他為超級巨星。他提出一個用來測量恆星運動的突破性公式，並研發出世界上最快的（當時）超級計算機來模擬星系的活動。但「高等研究院」在頒給他終身職十五年後，又宣稱皮爾特這顆超級巨星更像一顆超新星，會燒毀的那種。他們向法院訴求逼他離職。對他不滿的人說，除了諸多事情之外，他「未能成為傑出的天體物理學家，更遑論該領域的領導者」。啊呀，還有比這更糟的嗎？

不過，持平而論，這對哈特而言並非完全出乎意料。在此之前，他對東方哲學產生濃厚的興趣，因而沒有致力於天體物理的研究。巴納比說，他「研究東方的冥想傳統如何影響西方科學」。你也許可以說，哈特在一座山的山頂上用渴望的眼光注視著另一個山峰。

這起案子最後在庭外和解，哈特同意離開天體物理學部門。他的工作不適合「高等研究院」四個研究部門中的任何一個，因此他們專門為他新設一個跨學科部門。他的最糟糕的時刻從此變成幸運的時刻。

「結果甚至比他所能想像的更幸運，」巴納比說，「他管理他自己的研究領域，他可以不經過冗長的審查程序就聘用任何人，自行決定並創建他自己的活動。如果他想在草坪上舉辦瑜伽營也行。他在學院內享有最大的自由。」

哈特沒有舉辦瑜伽營，但他利用他被賦予的高度自由來研究生命的起源與秩序這類重要的問題。他協助在日本成立一個一億美元的財團來研究這些問題，並在紐約發起一個叫「YHouse」的新組織，它有個明確的任務，就是要了解意識的本質與科學、技術和公民議題之間的關係。如果你覺得聽起來很拗口，巴納比的解釋是：隨著機器人在我們的生活中扮演越來越重要的角色，我們必須考慮的問題也越來越複雜，譬如，機器人是否能產生情感，以及當機器人做錯事時誰來負責。

「這些都是全世界一些最大的科技公司正在思考的問題，皮爾特已成為這個科學領域的國際領導者，一個完全屬於他的階層。」巴納比說，「如果以他先前的職位，他永遠不可能做這些事。」

皮爾特．哈特最糟糕的時刻為他帶來追求真正熱情的幸運機會。他尋求了解的有關生命和意義的最基本問題，也能使我們所有人都更幸運。

無論你是在追求機器人、浪漫或一份新工作，厄運並非永遠都是厄運，有時它只是讓好運發生所需的原動力。

36. 如果你想知道的話，這顆小行星被命名為「17031皮爾特哈特」。哈特還研究過如何防止小行星撞擊地球——這絕對能為我們所有人都帶來好運。

第14章——你家後院的救護車

擔心正確的事情……問正確的問題……

不要自找麻煩……了解你想成為什麼樣的統計……

一個下雨的星期三，巴納比和我例行會面時一直叨唸著健康問題。由於他有兩個年幼的女兒，細菌便成為他關心的問題。他的家庭有一名成員感冒了，結果一個傳染給另一個……許多家有學齡前幼兒的父母都知道這是個沒完沒了的循環。

「我可沒空生病！」他說。道出那些忙碌的人心中的憂慮。

疾病（大病和小病）似乎是我們無法控制的終極厄運。我告訴巴納比，我認識一個跑馬拉松的四十二歲中年婦女，她很瘦，不吸菸，卻被診斷出肺癌末期。這種事似乎令人震驚，而且是隨機的。你又能如何解釋？

最終，可能**有**一個方法可以解釋，研究人員越來越關注疾病的基因與生物學基礎的相關發現。但在科學家有絕對的把握之前，我們仍然對疾病如何隨機發作感到恐懼。一個健康的、不吸菸的人得肺癌？你如何操控這種似乎難以控制的厄運？當我們尋找這些未知的原因時，我們其實和古羅馬詩人盧克萊修（Lucretius）的認知相去不遠，他認為人們是因為空氣中的「種子」而導致生病。古希臘人希波克拉底（Hippocrates）則認為是人體內的四種氣質不平衡的緣故。古代中國醫生認為生病是因為觸怒了鬼神，甚至當今有許多宗教仍相信一些神聖的原因與療法。

你可以透過專注於你**可以**影響的健康問題，而不是專注於你不知道和你無法控制的事物，來得到運氣。一項由「哈佛公共衛生學院」研究人員領導的研究發現，美國每一年有超過一百萬人因為體重過重、吸菸或高血壓而提早死亡。這些提早死亡事件都是可預防的。單單吸菸一項就占死亡人數的五分之一。減重或扔掉香菸不是容易的事，但如果你想增加你的運氣，過完整而健康的人生，這是最好的方法之一。

「人們都把健康看成樂透彩一樣，」巴納比說，「但更多時候，他們是把自己置於自殺的路上，然後歸咎於運氣不好。幸運的關鍵是讓自己走上一條正確的路，再去擔心需要擔心的事。」

我們花許多時間去擔心不該擔心的事，然後從那裡得到大量的協助。你擔心鯊魚攻擊嗎？當然。史蒂芬·史匹柏一九七九年拍攝《大白鯊》，單單美國一地就淨賺約二億六千萬美元。《探索頻道》在一九八八年推出一年一度的《鯊魚週》特別節目，它現在是有史以來播出時間最長的有線電視節目。「探索頻道」甚至播出一部「偽紀錄片」，稱一隻學名為巨齒鯊的史前鯊魚存活至今，還吞噬了一艘遊艇及船員。該頻道有個在線功能，上面列出二十種避免鯊魚攻擊的方法。所以如果你想在水中得到好運，就不要帶著滲血的傷口去游泳；你不該戴亮晶晶的珠寶、穿色彩鮮豔的泳衣游水；如果你曬過太陽後膚色不均勻，你也不該下水，因為你會被鯊魚誤以為是水中色澤深淺不一的魚。

你明白了吧？喔，還有，千萬不能穿濕泳衣趴在沖浪板上，那可能使你看起來像一隻美味可口的海豹。

諷刺的是，根據美國「疾病管制與預防中心」（Centers for Disease Control and Prevention）的統計，美國境內每年只有一人死於鯊魚攻擊，但**每一天**有大約十個人意外溺斃。因擔心鯊魚攻擊而脫下濕泳衣，你可能增加溺斃的風險（穿濕泳衣可以增加你的浮力）。如果你真的想在生活中得到幸運，你可以在海灘上嬉戲，不必擔心鯊魚攻擊或溺斃，但切記開車回家途中不要超速。每天有將近一百個美國人死於交通意外。每天死**一百個人**喔。想要幸運？繫上安全帶吧。

當你專注於真正的事實而不是被激發的恐懼時，你的運氣就會增加。我認識的一個醫生告訴我，他有個病人在二〇一四年十一月來到他的辦公室，向他請教如何避免遭受伊波拉病毒的攻擊。伊波拉在西非確實造成疫情，但她不曾去過西非，她也不認識任何去過西非的人。美國境內只有兩名照顧來自他國病人的護士染上這種疾病。

「只有少數幾個在非洲染上這種疾病的人在美國醫院接受治療，消息卻傳遍各地，」他說，「所以我叫她關掉電視，然後去打一針流感疫苗。」他的建議顯然是有助於她的健康在未來幾個月得到好運的最佳方法，因為每年都有成千上萬人死於流感。但她拒絕打流感疫苗。「她說，她的朋友馬貝兒打了流感疫苗後很不舒服。」這位醫生邊說邊搖頭。

心理學家會談到經驗法則（heuristics），意指我們用來做決定的心理捷徑。查閱統計數字、事實與最佳答案往往複雜又費事，於是我們尋求最簡單的方法。朋友的一句話、新聞報導的故事，或模糊的直覺，都足以影響我們的思路。問題是我們使用經驗法則在某一種情況下也許說得通，但有時它們會導致錯誤的結論。

談論鯊魚比談論安全帶更刺激，談論伊波拉也比談論流感更令人憂心，但深入探討（並試著做一些嚴肅的推理）健康問題是個好主意。那位醫生的建議會比馬貝兒的話讓你更幸運。之前已有數百個病人接受流感疫苗，因此他的建議有事實依據。但馬貝兒的傳聞故事正中你的下懷，成為你的記憶。但在這個案例中，聽從你熟悉與舒適的經驗法則不一定是最好的主意。

我的丈夫是個享有盛名的醫生，他全心全意照顧病人，工作非常忙碌。我的兩個兒子小時候都很習慣他很晚才從醫院回家。他們會穿著寬鬆的睡衣衝過去抱住他，問：「爹地，你今天有沒有救人？」

榮恩是內科醫生，因此他的例行工作和電視劇集《實習醫生》（Grey's Anatomy）的劇情不同。他的辦公室內擠滿普通病患，沒有滿身是血的傷者需要緊急動心臟移植手術，但最近有個病人——我姑且稱她露西——因為頭痛來找他。露西的工作壓力很大，任何內科醫生，特別是像榮恩那麼忙碌的內科醫生，都會合理地立即開治療偏頭痛的藥給她，或建議她做瑜伽減輕壓力。但露西詳細描述她的症狀，經驗和直覺告訴他其中隱藏更大的問題。於是他送她去做斷層掃描，結果一個小時後，他察看掃描結果，發現有一顆腦動脈瘤即將破裂，於是立即讓她住院。如果再多耽誤一個小時，血液流入大腦（叫蛛網膜下腔出血），可能會致命。

「那你救了她的命。」那天晚上榮恩告訴我這件事時，我微笑對他說，「我們應該告訴兒子，他們會以你為榮。」

榮恩是一位非常優秀的診療醫師。萬一露西找的是另一位內科醫生，不知會發生什麼事？想到這裡我不禁打了個寒顫。每年約有三萬人腦動脈瘤破裂，其中大約百分之四十不治身亡。存活的人中，有三分之二以上會永久失能。萬一有了不同的結果，露西的朋友很可能會視之為悲劇事件——你無法阻止，她太不幸了。

但相反的，她平安無事。

那麼，在這種情況下，你如何讓你自己成為幸運的人？你想知道到底是怎麼回事，但要求做更多檢驗不一定能解決問題。根據「腦動脈瘤基金會」（Brain Aneurysm Foundation）統計，因嚴重頭疼送到急診室的病人，只有大約百分之一患有蛛網膜下腔出血。在醫生的辦公室中發現的人數更少。醫生建議患者冥想而不是做斷層掃描，百分之九十九以上是正確的。他可能會開給你止痛加強錠Excedrin，並告訴你萬一更嚴重再打電話來。

當然，對露西而言，那時已經太遲了。病人和醫生彼此都很熟，可以互相討論，知道病情似乎遠非正常，對病人會有很大的幫助。醫、病雙方的溝通與參與都會有所不同。

還有一次，榮恩看出罕見的心臟病，他因診斷出病人即將發生中風而拯救了第三個人。所以，從我的角度來看，想要保持健康上的運氣，最好是確保榮恩是你的主治醫生，但這麼做可能不切實際（而且很抱歉，他不再接受新病人了）。

找對醫生可以改善你的運氣，但鹽湖城「亨茨曼癌症中心」（Huntsman Cancer Institute）的凱文・瓊斯醫生（Dr. Kevin Jones）說，你也必須在自己的運氣上扮演一個角色。一天早上我打電話給他，請教他醫生們都如何做決定時，他告訴我，醫療選擇不一定總是明確的，因此鼓勵醫生和患者進行確切的對話是重要的，如同露西那樣。

「醫學的一大挑戰是讓病人看到有多少不確定性，」他說，「這可能會讓病人感到不安。有些病人喜歡醫生信心十足地宣稱他知道問題出在哪裡。但醫生思考問題的方式和他們與病人溝通的方式是不同的。」

他指出，醫生基本上會照表思考。以露西為例，如果你因嚴重頭疼去找醫生，他會在腦子裡思考很多不同的情況。他也許會認定一種最可能的情況，譬如偏頭痛。但假如你告訴他你這輩子不曾有過如此嚴重的頭疼，他也許會重新考慮。因此，你在自己的運氣上扮演重要的角色，你必須是自己的醫療保健的合作夥伴。

「這就是我們所謂的『鑑別診斷』，」瓊斯醫生解釋，「我們會嘗試針對列表中排第一位的方式治療，但如果無效或有必要進一步檢查，也許我們會進到第二順位。」瓊斯醫生說，你可以向醫生提出一個問題來改善你的運氣：「你考慮的其他可能性是什麼？這真的是那麼容易的診斷嗎？還是你有想到其他治療方法？」

像這樣的開誠布公對雙方都是挑戰，但瓊斯醫生認為這樣更能導致幸運的結果。有些醫生會虛張聲勢，他說，「肯定的態度只要有效，那很好，萬一無效，病人就會懷疑出了什麼事？是我做錯了什麼嗎？還是我的醫生是白癡？事實上最可能的情況只是列表上的下一個方法。」

瓊斯醫生是位骨癌外科醫生，他專門治療兒童與成人中一種叫惡性瘤的罕見癌症。他知道病人來找他時，通常已看過其他許多醫生，並且已感到不知所措。病人通常會去看許多醫生，尋求第二個、第三個，甚至第四個意見，希望改善他們的機會，得到一個幸運的結果。但瓊斯醫生認為，你可以問任何醫生「他們在這個領域的意見範圍內是採取什麼樣的立場，以及他們是保守的或積極的。談到癌症，我會把刀口開大一點，多切除一些腫瘤邊緣。但其他醫生會試圖盡可能接近腫瘤。你不需要尋求第三方不同的意見，你可以問醫生他的想法，以及他與其他人的對比情況」。[37]

幾天後，我剛好陪一個朋友到曼哈頓上西區去找一位醫生。那是一個與紐約長老會醫院（NewYork-Presbyterian Hospital）有關的私人辦公室，我們在等候醫生進入檢查室時，看到牆上掛著一張海報，上面建議病患應該提出的五個問題。這五個基本問題是：

- 我真的需要這個檢驗或程序嗎？
- 它有什麼風險？
- 我有更簡單、更安全的選擇嗎？
- 如果我不做這個檢驗會怎樣？
- 它需要多少費用？

這些問題既簡單又直接。讓我感到震驚的是，展開瓊斯醫生建議的那種病人與醫生間的對話，有助於帶來更幸運的結果。我很驚訝，這張海報強調**挑戰**程序，而非要求更多的檢查。在國內數一數二的這家醫院提醒我們，談到健康，更多的介入不一定能延長你的壽命或你的運氣。在現在的醫學，這是個巨大的改變與新的方向。

後來我又做了一些調查，發現這張海報比我所理解的更重要，因為過度的檢查往往導致不幸的後果。研究人員已為我們提供新的技術和一種字母湯式的方法檢測人體內部——Ｘ光、超音波、電腦斷層掃描（ＣＡＴ）、正子掃描（ＰＥＴ）、磁振造影（ＭＲＩ）、核磁共振成像（ＮＭＲ）、磁振頻譜（ＭＲ）……不勝枚舉。大部分人以為做越多探測與檢驗他們會越幸運，但事實上正好相反。

它可以歸納出世世代代的母親對她們的子女一再重複的話：如果你自找麻煩，麻煩可能真的會找上你。在醫學上，這意味著如果醫生在沒有任何明顯症狀的情況下找問題，他仍然有機會找到可疑的狀況。不確定性也許會導致另一個檢驗，接著另一個檢驗，然後為了確認，也許來一個侵入性的程序，然後，唉呀，產生併發症了。現在你真的病了，因為二度感染、錯誤的診斷，以及不良反應都會要了你的命。我在若干知名的醫學期刊讀過幾篇論文，顯示有些最常見的檢驗——例如心臟病和前列腺的標準篩檢——往往弊多於利。《美國醫學

37. 瓊斯醫生絕對不是第一個看到問題的人。面對任何嚴重的問題尋求第二意見都是個好主意，因為任何人都可能會有疏失。

會內科醫學期刊》（JAMA Internal Medicine）就有一篇文章指出，「沒有什麼檢驗（甚至是非侵入性檢測）是良性的，通常越少越好」。

在美國，過度的檢驗與程序每年浪費約二千億美元。我們先不提金錢，因為太著重費用會使許多人認為如果他們付得起，他們還是要做。但他們這樣做的結果，很可能反而為他們帶來更多不幸的機會。

幾年前，一位著名的運動醫學醫生詹姆士・安德魯斯（James Andrews）懷疑磁振造影掃描是否被過度使用與誤解。安德魯斯醫生知道如何治療運動員——他在一九八五年為棒球投手羅傑・克萊門斯（Roger Clemens）做了關節鏡手術，使他後來又陸續贏得七次「賽揚獎」（Cy Young awards），克萊門斯還公開讚揚安德魯斯醫生挽救了他的職棒生涯。他的其他病人還包括：麥可・喬丹、湯姆・布雷迪、培頓・曼寧，以及德魯・布里斯。

二〇一一年，安德魯斯醫生在一項實驗中對三十一名職棒投手做磁振造影掃描。棒球投手的運氣全賴他的手臂功能，安德魯斯醫生發現其中有二十七名投手的旋轉肌群受損，二十八名投手有肩關節軟骨異常跡象。但令人驚訝的是，每一個運動員都相當健康，投球也沒問題。如果因此動手術將是他們最不幸的事。

「如果你要找藉口為棒球投手做肩關節手術，就叫他去做磁振造影。」他說。

其他醫生也指出，掃描幾乎總會發現異常跡象。「磁振造影報告很少會有『正常』兩個字。我無法告訴你我見過。」麻省總醫院的骨科醫生克里斯多福・狄喬瓦尼（Christopher DiGiovanni）說。

不僅是高敏感度的磁振造影會造成不幸的醫療介入，其他研究也顯示，對一般跑步者進行掃描也經常發現軟骨撕裂與關節韌帶受傷的跡象，即便這些人都毫無疼痛感。將心臟監測器放在一個人身上的時間如果夠長（像現在許多心臟病專家所做的那樣），也會發現偶爾有心跳加速的現象。但如果都沒有顯現症狀，你應該治療這些令人困擾的問題嗎？

一旦開始關注與治療，你很難加以拒絕。最近的一項研究發現，每年有百分之二十五至百分之四十二的健保病人接受非必要的治療。這些都不只是理論上的，因為你或你認識的人都有過這種經驗。我自己就發生過兩次。一次，一個醫生勸我做乳房X光檢查，雖然我還不到四十歲。「為什麼要等？」他問。（我後來發現，如果等到四十歲再檢查，我會更幸運。）檢查結果發現一個小小的顆粒，醫生確信是良性的，「但我們還是應該做個切片檢查。」於是一天早上我早早去醫院，換上藍袍子和紙拖鞋，在冷得半死的等待室等了一個小時，我的丈夫一直摟著我的肩頭保護我。後來我被帶進手術室做切片。報告出來當然是良性的。由於我當時還年輕，乳房攝影假陽性的機率遠大於真正發現乳癌的可能性，所以沒什麼不對的，只不過外科醫生在切片時多切了一點，害我好幾個月以後才恢復正常。

接著，幾年之後，另一個醫生又建議我做掃描，為我那相當正常的症狀「再做第三次確認」。我又同意了，因為你怎能拒絕？這次掃描依舊正常，但意外發現一個很小的東西。假如有發現一個很小的東西，醫生通常會持續追蹤，於是我又做了更多檢驗。追蹤了幾個月後，我終於問放射線醫師她有沒有見過這種小東西變得更危險？她說：「以我的經驗，我沒見過，但不表示不可能。」她有三十多年的經驗，於是我決定夠了，到此為止，但後來我的醫生（令人震驚地）建議我手術。「沒有什麼不對的，但我一個早上就可以做好，妳就可以安心了。」他說。這次我拒絕了，而且大聲說不。我換了個醫生，我不再做任何掃描了。我很好、很健康。

我碰巧是你見過的最沒有醫療焦慮的人之一，所以我安然度過這兩件事而沒有惹出太多麻煩，但它讓我意識到醫療介入如何引發另一個介入，而追求健康竟然也可能導致不幸。據估計，每年有二十多萬人死於醫院犯下的疏失。所以，如果你想保持幸運，不要動任何不必要的手術。除非真正需要，否則遠離醫院。即使你不得不住院，也不要在那裡停留超過絕對必要的時間。

我們大部分都不善於評估風險，而統計帶給我們的驚嚇也往往勝過帶領我們走進幸運的方向。但我有一天早上讀到「貝氏定理」（Bayes' theorem）後，終於明白為什麼檢測有時反而引發更大的問題。托瑪斯．貝葉斯牧師（Reverend Thomas Bayes）在一七〇〇年代提出這個複雜的數學公式，但除了數學之外，它基本上談的是當你有更多特定的資訊時，事情可能會產生變化。

假設有一種致命的疾病，在你的人口統計中每一千人就有一人生病。篩檢你是否有這個疾病的檢測有百分之九十的準確度（意思是假陽性的機率只有百分之十），而且如果你有這個疾病，它的準確度是百分之百。好，既然檢測費用便宜、方法簡單，你又很擔心，當然接受檢查了。幾天後，醫生打電話來，用急促的口吻告訴你一個壞消息，你的檢測結果是陽性的。你掛了電話，鑑於機率，你認為你有百分之九十的機會面臨迅速而恐怖的死亡。

但，先不要那麼快就預訂郵輪做環遊世界的打算，因為事實上你仍有勝算。你比你以為的更幸運。[38]

這時候，我們要用到貝氏定理了。我們給一千個人做這項檢測，然後讓所有有陽性反應的人都登上這艘環遊世界的郵輪。由於這個疾病的罹病率是千分之一，檢測的準確度又是百分之百，這個確實罹病的人一定會有陽性反應。把她送上郵輪。但切記這項篩檢的準確率是百分之九十，所以送回來的報告中會有百分之十是假陽性。一千的百分之十是一百，意思是那些人也有陽性反應。現在我們又有一百個人登上了那艘郵輪。

你的檢測結果是陽性的，所以你也在郵輪上。現在看一下，船上有一〇一個人，而其中只有一人是真的病人。現在你多了點信心了吧？你不在那百分之九十可能罹患這個可怕疾病的人之列，你只有**不到百分之一**的機會。

很酷吧，不是嗎？

這裡面有個很大的變數是一開始有多少人得這個病。如果這個疾病很普遍，上船的那

38. 醫生也對這些統計問題感到困惑。在一項研究中，醫生被告知，接受例行篩檢的四十歲女性罹患乳癌的可能性為百分之一，並在百分之八十時間內發現癌症，同時檢驗報告中假陽性的比例是百分之九點六。如果一個病人的乳房攝影結果是陽性的，她得乳癌的可能性是多少？大部分醫生說介於百分之七十至百分之八十之間。如果你用上面的數字演算一下，會發現它低於百分之八。一千名接受篩檢的女性中，會有十個女性發現癌症，九十六個發現假陽性。再去想想郵輪上那一百零一個人，你就明白了。

群人就會有很多人是真的生病，所以你的機會不是很好。當你以年齡、或地點、或性別來考量時，它的可能性又會改變，這說明為什麼一個四十歲以下的女性做乳房攝影，結果假陽性的可能性會大於真的癌症。因為那個年齡的女性病患不多，所以郵輪上才會有那麼多假陽性的人，真正的病例極少。

當醫療專家小組反對某些檢測時，例如對某個年齡以下的女性做乳房攝影，那是因為這些專家看到假陽性的危險弊多於利。但不可避免的，郵輪上那個真正生病的人因此得救了，那為什麼我們要改變政策呢？雙方都能提出合理的論據。積極的一方會宣稱，政府犧牲人民的健康來削減成本。但也許事實上正相反。當我們削減成本，不再尋找我們想像中以為普遍存在但實際上不一定存在的問題時，反而更能促進我們的健康。有時候做得太多也意味著我們的運氣會逐漸遠離。

無論你多麼謹慎，這個世上仍然充滿病毒與病原體，以及會絆倒你的樹根，而且其中一種很可能找上你。當事情發生時，你要知道如何預期和如何準備才能讓你更幸運。

巴納比告訴我，幾年前他的母親生了重病，必須迅速就醫。當時他們在費城，離聲譽很好的賓夕法尼亞大學醫院很近，因此他將他的母親送上車，載她到急診室。他知道那是一所很好的教學醫院，有能力處理複雜的情況，但他沒有為他看到的場景做好心理準備。

「急診室擠滿了人，許多人痛得哀聲大叫，還有幾個人躺在塑膠地板上。一名婦女哭喊著她胸痛，怕她會死去。」巴納比說，一邊回憶一邊搖頭，「我們在登記時，櫃檯那個人說他們會試著盡快檢查，目前等待的時間是四小時。」

巴納比打電話給一位曾在那間醫院做麻醉師的朋友，看她能否協助。「她嘆口氣說，『美國許多急診室都是這種情況，巴納比，我很抱歉。』」但巴納比不死心，他打電話給他自己的醫生，告訴他情況。醫生明白情況危急，必須處理，於是他們被安排到前面。

急診室的等待時間全國各地不一，最糟的情況往往是外傷或骨折。你痛得半死，希望立刻解決，但以治療類選法，你會被排在後面，因為腳踝扭傷不會立刻奪走你的性命。根據網路媒體「ProPublica」指出，在美國大部分地區，如果你因骨折送到急診室，平均大概要等上一個小時才能拿到止痛藥。[30]

與基層醫療醫師（或家庭醫師）保持聯絡可以在你受傷、或認為你需要急診時增加一點運氣。這些年來，我聽我的丈夫在深夜與病患通話已不下數百次。他總是冷靜地評估狀況，為這位驚慌失措的病人提供意見。如果你沒有基層醫療醫師，現在去找一個是增加運氣的簡單方法。當然，大多數醫生都有許多病人，有些研究也質疑一年一度的體檢是否真的能改善健康。但定期檢查使你和醫生保持關係，他可以協調你的護理，必要時還可以幫你打電話給急診室協助你入院。在健康幸運的抽獎活動中，這點非常重要。

巴納比和我打電話給妮哈．法皮瓦拉醫生（Dr. Neha Vapiwala）——佩雷爾曼醫學院

39. ProPublica網站上有一欄「急診室等候觀察者」（ER Wait Watcher），告訴你在被醫生診斷之前，你可能會在你所在地區的急診室大約等候多久時間——直到你住院或被送回家。等候時間最長的地區是馬里蘭州和哥倫比亞特區。

（Perelman School of Medicine）諮詢院長兼住院醫師部主任——請教她如何在醫院內得到更好的運氣。國內大部分比較好的醫院現在都實施安全計畫，試圖挽救醫療疏失已成為美國第三大死因的悲慘事實。醫療疏失的死亡率僅次於癌症和心臟病，這是相當令人震驚的事。法皮瓦拉醫生建議，如果有人能在醫院陪你，做你的代言人，幫你留意一切，你會幸運得多。

「不要以為別人都知道應該怎麼做，所以你不該問問題，」她說，「還是有可能犯很多錯誤，所以你要相信，但是要查證。」

我想到一個名叫布莉特妮的年輕醫生曾經告訴我一件事。她有個朋友在懷孕初期因併發症入院，一天半夜她被一個護士叫醒，告訴她吃藥的時間到了。「我的朋友說，『妳確定嗎？我住院一個星期了，從來沒有在半夜吃藥。』那個護士堅持，但我的朋友不肯吃。」布莉特妮搖頭，「那時候是三更半夜，她被叫醒，迷迷糊糊的，但她還是質疑！有多少人能這樣做？」她這樣做是對的，因為可以確定的是，那個護士把藥給錯了病人。

「她入院是為了安胎，萬一吃了不該吃的藥，想像一下會有什麼後果。」布莉特妮說。

布莉特妮告訴我這件事時，她自己也在懷孕中，由於她太了解醫院的大小事，這讓她對自己的生產多少有點恐慌。她後來決定請一位陪產婦，這樣可以多一個人問問題，確保不會出任何差錯。

我向法皮瓦拉醫生提起這件事，她立刻同意保持關心可以為自己帶來幸運。「你應該和你的主治醫師和護士輕鬆交談，」她說，「有些人不敢反抗醫療團隊，就像他們不敢招惹為他們上菜的服務生一樣。」但此處的後果比燒焦的漢堡和濕答答的沙拉更嚴重。法皮瓦拉醫生建議，你必須以不帶負面情緒的語氣提問，而治療你的團隊也必須能聽到你的疑慮。

掛斷電話後，我又讀到以色列的一項新研究，報告顯示醫生和護士如何處理加護病房脆弱的嬰兒。研究人員利用模擬情景，發現當嬰兒家長說了粗暴的言語時，醫生和護士會犯更多錯誤，技術品質也會下降。他們沒有報復——他們知道他們被評估——但無論如何，他們的表現還是會下滑。這項研究的作者在結論中指出，粗暴的言語會分散醫生和護士的注意力，從他們必須做的工作抽走他們的認知資源。

「我們都是人，我們都會受粗暴的言行舉止影響。」其中一位作者說。因此，這一切的結論就是：如果你想在住院期間有好一點的運氣，你必須掌控自己的護理，一定要有人為你發聲提問題，但不要以負面的方式，並且避免會引發負面反應的粗暴言行。

太複雜？誰說得到幸運是容易的事？

如果經濟能力沒有問題，在健康方面會更容易得到幸運。我在閱讀相關的主題時，發現若干研究顯示，美國百分之一最富有的人的壽命，比百分之一最貧困的窮人的壽命多十五年。這是個驚人的差距。但這不是新鮮事，至少幾個世紀以來，財富已帶來更長的壽命。標準的解釋是，假如你有錢，你就能請到最好的醫生並得到最好的照顧。或者更重要的是，你有能力去看醫生。一系列報告發現，一些低收入的美國人無法就醫是因為他們沒有經濟能力，從而導致更壞的結果[40]。但這裡面還有更複雜的問題存在。在《美國醫學會內科醫學期刊》發布的一項研究報告指出，美國的窮人因居住地的不同，在壽命上也有很大的差異。它的原因乍看之下似乎是醫療保健造成的差異，但更重要的是個人的行為。濫用藥物與酒精的人壽命比較短；運動、不吸菸、維持正常體重的人壽命長一點。

你當然可以把你的健康問題歸咎於基因不好，但現在大部分研究指出，只有百分之二十五壽命上的差異是由基因引起。無論你的收入多少及家庭背景如何，你都可以透過自己的選擇而獲得良好的健康，而且這些選擇必須是理性的，不能一味追求最新的趨勢或偽科學。我認識一個人，他始終維持無麩質與無肉類的飲食模式（他沒有對麩質過敏，他只是認為不吃比較好），但他同時每天晚上喝五杯葡萄酒。我曾試著告訴他，有實際的證據顯示飲酒過量會造成傷害，而且幾乎沒有任何有關肉類和麩質會致人於死地的報導。他認為他這樣做比較好，但我不認為。

試圖讓自己的健康更幸運可以採取多種形式。巴納比有個非常有錢的朋友住在曼哈頓的一間豪宅，並且在世界各地擁有許多房產。他習慣於掌控生活中的許多事情，因此他花了一些時間思考如何能在健康方面得到幸運。

「他決定他可以在每個家中準備一輛裝備完善的救護車來增加他的運氣，」巴納比告訴我，「在某些情況下，你的運氣由你能多麼迅速得到治療來決定，這樣做可以保證他任何時候都能得到立即的照顧。」

好吧，言之有理。我們買不起自己的救護車，但我們可以以他為榜樣，制訂一套如何在緊急情況下就醫的計畫。我在康乃狄克州的家位於相當偏遠的地區，距離任何一所高效能醫院至少都有一個小時的車程，因此這啟發我去思考萬一發生事情時我該怎麼辦。

巴納比告訴我，他的朋友買了許多輛救護車，並請了許多員工照料它們。我喜歡這個故事，它是以非傳統思維降低風險、創造運氣的一個新奇的例子。但後來計畫生變。有一天，這個企業家在他的加勒比海家中一時興起，決定測試他的救命系統。他衝向等候中的救護車，然後被送上車，一切都按照計畫進行無誤！司機坐上駕駛座，發動引擎，不料引擎毫無動靜，車子無法發動。原來這個司機因為平日無所事事待命太無聊，整天都坐在車上聽收音機的足球轉播，把汽車的電池用光了。

巴納比和我哈哈大笑。你可以用你的控制力讓自己在健康方面得到幸運，但你仍然無法預見一切。[41]

一個星期五晚上，我一邊思索運氣與健康，一邊前往百老匯觀賞新的歌舞劇《土撥鼠日》（Groundhog Day）[42]。當晚的觀眾都是劇評家與記者（這齣舞台劇即將正式公演），所以這是一個重要的晚上。這齣由浪漫喜劇電影改編的舞台劇非常精采，中場休息時，明顯可

40. 英國和加拿大有醫療保健單一支付系統，但這是另外不同的情況。
41. 電池雖然用罄了，但巴納比的朋友依舊生龍活虎，十分健康。
42. 這幾年來我為自己創造的運氣是決定撰寫和戲劇有關的文章——因此我常得到免費的記者票。

以看出主角安迪．卡爾（Andy Karl）將是這一季脫穎而出的明星。他英俊瀟灑又風趣，是個完美的角色。觀眾喜愛他。我也喜愛他。

這齣快節奏的舞台劇需要卡爾大量的音樂演出，但他演來毫不費力。節目接近尾聲時，他從舞台上跑過去，用力一躍，不料落地時發生失誤，他摔倒了，膝蓋受傷。他爬下舞台，節目暫停，帷幕落下。舞台經理詢問台下有無醫生在場。

結果發現卡爾的膝蓋傷勢嚴重，但過了大約二十分鐘後，他決定將它繼續演完。帷幕再度拉起，主角出現在舞台中央，但卡爾無法走路，他倚靠在風景和一根臨時拐杖上。他的臉因疼痛而扭曲，但他仍繼續演唱，台風迷人。巧的是，這首歌的歌詞中有一句「我在這裡，我很好」。觀眾對他報以熱烈的掌聲。

閉幕時，現場觀眾又跳又叫為他喝采。卡爾看到站立喝采的群眾，淚水滑下他的臉頰。他不僅是百老匯的新星，他還是一個很好的啟發。我們都會面臨挑戰，有時你能做的只是繼續往前走，試著在你所處的情況下做出最好的表現。

離開劇場後，我想到我有一個說阿拉伯語的朋友曾經對我說過，在他們國家的語言中沒有意外事故這個詞。「我們會用的詞是『hadit』，意思是更多插曲或事件。」那天晚上發生的事件就很適合以「hadit」來思考。受傷只是那天發生的眾多事件之一，而且是無法預料的事。卡爾早已做好一切準備，他的身體狀況很好（他身上的肌肉可以證明），而且很可能已在排練中做了一百次那個跳躍。

當一件意外事故發生時——無論是膝蓋受傷或意想不到的確診疾病——我們的運氣如

何展開仍然和我們有關。我們可以放棄，哀嘆命運和時不我予；或者我們可以決定面對發生的事，以堅定的決心創造我們自己的運氣，並決定演出（或生命）必須繼續下去。

第15章——如何在災難中得到幸運（自然災害或其他）

盡量收集資訊……花一點時間準備（即使你覺得很蠢）……多動動腦……避免一廂情願的想法。

一個溫暖的五月週末，我返回母校參加大學校友聯歡會。那天下午我從社交應酬中溜出來，坐在一間教室後面，聽一位名叫毛琳・隆恩（Maureen Long）的年輕地理學教授講述地震、海嘯，和其他與自然災害相關的問題。走出教室時我心想，我應該主修地理才對，可見她是一位多麼優秀的講師。

隔週我與巴納比見面時，我提到她的演講啟發我去思考什麼樣的人會在自然災害中倖存，什麼樣的人不會。它是單純的隨機機會，還是這些倖存者預先做了什麼正確的準備？在這種不幸的遭遇中，一定有辦法可以增加你的運氣。

地震、龍捲風、颶風、海嘯，及其他自然災害，似乎每一次發生都令人震驚，但它們仍經常出現。飛機失事不完全是「自然」災害，但它似乎也屬於這一類。你如何成為那個安然無恙的人？

「這是個好問題，」巴納比說，「我也曾經想過很多，因為我的母親曾經當過阿拉斯加州的地震規劃人員。」

我輕輕笑出聲來，我還不曾找到巴納比沒有經驗的話題。他解釋說，他的母親接受藝術與設計的訓練，對地震學一無所知，但她精力充沛，富有進取心，最終還是得到阿拉斯加那個工作。她很快學會這門知識，並嘗試透過學校計畫與公共手冊提高民眾對地震的意識，但每次都遭到脆弱地點的地主和產業業主的杯葛，因為他們不想碰觸這個話題。

「阿拉斯加位於『環太平洋火山帶』（Ring of Fire）上，基本上它是最容易發生地震的板塊。」巴納比告訴我。一九六四年「耶穌受難日」那天發生的大地震，是美國有史以來最強烈的地震，也是世界第二強烈的地震（芮氏地震儀九點二）。由於阿拉斯加人口稀少，傷亡有限，但在地震後發生的海嘯中仍然造成一百多人罹難。

安克拉治市區災情慘重，但地震後不到幾個小時，一個名叫沃利・希克爾（Wally Hickel）的知名房地產商宣布他將重建。巴納比說：「地理學家都勸阻他，但他還是蓋了一間豪華飯店。」[43]

一個土地開發商／政治家為他自己的利益，罔顧長期後果，以自己的名字為建築物命名，也許不是令人驚訝的事。當他後來競選州長時，人們喜歡他對繁榮市區的承諾，因此他當選了州長。假如另一個大地震來襲，他支持商業的遺贈也許就不那麼合理了。

巴納比建議：「任何造訪安克拉治的人如果想得到幸運，當他住進建在地震帶上的飯店時都應該格外小心。」

43. 希克爾的「庫克船長飯店」至今仍然很受歡迎。它有三層樓，五百五十間客房，並且帶動那個地區又陸續興建更多的建築。

談到自然災害，我們都不擅長提前思考。我在旅遊網站TripAdvisor上找不到任何一篇提到希克爾飯店與地震的相關評論，誰又會真的想到這一點？如果你要賭機率，你會估計你登上阿拉斯加郵輪的前一天在安克拉治過夜時，應該不會發生大地震。

但這個機率最終可能對你不利。地球物理學家瑪莉・羅・佐貝克（Mary Lou Zoback）多年來一直嘗試讓舊金山市多關注建築物的地震準備工作，但是和巴納比的母親一樣，她也遇到房地產利益團體因擔憂房地產價值下跌而加以阻撓。「最終他們意識到建築物安全中的基層利益。」她告訴我們。

一九〇六年的舊金山地震約有三千人罹難，一百多年後佐貝克指出，部分市內最熱鬧的地區（如碼頭區和金融區）建立在地震敏感區，一旦發生地震，地面上的建築物可能會很脆弱。

但更好的運氣也正在增加。法律已通過要求人們補強一些舊建築，而且舊金山的所有新建築（正在大興土木中）都必須具備抗震能力。

我對於如何在地震中保持幸運非常感興趣，因此我打電話給我在校友會上認識的毛琳・隆恩教授，告訴她我非常欣賞她對校友的演說。

「喔，我很高興。」她說，「這是一個值得了解的主題。」

電話中的她和本人一樣和氣。她告訴我，她讀八年級時就決定將來要成為一名地球物理學家，所以她上了一些地球科學的標準課程。她對板塊構造運動，也就是研究地球底層的結構深感興趣。「我覺得那是我所聽過最酷的事。」她說。

地球的板塊移動造成地震與火山，但隆恩教授指出，它們也有幸運的一面。其他行星——如火星與金星——沒有板塊構造運動，而且很可能經過了千百萬年，這些板塊運動造就了地球的可居住性。

「我們正試圖了解，是什麼導致地球此一非常特殊的行為：板塊到處移動，海洋地殼再循環重回地幔，形成大陸。」她說，「地球可以在數百萬年內在它的內部和它的海洋間交換物質這個事實，可能在調節地球長期的碳循環方面扮演一個重要的角色。它說明了什麼使生命得以發展的諸多基本問題。」

這聽起來很酷，而且也很幸運。但在短期基礎上，板塊漂移意味著地震比你想得到的多更多。每年有大約十五次七級地震，當它發生時你不會希望碰到，而且其中有許多地震是發生在遠離人群與基礎建設的地方，所以我們不會在晚間新聞聽到這些消息。但二〇一〇年的海地大地震死亡人數超過十萬人（有些估計比這個數字多更多），提醒人們簡陋的基礎建設和完全缺乏準備將導致非常、非常不幸的厄運。

悲劇往往來得太突然，但有時會有一些警告信號讓我們有時間準備。二〇〇四年在印度洋海底發生的九級地震（史上第三大地震），引發一場毀滅性的海嘯。第一波巨浪——真正的水牆——很快肆虐泰國海岸，海灘上的度假旅客瞬間被強大的漩渦淹沒，沒有明顯的方式預做幸運的準備。但在海洋的另一邊，巨浪持續擴散，經過許多小時之後，很遠的地方仍發生成千上萬的傷亡事件。「你必須提前建立系統，以便人們可以得到警告和撤離。」隆恩教授說。因為沒有這些預警系統，這起海嘯在十四個國家造成大約二十五萬人喪生。

科學家不能預測什麼時間和什麼地方會發生地震，但還有其他方法可以獲得警報[44]。「有時你可以在三十秒、四十秒，或五十秒前得到預警。這聽起來似乎不多，但這意味著你可以立刻關掉核子反應爐，讓地下火車離開隧道。這是一項激勵人心的新發明。」日本有這種系統，加州和太平洋西北地區目前也在開發。提前通知表示你也許有足夠的運氣衝到門口，或躲到桌子底下，避免被掉落的碎片砸傷。

自然災害中的普遍運氣往往需要準備周詳的官方計畫，譬如預警系統與更安全的建築法規。但是當政府做得不夠時，我們只能自求多福。即使別人沒有，我們也要想出讓自己得到幸運的措施。

巴納比提議我們找勞倫斯・岡薩雷斯（Laurence Gonzales）聊聊，他多年來一直在研究危險狀況。他觀察荒野事故及飛機失事等各種狀況，試圖了解什麼人可能存活，什麼人不能。我們從與他的長談中發現，談到災難前的準備工作，岡薩雷斯是個計畫周詳的人。他告訴我們，前一天他和他的妻子在一個醫生的辦公室，忽然發生火警。他的妻子當時正在櫃檯簽一張支票，「她毫不猶豫，立刻扔下支票簿快步走向我，我們直接就出門到室外。那是個假警報嗎？通常是。但假如警報響了，你就得迅速離開建築，否則為什麼要有火警警報？」

言之有理，但我們聽到警報響時大部分人都**不會**離開建築物。我們會猶豫，我們會嘗試聽取更多資訊，我們會看別人怎麼做。我們的直覺是相信一切都沒問題。許多年前，我的丈夫和我，以及我們（當時）幼小的孩子，在我們的郊區住家的走廊盡頭房間睡覺。到了大約半夜三點忽然防盜警鈴大作，家裡的電話也立刻響了，是我們的保全公司打來查驗的。我的丈夫起來接電話。「假警報。」他睡眼惺忪地說，然後他告訴對方代碼，說一切都很好。

他掛了電話後我吃驚地望著他。

「你為什麼要這樣做？」我問。

他下床，穿著短褲下樓去尋找入侵者。我不知道萬一他發現有人入侵時他會怎麼辦。幸好那是個假警報，但我們後來經常談到那天晚上的事。

精神分析家史蒂芬．格羅茲（Stephen Grosz）不會為此感到驚訝。他在他的著作《說不出的故事，最想被聽見》（The Examined Life）中指出，我們很難打破我們的習慣模式。我的丈夫能力很強，做任何事都可以自己來，這些特質通常都很好，它們是他本能的應變能力。他從未在我們家遇到不是誤觸的警鈴，但三更半夜聽到警鈴大作，他如果關掉他本能的直覺也許會好一點。格羅茲說，家夜總會發生火警，有些人會先去付帳後快速離開，有些人卻死了，因為他們爭先恐後搶著從他們進來的門逃出去。人們往往會再稍作停留，他們也許聞到煙味，但他們會等到看見火焰再決定下一步。「我們抗拒改變，叫我們做一個小小的改變，即使是明顯對我們有利的改變，也往往覺得比忽視危險情況更可怕。」他說。

勞倫斯．岡薩雷斯指出，我們會建立讓我們適應任何事情的心理模式。他描述他的小孫女不到兩歲時第一次看到垃圾車，車子隆隆駛過時她很害怕、很激動，可是一旦她多看幾

44. 隆恩教授解釋，地震的第一波擾動——稱為P波（主波或壓力波）——傳播速率比具有破壞力的表面波（surface waves）快。「你在有大量儀器並且能快速取得數據的地方能感知到P波，並發出警告。」她說。

次以後，她再也不注意它們了。「她將它融入一種使她能有效地生活的心理模式。」他告訴我們。

長大後，如果你對每件事都感到震驚和害怕，你無法過快樂的生活，或讓自己得到幸運。你適應新環境，你意識並非每一件事都需要你去關注，但有時你會太安於現狀，以致面臨危險時仍不自知。岡薩雷斯告訴我們，在他成長的德州海灣沿岸地區，人們會舉行颶風派對。「你不會離開鎮上或躲進一棟大建築物尋求庇護。你會買許多啤酒，邀請你的朋友過來一起同樂。」他說。幾年前一個非常強大的颶風來襲前，警長到加爾維斯頓海灘附近一排公寓住宅挨家挨戶警告他們颶風即將來襲，勸他們趕快撤離。一群正在五樓陽台狂歡的人大聲嗆他：「嘿，別擔心，我們年年都這樣。」然後朝他揮手大笑。

「那次颶風風浪有三十五呎高，那些人都死了。」岡薩雷斯告訴我們，「這是一個心理模式如何戕害我們的經典故事。」

如果你對那些不會引發問題的颶風、火警和垃圾車都習以為常時，你怎麼知道什麼時候你會遇到一個不一樣的？岡薩雷斯認為，幸運的人是那些對警告標誌更警惕，對近距離的剃刀更不能容忍的人。

「我大半輩子都在駕駛飛機，我的座右銘是我寧願在地面上希望我在空中，也不要我在空中卻希望我在地面上。」他說。當他租一架飛機時，他的第一守則是假如他發現這架飛機有三個地方不對勁，他就不要了。因為他認為其中一定還有更多他沒發現的問題。

我現在明白提前設定參數，也許能在各種情況下發揮作用。那樣你就不會陷入假設一切都沒問題的模式中，你的心中會有指導原則，你的理智的大腦會有目的地覆蓋它們。無論我們的生活如何平順正常，我們仍常在看不出來的災難邊緣徘徊。岡薩雷斯認為，我們「多培養一點謙遜與懷疑的態度」，能讓自己得到幸運。

系統複雜時，災難性失敗的可能性就非常大。岡薩雷斯稱之為「飯局悖論」（dinner party paradox）。想像你在一家有名的餐廳預約訂桌，餐廳規定所有客人都準時到齊後才能入座。你有一些可靠的朋友，他們準時抵達的可能性是百分之九十。問題是，你要邀請幾個朋友才能確定你吃得到這頓飯？

你的第一本能（像我一樣）可能是，盡可能多邀請一些人！我的朋友百分之九十可靠！但如果用數學演算會有令人驚訝的答案。一旦你邀請的人數超過六個以上，你的預約可能注定落空，你們最終不得不去速食店吃漢堡。[45]

「現在，假設一架像DC-10客機那樣的系統，它有二十五萬個零組件。或者太空梭，零組件更多。」岡薩雷斯說，「即使你製造的每一個零組件可靠性高達百分之九十九點九，用算數去運算，它有一定的複雜度，而在這個複雜度之外，肯定還有災難性的失敗。」

當這些巨大的災難發生時，我們的本能就會發揮作用，而且通常導致更強烈的反應。這裡有一種經常被討論的「戰鬥或逃跑症候群」（fight-or-flight syndrome），以及有些腦神經

45. 每一個人的可靠度是百分之九十，所以如果有兩個人來，其中一人遲到的機率就是百分之九十乘以百分之九十，也就是百分之八十一。再多加一個人，你要再乘以百分之九十。一旦你增加到六個人，他們全部準時抵達的機會就會降到百分之四十七，連一半都不到。你們準備去吃速食吧。

科學家所謂的「憤怒迴路」（rage circuit）——請想像你被鐵鎚敲到大拇指時的反應。但要想成為幸運的倖存者，你有時必須壓抑那些本能。「如果在這種情況下你能運用你更高端的頭腦，你的理智的大腦，你就可以開始用一種有利的方式管理這些自動反應。」岡薩雷斯說。

我問岡薩雷斯如何才能運用更高端的頭腦，他的建議是做一些「有花樣、有節奏、有重複性，以及直接朝向某個目標」的活動。編織似乎就很適合，磨刀或彈奏樂器，或打撞球也屬於這一類。「它們都有一種直線式、一步一步參與思考中的大腦、能帶來鎮定的效果。因為它牽涉到腦部的新皮層，能協助你控制你的情緒反應。」岡薩雷斯說。

在災難中，你不會用編織讓自己平靜下來，但岡薩雷斯認為，如果你提早用這些平靜的活動訓練你的神經系統，你會有更好的機會度過災難。「在緊急情況下部分糾正自己，據信是可能的。」他說。

幾年前，我的丈夫在我們郊區的家中親手打造一個寬敞的平台，他花了一整個夏天，每個週末都連續工作好幾個小時，對自己把每塊木板井然有序地排列好並加以固定感到很滿意。不要問我，我完全不懂。但現在我忽然想到，榮恩在他行醫的現實生活中，每天都要面對危機與緊急狀況，他需要那種更高端的頭腦，理性地、不帶任何情緒地處理它們，而親手打造一個露天平台或彈奏樂器（他也彈奏樂器）對他會有幫助。如果是這樣，我無所謂，那個平台看起來的確很棒。

找到一種方法，在緊急情況下用理性的頭腦工作，能大大影響一個人的幸與不幸。岡薩雷斯說，他和他的妻子每次住進飯店，一定立刻到走廊盡頭察看緊急逃生梯，萬一遇到濃煙火災他們必須爬行逃生時，才能從熟悉的環境迅速離開。

「聽起來有點多此一舉，」我說，「你們經常旅行，飯店又很少發生火災，這種事值得你們大費周章嗎？」

「你一定要考慮到風險／獎勵循環，我會有什麼得與失？假如發生火災而我沒有逃出去，我就完了。到走廊盡頭察看逃生口，我只不過用掉一點我寶貴的看電視時間而已。」

好吧，言之有理。但掛了電話後，我想到我們也不該自我欺騙，以為我們可以控制（或預測）每一個災難。就本質而言，災難是難以預料的，幸運的人將是那些無論發生什麼都能保持機智與更高端的頭腦功能的人。你可以到了每個地方都去檢查逃生口，但假如你住旅館期間發生災難，那有可能是完全出乎意料的事。也許你不該打開電視，應該利用多出來的時間編織，為你的大腦功能預做準備。至少，你還可以織出一件毛衣。

當冷靜的頭腦遇到緊急的災難時，也可能會有意想不到的成功。二〇〇九年初，一架美國航空公司班機剛從拉瓜迪亞機場起飛後幾分鐘就撞上一群野雁，兩個引擎都熄火了，機長切斯利．薩林柏格（Chesley Sullenberger）判定他無法及時返回機場，在沒有太多選擇，而且沒有**好的**選擇的情況下，他決定將飛機降落在紐約市內的哈德遜河上。

鳥兒被吸進飛機噴射引擎是常有的事，引擎受損卻是罕見的情況。萬一發生這種狀況，機長還可以用一個引擎正常降落。但兩隻鳥同時造成兩個引擎都故障卻是極罕見的事，在人口密集的曼哈頓島兩千八百呎的上空，誰都不可能為失去兩個引擎動力這種意想不到的意外事故做事先的規劃（或訓練），薩林柏格必須立即做出反應。

在這種無法預見的緊急情況中，如果你能保持鎮定最好，你會根據你的經驗和知識，找出熟悉的模式。如同退休的美國空軍飛行員約翰．威利當時所說：「你帶著你印象中的圖形，把它翻到你認得的那一張，然後把那條河想像成另一個跑道。」

薩林柏格將這架一五四九航班客機降落在曼哈頓市區附近的哈德遜河上。機上組員引導乘客離開機艙，站在浮在水面上的機翼等待迅速抵達的救難船。一架警用直升機帶著訓練有素的潛水人員在河面上巡邏，搭救任何因驚恐而跳入冰冷河水中的人。

機上一百五十五人全數獲救。全世界的電視記者都讚揚它是「哈德遜奇蹟」。薩林柏格立刻成為英雄，他獲得兩位總統召見，以及超級盃賽場全場觀眾起立鼓掌。克林．伊斯威特掌鏡，將他的英雄事蹟拍成電影，片名叫《薩利機長》（Sully），並由湯姆．漢克飾演這位冷靜而沉默寡言的機長。這部電影獲得極高的評價，票房高達二億美元。薩利的家鄉加州小城丹維爾（Danville）市長用一句話總結他的英勇事蹟。

「他必須在兩分鐘內做決定，我都沒辦法那麼快說出我的名字。」市長紐維爾．亞納里奇（Newell Arnerich）說。

空難永遠受人矚目，因為它既不尋常又很可怕，它們讓我們有無法控制的感覺。但在這個案例中，從災難中獲得勝利更引人注目。它提醒我們，任何危機也許有一個偶然的因素（鳥兒。是真的嗎？），但死裡逃生的運氣取決於同樣可以用來定義其他情況的運氣所需要的才能與努力。薩林柏格有四十年的飛行經驗，但最重要的還是他在二百零八秒內從鳥類攻擊到把飛機降落在河上這段英勇事蹟。有時你要等待一輩子才能得到好運，但在危機中，你在幾秒鐘之內就能得到。

如果你不是飛行員，但想在你飛行時保持運氣，有個好消息是運氣已在你身邊。我無意中發現一個非常有趣的（依我看來）應用程式叫「我會墜機嗎？」（Am I Going Down?），它讓你輸入你下次旅行的詳細航班資料，然後利用各國交通局的官方數據告訴你飛機失事的可能性。這個應用程式的研發者提出這個計畫，是為了幫助他有飛行恐懼症的妻子。他的構想是如果你擔心飛行，你不需要服用安眠藥，你只要「服用真相」就行了。譬如，假如你要搭乘英航747-400空中巴士從倫敦飛往紐約的班機，這個應用程式就會告訴你飛機失事的機會是九百萬分之一。你在未來的兩萬五千年，天天都可以搭乘這班飛機而不會出問題。那麼你還需要「贊安諾」（Xanax）嗎？

我和巴納比聊到這裡時，他告訴我他有一次搭乘一架「西斯納」小飛機，飛機引擎在數千呎的高空中忽然失去動力。客艙內一陣不安的沉默。他從窗口往外看，發現飛機的單葉螺旋槳完全停止不動，那一刻他的心彷彿也跟著停止跳動了。幸好飛機駕駛又再度發動引擎。

好消息是，大多數飛機失事不是致命的。在一項有關商用客機失事的研究中，五萬三千人中大約有百分之九十八倖存（我們必須承認，小型的西斯納飛機可能沒那麼幸運）。假如你遇到飛機失事，有辦法得到運氣嗎？二〇一三年，科學家與試飛員故意讓一架滿載感應器與測試用假人的波音727飛機在墨西哥沙漠墜毀，他們發現機艙後段最安全，大約百分之七十八坐在後段的乘客會獲救，最前面十二排就沒那麼幸運了（至於飛機中段——在機翼上方的座位——呃……）。研究人員甚至提出警告，不一樣的墜機方式（例如機翼先著地）有不一樣的結果。

搭乘商用客機失事罹難的總體機會是四百七十萬分之一，因此巴納比指出任何時候他獲得升等頭等艙，他都打算保留。跑到機艙後面不會改善已經不錯的機率，你可以扣上你的座位的安全帶，並且在遇到意外的緊急降落時，屈身抱頭降低衝擊力（如同薩利的飛機上指示乘客做的動作）來讓你自己更幸運。如果你真的很想增加你在飛機上的運氣，不妨戴上口罩或攜帶一大罐Purell乾洗手凝膠，因為飛機上最大的危險是細菌傳染。

每天都有數百萬人在國內及世界各地飛來飛去，我們現在比過去更容易分享理念與新知，但我們同時也在製造一罐巨大的病毒與細菌。巴納比說，大部分細菌會讓你在床上躺一、兩天，「但像伊波拉病毒或噬肉細菌絕對會要人命。流行病學家關切的是，遲早會有一種病原體在科學家找到方法遏止它之前消滅數千萬條人命。」

在這種不安的念頭下，我們打電話給巴納比在牛津時就認識的一位傑出科學家兼數學家帕迪絲．莎貝悌（Pardis Sabeti）。她早在二十多歲時因為研究ＤＮＡ結構改變和改進對抗疾病的方法之間的關係獲得重大突破，因而在學術界享有盛名，現在她是哈佛的正教授，並在劍橋地區以滑輪溜冰、教學，和在一個另類搖滾樂團中擔任主唱而聞名。

二〇一四年伊波拉病毒肆虐西非時，莎貝悌博士率領一組人員利用基因定序的方法模擬這種致命的疾病如何傳播，以及如何改進確認與治療方法。這是個很可怕的疾病，沒有疫苗或藥物可以對抗它，一旦染上會迅速喪命。

莎貝悌博士告訴我們，在疫情爆發期間，她為她的團隊立了三句座右銘，它們可以成為任何人希望在重大爆發期間保持幸運的指南。這三句座右銘是：

一、安全第一。

二、不要心存僥倖。

三、優先排序。

「避開厄運的唯一方法是意識到它可能會發生，」莎貝悌博士說，「我們過去就曾發生過瘟疫，你們必須非常尊重黑暗勢力，不要低估壞事發生的潛在力是避開它們的最好方式之一。」

對莎貝悌博士而言，安全第一意味著要想到在前進時應如何減輕風險。優先排序非常重要，因為「你要想清楚你可以做什麼才能增加價值，而不是騎著馬到處亂走」。

在任何危機情況下，心存僥倖也許是最危險的。颶風來襲時舉行派對，以及火警發生時仍待在夜總會內的人，都是心存僥倖的犧牲者。**不會有壞事發生，因為以前不曾發生過**。伊波拉疫情爆發期間，莎貝悌博士曾對一些決策者感到失望，因為他們採用的方法是「也許它不會傳播到獅子山國，或者也許它不會傳到美國」。奇蹟或僥倖心理都不是做決策的方式。

在危機中創造好運的方法之一是避免壞運氣，而這需要有遠見的睿智計畫。「有些人認為如果你有保險，你會願意讓不好的事發生，但事實上恰恰相反。你要擊破艙門才能逃生。如果你有想過最壞的情況，你會做好萬全準備。在疫情爆發的情況下，我看到有些人是以假設病毒不會突變的前提在工作，但最好是說『也許它會突變，那時該怎麼辦？』。」

莎貝悌博士認為，不要自以為是，也不要過度緊張，就能在危機中得到運氣。她發現自己一再告訴別人：「不要害怕，要有所準備」。伊波拉疫情爆發初期，還沒有任何病例進入美國之前，她在哈佛最大的捐助者會議上發表演說。「我告訴所有億萬富翁，去買一堆可以讓他們在室內待二十一天的罐頭食品。我這樣說並不是要造成他們的恐慌與失常，但我們說，在一個理想的世界裡，你在家中囤積二十一天的糧食，疫情爆發很快就解除了，那時你可以把這些食物送給無家可歸的人。這不是比你等、等、等，腦子裡想著一切都沒問題更好嗎？再說，萬一有問題呢？那時你就會看到電影中人們在雜貨店大打出手的場面。」

疫情爆發期間，莎貝悌博士認為更多資訊能帶來更多運氣。這是放諸四海皆準的事實。分享發現通常能導致更好的公共衛生結果。對個人也是如此。如果你了解正在發生的事，你就可以採取理性的方法避免集體歇斯底里。她目前正試圖建立一種全球性的疫情爆發監視系統，從哈佛大學生一旦感染時可以使用的一個應用程式開始。他們輸入他們的症狀後就會出現資訊，告訴他可能有什麼問題。一個人的診斷很難看出傳染疾病，「百分之九十九的時候你不知道它是什麼，只希望它不是致命的疾病。」她說，但是當它成為有多個採樣的共享事件時，信號雜訊比會提高，看出疫情開始爆發的機會就會增加。

「你要有一種讓人感到舒服的系統，這樣在危機情況下他們才會立即運用它。」她說，「這就像我在旅行時所做的綁架訓練一樣……」

「妳做綁架訓練？」我驚訝地打斷她的談話。

「是的，好幾次。在危機中，你的視野會變窄，你會失去你的邏輯立場，一切都變得非常黑暗。在你開始之前，你會想要把一切都掌握在你手上。幸運與存活的關鍵是了解你能掌握什麼和不能掌握什麼，這樣才能避免恐慌。」

無論你如何擅長把握機會創造幸運的人生，有些事還是能把你推倒。疾病、死亡，及政治動亂（或綁架）都能推翻最完善的計畫。事情會改變，而且往往意想不到。如同作家瓊・蒂蒂安（Joan Didion）在她的丈夫因心臟病發作倒在他們家客廳後不久所寫的：

「生命迅速改變
生命在一瞬間改變
你坐下來吃飯，然後你知道生命結束了。」

蒂蒂安對悲劇的平凡性感到震驚。「面對突如其來的災難，我們會想，竟然在多麼不起眼的情況下發生難以想像的事，」她說。悲劇可能來自晴天，而且往往是字面上的。二〇〇一年九月十一日的早晨天空晴朗無雲，人們往往用一種驚嘆的語氣來形容那天早晨的陽光，彷彿在那兩架飛機擊中世貿中心和五角大廈之前，應該有一些更大的警訊，例如一些烏雲和雷雨。

對莎貝悌博士而言，她個人遇到災難那天也是個晴朗無雲的天氣。伊波拉危機過後，她應邀在一項世界領袖會議——就是政治家、名流、矽谷明星及世界各國領袖齊聚一堂的那種場合——開幕式發表演說，你可以想像艾希頓．庫奇（Ashton Kutcher）與墨西哥總統、參議員柯瑞．布克（Corey Booker），和一位高科技執行長坐在一起的畫面。早上他們聽精采的演說，下午則在莎貝悌博士形容為「瘋狂而風險太大」的體育活動中相互交流。

擔任這種集會的重要演講人是一件大事，莎貝悌博士為了準備這一天的活動，練了一個半小時的伸展與倒立，「和其他瘋狂的事」。她的演說頗受好評，事後每個人都忙著圍在她身邊討論。「人們開始衡量我下午要做什麼。」她說。她最早是計畫參加攀繩活動，但她發現前一年有個與會者因為攀繩摔斷了腳踝，因此她改參加ATV（適合各種地形的越野車）冒險之旅，因為她聽說這是最安全的選擇。

「某種程度上，在這種情況下，我只看到它的表面值，沒有再多問一些有關安全的特定問題，」她說，「我完全不知道，雖然我們是在路上，但那是一段兩百呎的陡降坡。駕駛失控跳車，我們全部從懸崖上摔下去。」

被拋出車外後，她摔在巨石上，骨盆與膝蓋骨斷裂，頭部外傷。莎貝悌博士被直升機從蒙大拿送往西雅圖一所創傷中心急救，四天內共接受二十五小時的外科手術。「醫生說我有百分之五至百分之八的存活機會，大部分有這種多重創傷的人最後都傷重不治。我是最不幸的人當中最幸運的一個。」

鑑於她在處理危機與災難方面的經驗，莎貝悌博士一直在心中反覆琢磨她自己的意外事故。她認為，即使是在不可預見的情況下，準備還是有幫助的——她的體能很好，肌肉很快就再生了，她的身體也有足夠的韌性承受每天輸血。

「我的身上有四十塊鋼板，我有嚴重的腦震盪，整整四個月無法讀寫。我的視力變差，並且有長期暈眩，大部分像我這種狀況的人都再也無法重返工作崗位。」她說。但她現在又回到她的實驗室，雖然花了許多個月，但她又再度醞釀她所關心的構想。

經歷任何災難——地震或颶風，飛機失事或伊波拉疫情爆發，或毀滅性的意外事故——之後，倖存者都無法重返他們過去的生活。他們永遠改變了。他們為他們能活下來的隨機機會感到震驚，同時又意識到他們自己的行為影響了他們的命運而感到有點不知所措。在最不幸的情況下，他們找到一個使他們成為倖存者的方法。這是可怕與發人深省的。莎貝悌博士的肉體掙扎也許永遠不會消失，但她會繼續為她自己和其他人創造運氣。

沒有人願意遇到地震或颶風、飯店火災、飛機失事，或毀滅性事故也不會帶給你許多好處。成為一個幸運的倖存者可能會感到非常偶然，但是願意準備、冷靜思考，並運用更高端的頭腦能帶給你一點點幸運。這一點點幸運也許就會造成很大的差異。

PART 5

遠大的目標

在人性中任何事都有可能發生。愛、瘋狂、希望、無限的喜悅。

——**阿蘭達蒂・洛伊**（Arundhati Roy），《微物之神》（The God of Small Things）

第16章——幸運之路：找到你的羅盤

知道你有很多可能性……用羅盤導航而不是用地圖……彈出下一個音符來得到運氣。

一天，巴納比從他的「運氣實驗室」回來，為我們的探討進度感到興奮。他相信我們已經發現在許多方面創造幸運機會的方法。下一步他要思考的是，在更大的背景上，運氣意味著什麼。

「我們還有一個大問題是，什麼是幸運的人生。」他說，「我們已經找到幸運人生的所有成分，但現在你要用正確的方式把它們組合在一起。」

我們找到的成分包括以各種方式為自己創造更多的運氣——事業成功、對你的孩子有信心、充滿活力的愛情生活，以及把壞日子變成好日子的能力。這些都能讓你感受到你有能力支配未來，但是當你把這些幸運的成分組合在一起時，它們加起來有什麼更大的意義？

「這有點像做麵包，」巴納比說，「你有鹽與麵粉和水，但你如何把它們混合起來做出種種不同的東西。你可以做成一條白吐司或一大塊辮子麵包。你必須知道你比較喜歡什麼，以及你想做什麼。」

巴納比不是要我去烤一條白吐司或辮子麵包，葡萄乾罌粟籽全麥麵包（或任何不尋常又有趣的東西）還差不多。但我同意他的重點，在運氣和人生方面，如果你不知道你要往哪裡走，你哪裡都去不了。

幾年前，巴納比在調查生命的意義與目的這個廣泛的主題時，曾對大學校園的學生進行了一項研究。他想知道讀大學如何幫助他們達成更大的人生目標。但他很快發現，大多數學生都**沒有**更大的人生目標。

「他們對於生命中什麼對他們很重要，缺乏一種更寬廣的眼光。」巴納比說。他在全國各地校園遇到的學生，對於畢業後的前途都描述得很模糊。當他詢問他們想做什麼特定的工作時，許多人不安地停頓，或做出「任何可以找到的工作」或「高收入的工作」這類含糊不清的答覆[46]，不是只有職業方面缺乏清晰度。巴納比說，如果有人說他想結婚，想要有一棟靠海的房子，或者想回到他的家鄉幫助他生病的父母，他會很高興，只要能顯示對人生和最終目標有更深刻的思考都好。

「當你有抱負時，把抱負化為現實是困難的。要得到運氣，你必須提前思考，並了解對你來說什麼是重要的。否則河流把你帶到哪裡你就停在哪裡。」他說。

「我想這就叫隨波逐流。」我笑著說。

「但你必須把自己放在正確的地方，運氣才會找到你。」巴納比懇切地說，「你的目標對你的結果有很大的影響。」

46. 唯一顯著的例外是學生們走向專業學校，如醫學或建築，這些學校需要大量事先計畫。

我們大多數人都明白我們無法控制一切。我們在調查中詢問人們在自己的生活中獲得幸運的因素，「審慎規劃我的生活與事業」是最後一名。超過一半以上的受訪者認為，如果他們在前一個工作不成功的情況下嘗試新的方向，他們的運氣會增加。最大的比例（百分之六十四受訪者）認為，他們因為有好奇心和尋找新的機會而得到幸運。

但巴納比指出一個重要的微妙之處。我們的受訪者完全正確，你不能控制一切，而且你必須樂於接受新的機會。辨識這些可能性（通常在別人看不到時）的能力讓你得到運氣，這正是它微妙的地方，你需要一個背景，這樣你才能看到你周圍的東西。

回到巴納比的麵包譬喻。你的廚房也許有麵粉、水和鹽，但假如沒有一個與烤麵包、吃麵包、或販售麵包的相關目標，這些食材就只能文風不動地擱在那裡。一旦你拿出你的廚房家電開始做麵包，你看其他東西的眼光就改變了。你看到幸運的魔法發生的可能性。那幾包被你塞在櫃子裡好幾個月（沒有被發現）的水果乾、葡萄乾和碎巧克力，突然發揮新的潛力。你打開包裝，將它們拌在一起，做出一條美好的新麵包。當你在市集上贏得藍帶獎時，你可以謙虛地將它歸因於櫥櫃中發生的隨機機會，但如果把它想成有計畫的意外收穫會更貼切。你事先沒有想到會有那個特殊的結果，但是當你走上正確的路（做麵包）時，你會去注意那些機會，然後看到別人沒有看到的。

做麵包的真實情況如此……成立航空公司的真實情況也是如此。巴納比不久前與東尼・費南德斯（Tony Fernandes）——不提供非必要服務的廉價航空公司「亞洲航空」的創辦人——會晤。在談話中，費南德斯謙虛地將他的成功歸因於機緣湊巧。他告訴巴納比，他一直在思考如何為超過半數以上沒坐過飛機的亞洲人創造一種低成本的飛行方式。他在尋找正確的切入點。二〇〇一年「九一一」悲劇發生後，租賃飛機的成本大幅下降，比較容易進入這個行業，誠如他所說的，機緣湊巧。

或者不是。

「我不知道二〇〇〇年年底你在做什麼，但我在這裡，我可壓根兒沒想到要買一家航空公司。」巴納比告訴我這個故事時，我說。

「是的，他把他的成功歸因於機緣湊巧，話是沒錯，但他早就在籌劃，並等待最好的時機。當機會出現時，他看到機會抓住運氣，因而使他成為億萬富翁。」[47]

小時候，我把人生看成一連串必須通過的考試，我下意識地認為，我必須努力用功拿到Ａ的成績，往後才會有幸福的人生。但到了二十多歲時，我意識到人生和學校完全不一樣，它不是一成不變的上課和考試，最後贏得方帽與長袍。現在我有無窮盡的工作機會、愛情，以及可能的任何地方得以冒險。

回顧我自己的經驗，我可以理解為什麼巴納比訪問的大學生對未來的概念似乎十分模糊。中產階級孩子的成功之路非常明確：在學校表現良好、ＳＡＴ測驗取得高分、進入大

47. 費南德斯後來與馬來西亞總理會晤，洽購政府持有的一家即將破產的航空公司。事情談妥之後，他將他的房產拿去抵押貸款，湊齊了資金。不到一年，他已抵銷債務，並推出廉價機票，嘉惠那些從未坐過飛機的人。

學。然後你畢業了，而成長的一部分是發現你必須選擇自己的路，創造自己的運氣。

巴納比指出，我們對於什麼是重要的，以及什麼是幸運的人生的觀念會隨著年齡改變。在你讀中學時，田徑比賽獲勝可能是世上最重要的事，但現在那座冠軍獎盃也許早就被塞在櫥櫃深處。幾年之後，你也許會花幾個月時間執著於有個完美的婚禮，但現在你有了四個孩子和兩條狗，你已不記得為什麼那一天那麼重要了。

獎盃和婚禮也許都是幸運人生的一部分，但單一事件（任何形式）只有在切合更寬廣的目標時才能帶來運氣。譬如，小時候就當上童星似乎是世上最幸運的事。琳賽．蘿涵（Lindsay Lohan）十二歲時演出她的第一部迪士尼電影，得到極高的點擊率，使她在還不到可以開車的法定年齡時就成為青少年的偶像，多麼幸運啊！她一定有這種感覺。但她後來吸毒並接受治療，由此顯示她一點也不幸運。

但琳賽．蘿涵現在也才三十多歲，所以她也許會扭轉這些不堪的過往繼續往前邁進（茱兒．芭莉摩早期的情況和她相似，但她轉變了）。她在幸運的路上，但摔了一跤。她可以重新再來，或選擇一條不同的路，或者從更大的意義上找出能為她帶來幸運人生的東西。

比她更年輕的女星艾瑪．華森（Emma Watson）的第一次職業演出是在紅極一時的《哈利波特》系列電影中飾演妙麗．格蘭傑。唉！繼蘿涵之後，我們都知道童星會有什麼結果。然而艾瑪非常理智，她花時間拍其他電影，從布朗大學畢業，在國際上支持婦女權利。對了，她還取得瑜伽老師的認證，並學習禪修，這樣她就可以「一直自在地做我自己」。在《辣媽辣妹》或在《哈利波特》中演出只是單一事件，無論你把它變成幸運的人生或災難的人生，決定性的關鍵是你用它來做什麼——你要走的路、你踏出的下一步。

這讓我想起偉大的爵士樂手邁爾士・戴維斯（Miles Davis），他常說：在爵士樂，沒有彈錯音符這回事，而是你彈出的下一個音符使它變成對或錯。他也可以這樣說：爵士樂沒有彈對音符這回事。你可以從美好的東西開始，然後把它變醜變壞；或者從最平淡無奇的聲音開始，然後把它變成一首歌。能夠即興彈出任何連續的音符，這就叫爵士樂。你也可以說它是讓你在人生中得到幸運的東西。

爵士樂俱樂部讓人興奮的一點是聽一個樂手回應另一個樂手，承接他彈出的音符，或者改變它，或者將它演繹得更廣、更豐富。最重要的是要搭配得天衣無縫。

通往幸運的路有時是多變的，但我們似乎（不知不覺地）認為人生應該是平坦的。當一個努力的人有了好的結果時，我們會鬆一口氣說：「應該的。」當我們聽說一個名人遇到困難時，我們會表示同情但不會太驚訝。它使他們變得更人性化。沒有人能擁有一切。

我在思考幸運的道路——以及如何上、下——時，接到約旦的塔拉勒王子（Prince Talal of Jordan）的電話，他正訪問紐約，打電話約我見面。由於我們都在同一個國際組織，彼此已相識多年。我一直很喜歡和他談話，因為他很有智慧，懂得人生的奧妙。很高興我能和他在聖瑞吉斯飯店見面一起喝咖啡。

塔拉勒王子的祖父是國王，伯父也是國王。我們坐下後，我忽然想到幸運之路對他而言不是非常困難。一個王子——從定義上——打從一出生就是幸運的。運氣也許不會從天上掉下來，但它卻能來自遺傳。儘管塔拉勒王子這天穿得很休閒（一條合身牛仔褲和一件James Perse T恤，如果你一定要知道的話），他仍散發出一股皇家氣勢。

他和藹地詢問我的工作，於是我們聊起運氣。對於人必須選擇並創造自己的命運這件事，他想了一下後發表了一點意見。我一面撫弄我的咖啡杯，問道：一個王子，一輩子都被尊稱「殿下」的人，是否能理解創造自己的運氣這個概念？

「我當然可以。」他邊說邊皺起他的一對濃眉。

「有些人會說你不必去創造你的運氣，它已經交給你了。」我謹慎地說。

他灼熱的眼神清楚表明，他不會為那句新聞報導中常見的退一步的用詞「有些人會說……」而上當。

「妳是這麼想的？」他問。

我清一下喉嚨，喝一口水。「你說呢？」我說。

於是他說了。

運氣已經交給他？不完全是。塔拉勒王子十六歲那年，有一天他在紅海的阿卡巴灣（Gulf of Aqaba）滑水，小艇的駕駛太靠近一處防波堤，以致塔拉勒高速撞上去，結果造成嚴重內傷，在休士頓衛理公會醫院（Methodist Hospital in Houston）住院八個月，幾度在死亡邊緣徘徊，最後失去半個肝臟和一部分肺臟。

「住院八個月？」我問。

「當你在那種情況下時，你不會有更大的遠景，」他說，「你只能過一天算一天。」

無論是否擁有王室血統，他都無法期待任何人能拯救他。八個月來，他堅持不懈，他活下來了。出院後，他從英國皇家軍事學院畢業，又是一條好漢。防波堤意外發生十年之後，就在他與美麗的姬妲王妃（Princess Ghida）結婚六個月時，他又遭遇第二次打擊，被診斷出癌症（非何杰金氏淋巴瘤）——也許是他第一次受傷時服用的藥物引發癌症，或者是併發症，於是他又再度住院治療。[48]

「在那個年齡，你只想活下去，你會貫注所有的精神。」他說。

聽他的敘述，我這才明白為何創造運氣是一個如此引人入勝的話題。因為每一個人——無論你是誰，無論你的出身如何——都必須遵守它的規則。隨機事件會發生，但你可以選擇如何處理它們。你在那個點上投入努力、韌性、決心與堅持，它會給你幸運的人生（或者不會）。塔拉勒王子沒有屈服，也沒有放棄。他又第二次竭盡全力，繼續重建他的人生與身體。他回到他先前選擇的那條路，繼續他的軍旅生涯，並晉升最高軍階。他的身姿英挺（儘管我沒有彎腰駝背，但他讓我覺得我有），有一股永不放棄的傲氣。

「我聽說你現在跑馬拉松。」我說。

他糾結的濃眉鬆開了，露出淺淺的微笑，「我不是很喜歡，但它是繼續前進的最好選

48. 塔拉勒王子的家庭環境當然讓他得以獲得那個地區無法提供的最佳醫療照顧。他的妻子後來成為約旦「胡笙國王癌症中心」董事會主席，並協助將它變成一所國際知名的醫療機構。我和她談話時，她說她決心讓該地區的每一個人都得到她的丈夫曾經得到的醫療品質。她對我說：「我的丈夫罹患癌症時，我有特權前往美國探視。我深深關心其他妻子、其他母親、其他姊妹也能有我以前曾經擁有的希望。她們的眼淚和我的眼淚是一樣的，她們的愛也和我的愛一樣。」

擇。」他用優雅的英國腔說。

今天的塔拉勒王子健康又強壯，瘦瘦的骨架上看得出層層肌肉（是的，我注意到了）。你要鍛鍊才能得到這種身材，不是靠運氣。

「我認真對待自己的任務和責任。」他告訴我。

幾年前，我在一個場合第一次遇見塔拉勒王子時，我眼中的他是一個享有特權與財富，存在於我只能想像的菁英圈內的人。他穿著一套剪裁極為合身的英國西裝，飾以黃金袖釦和口袋方巾。當時我並不知道他的意外事故或癌症，或堅持不懈，讓他在人生被顛覆時支撐著他繼續往前走。現在我才明白，無論你是王子或國王，都不能保證你會有個幸福快樂的人生。你和其他每個人一樣，要自己創造自己的運氣。塔拉勒王子知道，無論他擁有什麼天賦都有可能被輕易奪走，這使他憑自己的力量走上幸運之路。當你為你自己和你家人未來的幸福而奮鬥時，你會有最好的機會得到幸運。

再下一次見到巴納比時，我告訴他我和王子的對話。讓我震驚的是，當你只看外表時，你很容易誤判運氣的來源。我認為王子的堅忍不拔為他帶來運氣（遠遠超過家庭與頭銜），這個看法是正確的嗎？或者我只是被他的王室風範迷住了？

「不，妳是對的。」巴納比說，若有所思地點點頭。「妳不會因為單一事件而得到幸運，即使它是妳的出生狀況。」王室出身和成為迪士尼電影的童星一樣，最終有可能成為琳賽．蘿涵或艾瑪．華森。

「就創造幸運的人生而言，一切都和其他許多發生的事息息相關。無論你從哪裡開始，最終會有一個巨大的因果關係互相帶來運氣。」巴納比說。

處理那些情況，讓每一個環節都到位，是增加運氣的一種方式。但試著**預測**將會發生什麼，不一定會增加你的運氣。每天都有千百萬億個可能性圍繞著你，其中一個或另一個產生微小的變化都可能導致一個新的和意想不到的結果。科學家將它稱為「混沌理論」（chaos theory），這是數學家及氣象學家愛德華・諾頓・羅倫茲（Edward Norton Lorenz）利用電腦模式預測天氣，結果出現極大的誤差後，首度提出的理論。羅倫茲最後發現，他輸入的數據如果和第一次的數據有極微小（真的很小、很小）的差異，結果會完全改變[49]。這可能是有史以來為天氣預報誤差而做的最精細的解釋。

羅倫茲又指出，在初始情況下的小誤差會不斷以倍數產生變化，從而改變隨後發生的一切。他提出如今經常被引述的蝴蝶譬喻——一隻蝴蝶在巴西舞動翅膀，結果導致美國德州產生龍捲風。蝴蝶振動翅膀激起的分子只能改變一點點大氣，但這個變化會逐漸擴大到全世界，於是不穩定的空氣便形成肆虐德州高級住宅區的龍捲風。說不準還掀翻一位前總統的房屋，使他不得不從瓦礫堆中被人救出。

「為什麼會發生這種事？我哪裡做錯了？」他問。

他一生做過的錯事也許多得可以列出一張表，或者很少，但這都與龍捲風或瓦礫堆，

49. 他當時輸入 .506，但他後來發現他應該輸入 .506127才對。

或這位前總統如今無家可歸的事實無關。

聽起來很有意思吧？科幻小說家往往比科學家想得更多，這是常有的事。作家雷·布萊伯利（Ray Bradbury）在他的短篇小說《雷聲》（A Sound of Thunder）中想像一群獵人回到恐龍時代探險。他們將一切都安排妥當，不至於擾亂歷史（譬如，他們只能射殺一頭垂死的恐龍，牠反正快要死了），但旅程結束後他們回到他們所處的時代，卻發現它改變了，不久前的選舉結果竟然由不同的人獲勝。其中一名獵人後來發現他的靴子底下沾著一隻被踩扁的蝴蝶，這才意識到之前那個恐龍時代的蝴蝶之死導致相當的變化，以致選舉結果都改變了。

我試探性地問巴納比，他是否認為混沌理論會使我們的幸運理論受到質疑。如果一隻蝴蝶舞動翅膀或被一隻靴子踩扁可以影響龍捲風和選舉，我們又怎能對控制自己的人生和運氣有所期待？

巴納比身體往前傾，急切地說：「任何時候你聽到有人提到蝴蝶效應，你都必須記住還有其他千百萬個事件也在同時進行，有那麼多蝴蝶在舞動翅膀！每一隻也許會產生下游效應，但你同時也有很多機會去影響並改變事物。」

我微笑。對啊！即使那隻蝴蝶（在某方面）引起風暴，你也有機會去蓋一棟不怕龍捲風的房屋，或者你可以選擇住在一個不會發生龍捲風的地區。

「最嚴重的是你覺得你無法控制任何事並害怕嘗試，那你只好任蝴蝶擺布，或者任他人擺布。」巴納比說，「你不要做那種坐著苦等事情發生，然後哀嘆說好就是好、不好就是不好、你無能為力的傻瓜。只有在沒有人同時採取任何行動的情況下，蝴蝶才會引發龍捲風。」

「我喜歡這種態度！」我笑著承認。

對這個話題充滿熱情的巴納比，說話速度開始加快。「我們都有許多機會去改變事物，你不是一直只有你手上那幾張牌，你要跟別人換牌，並決定你要留下哪些牌和拋出哪些牌。」

那天早上他正在閱讀古代的「命運三女神」，希臘和羅馬神話中的女神，藝術作品中常將她們描繪成紡織生命之紗的女神。她們決定生命在什麼時候開始和結束，但她們不干預中間發生的一切。

後來的許多宗教也有類似的概念，有些事是確定的，但仍然有許多是我們可以掌握的。「如果你什麼都沒做它仍然發生，那是天命；但命運就是你的潛力，它需要你去行動。」巴納比說。這讓我想起一個老笑話：一個人每天都在祈禱他可以中樂透彩，但每次開獎他都沒中，於是他又努力禱告，但一次又一次樂透彩開獎，他依然沒中。

「神啊，我是個好人，我很虔誠，我有道德，為什麼祢就不能讓我中一次樂透彩？祢到底還要我怎樣？」他焦慮地問。

神回答：「也許你可以幫我一個忙，好歹去買一張彩券。」

巴納比大笑。「富蘭克林會喜歡這個笑話。我想那句『天助自助者』就是他說的。」

我們查證了一下，發現索福克里斯（Sophocles）是第一個在公元前四百年左右說出類似這句話的人。尤瑞皮底斯（Euripides）和奧維德（Ovid）也有相似的版本。十七世紀的法國與英國哲學家使它廣為流傳（詩人兼牧師喬治・赫伯特〔George Herbert〕就說過：『幫助你自己，神才會幫助你。』）[50]，後來富蘭克林將這句話帶到美國。換句話說，運氣降臨在那些自己創造運氣的人身上，這個概念在詩歌與宗教上都有深遠的根源。

巴納比指出，無論你是什麼宗教信仰，無論你相信天命、或命運、或自由意志，大多數人最大的遺憾來自於他們回顧過去時，感到他們沒有盡足夠的努力去發揮他們的潛能。幸運的人是那些敢於冒險，有一點無所畏懼，盡全力去達成目標的人。嘗試過後但失敗勝過永遠都不嘗試。

「如果你參加奧林匹克田徑賽沒有得到金牌，至少你參加過奧林匹克了，」巴納比說，「最大的遺憾和不快樂來自如果你不嘗試，你會一直猜測可能的結果。」

要避免這些遺憾，意味著你要有一個目標，並知道最終什麼會讓你感到幸運。這並不表示你必須走單一路線，並且一直停留在那裡，而是你必須知道你的前進方向。我告訴巴納比，我想到伊藤穰一（Joi Ito）——創業家及「麻省理工學院媒體實驗室」（MIT Media Lab）主任——說過的一句話，他說：用羅盤導航人生會比用地圖更好。我喜歡這個意象，並且想到這正是得到幸運的方式。有了羅盤，你還需要知道你要走的大方向，然後當你走在自己的道路上迂迴曲折的彎道時要保持警惕。一張地圖（或Google地圖）給你的是一條固定的路線，當你步履艱難地往前走時，你也許會錯過通往運氣的彎道。

「當然。我曾和伊藤穰一共事過，」巴納比說（他當然有！），「他是個天才，常談到科技界的變革速度快得難以置信。有趣的是，隨著事物的變化越來越快，這個羅盤的譬喻也更貼切。」要在一個快速改變的世界中創造運氣，你必須有一個要往哪裡走的整體概念，但你同時也必須保持彈性和轉彎。走正確的方向不表示你一定要緊跟著你的衛星定位上的點線走。如果其他人也都走那條路，你或許要選擇一條不同的路徑。

用羅盤導航需要你多一點無懼，但它會帶來伊藤穰一所說的那些幸運機會。我熱愛運動的丈夫和我經常在山林裡長途健行，他就是一個羅盤型的人。他知道他的前進方向，但他要走他自己的路線。不久前有一天，我們在一條漂亮的山徑健行，我因為擔心腳下突起的樹根、鬆動的石頭，和忽然冒出來的蛇，因此我一直低頭看我腳下的每一步。我並不真的知道我們的前進方向，我只是跟在他後面，想著我的下一個腳步。

「妳有看到那隻雄偉的老鷹嗎？」我們快到山坡頂上時，榮恩轉頭過來問我。

「沒。」

「我們經過那一大片白松時，牠就在我們頭上盤旋。」

「白松？」我問。

「是啊，過了瀑布之後。」

「什麼瀑布？」

50. 如果你覺得用法語念出來會更好聽，尚．德．拉封丹（Jean de La Fontaine）有一句詩「Aide-toi et le ciel t'aidera」，意即：自助者天助也。

當我只注意著我的靴子時，榮恩觀察路徑的技巧已臻於完善，他看前方、看上方、看四面八方，到處都是美景。他得到了我錯過的經驗，因為如果你走在人生的道路上時（無論是字面上的或寓意）一直低著頭，你會錯過為自己找到幸運的機會。如果你知道你的前進方向，並相信你會（以這種或那種方式）抵達目標，那麼你就可以走到山頂上，而且仍然可以暫時停下來欣賞那隻雄偉的山鷹。

在時機成熟的情況下走上一條路，然後切換到另一條路，也許是在你的整個人生過程中創造運氣的最佳方案。但我們大多數人對未來都有點近視，我們每一天都有狀況要處理——必須解決的問題，勞神費力的工作，需要點心或幫忙做家庭作業、或半夜需要安撫的孩子。如果我們能把這些當務之急處理好，我們已經覺得夠幸運了。如同巴納比遇到的那些大學生（只把焦點放在他們眼前的事物，比如上課、啤酒和足球賽），我們知道未來即將來臨，但我們認為船到橋頭自然直。

「這就像《愛麗絲夢遊仙境》中愛麗絲和笑笑貓的對白一樣，」巴納比說，「愛麗絲想去一個神奇的地方，但她不知道它在哪裡，於是笑笑貓回答，如果她走得夠久，最後會到達某個地方。」

這是一句有趣的話，但它同時也是我們大多數人所做的，我們只是繼續走下去，然後期待生命中即將發生的事，無論它是好或壞。但想創造運氣的人則無視於笑笑貓的建議，而且他們提前知道他們想要的奇妙終點。如同巴納比所說，他們擬定計畫，堅持不懈，萬一計畫失敗，他們會改而嘗試其他計畫，做其他事，直到他們成功穿越生命中無可避免的挫折。

巴納比剛從加州回來。他在那邊會見了幾位令人印象深刻的人，他們知道什麼時候應該走新的方向，因而在人生歷程中得到運氣。其中一位是二十世紀福斯公司前總裁及派拉蒙影片公司的前執行長謝莉·藍辛（Sherry Lansing）。

「你能見到她太酷了，她是我的榜樣！」我說。藍辛在一個女性難以出頭的時代為她自己帶來好運。她是好萊塢製片業的第一個女性領導人，獲得許多成就，包括製作《致命的吸引力》與《鐵達尼號》等影片。她是我們這些追隨者的靈感來源，而且以創意、善良和美貌著稱。

「她還是一樣，包括美貌。」巴納比說，「事實上，她容光煥發，她一走進房間，你就能感受到她散發的光芒。」

「我希望你能親口告訴她。」我說。

藍辛六十歲那年做了一件出人意料的事，她離開了華麗光鮮的好萊塢生活。大家都很震驚。除非萬不得已，否則沒有人會放棄這耀眼的光芒與權力，但藍辛決定急流勇退。

「即使你喜愛你的工作，你也必須知道什麼時候應該放下，換一條新的跑道。」她告訴巴納比。然後她又提出忠告，「改變能使你保持年輕，所以永遠不要停止改變。」

她認為一再做重複的事不能帶來幸運的人生，因此她參與抗癌與重整公共教育的計畫。經過十年之後，她曾經在製作電影上找到的喜悅如今已導向新的方向，而且她顯然很快樂，並且容光煥發。

在同樣的會議上，巴納比也利用一點時間和藍辛的朋友雅莉安娜．哈芬登（Arianna Huffington）交談。哈芬登從無到有創立了《哈芬登郵報》（Huffington Post），後來以三億一千五百萬美元賣給「美國線上公司」（AOL）。和藍辛一樣，她深諳幸運人生的方程式有一部分是在適當的時機轉換跑道。

意志堅定的哈芬登在她一生中曾換過許多跑道，包括作家、活躍分子、國會議員的妻子，加州州長候選人、保守派和自由主義者，但《哈芬登郵報》使她成為世界知名人物。她告訴巴納比，她習慣一天工作十八小時，一個確定可以得到運氣的方法。但後來在一個四月天的下午，她因過度疲勞在書房內昏倒，倒下時，她的頭撞到書桌，撞破了她的顴骨。她的下一個意識是躺在地板上的一灘血泊中，心想：「這就是成功嗎？」

和藍辛一樣，哈芬登決定專心做一件能為她的人生帶來不同意義的事的時候到了。

「我走在街上時，通常不是講電話就是看郵件。然後有一天，我在我住的蘇活區附近轉頭一看，看到一棟非常漂亮的建築。我問我的朋友那是什麼時候興建的。她回答：『一九二九年。』我心想，我還錯過了其他什麼？」這件事讓雅莉安娜想到，如果我們不注意，我們有時會錯過一些使我們感到幸運的小事，好比一棟漂亮的建築，而且我們也許還會錯過一些大事，例如建構健康生活的基石。

「我太習慣於過度疲勞，那次昏倒在地的事件讓我得以正視我的人生並予以重新評估。」她說。用一種精神與情感上的好運完成了她的財務成就後，她離開《哈芬登郵報》，換了一條新跑道，透過一家她取名為「Thrive Global」的新公司散播健康與幸福。她甚至大力提倡，鼓勵人們多睡覺，也許運氣會伴隨著我們的好夢出現。

透過切換跑道來創造運氣的想法似乎一時間蔚為流行。幾個月前曾經和我們一起在中央公園散步的康乃爾教授倪志偉又與巴納比聯絡，告訴巴納比他在科技公司方面的研究進展。他已發現成功的一個指標是公司可以多快「重新配線」（rewire）。

「科技的領域不斷在改變，六個月前熱門的東西今天已成舊聞，」他說，「重要的技術能成為詮釋新市場核心優勢的能力。」關鍵是要更新他之前對我們描述的知識外溢。無論你採取什麼新的路線，你都可以利用你在一種情況下得到的知識，在另一種不相關的情況獲得成功與運氣。

你不必成為科技天才或媒體大亨也能看出重新配線的價值。巴納比指出，我們大多數人在一生中都能自然而然做到這一點。「你從一個成功的大學生，進而就業，或為人父母，」他說，「有許多不同的十字路口，你可以做不同的轉彎來創造新形式的運氣。」

還記得巴納比有一次畫了幾個倒V字來比喻我們一生中所面臨的高山與低谷嗎？現在他提醒我，在人生的一個領域，向上攀登和創造運氣的一部分是再度下山。你可以嘗試從一個山頂跳到另一個山頂，但幸運的人生同時包含高點與高點之間那些時光。

創造幸運的人生意味著感激你現在擁有的，但仍看著前方的新機會。當生命發生變化時，你需要勇氣去尋找新的挑戰，以及在新的地方尋找運氣。

這似乎是創造幸運人生的一個好的開始，但事實證明，你還需要一個東西，我們即將發現它是什麼。

第17章——幸運的態度：相信你可以創造運氣

相信你是幸運的……

平等看待成功與失敗……尋找喜悅。

一天我走在街上，意識到自從巴納比和我花許多時間調查運氣之後，我有更幸運的感覺。我鼓勵自己辨認機會，採取深思熟慮的行動，並在其他人都放棄時我仍堅持不懈。想到我們在人生各方面的控制權遠比我們有時意識到的多更多，我就非常興奮。無論你是什麼人，運氣都不是自然天成的，你必須自己讓它發生。

但我對巴納比提出的問題：什麼——以更寬廣的角度來看——是幸運的人生？仍感到好奇。

於是下一次見面時，我決定向他提出這個問題。

「什麼是幸運的人生？」我問。

「實現你的夢想與潛力吧，我想。」巴納比說。然後他注視我，笑著說：「快問快答，但是不滿意，對吧？」

「對。」我同意，「這麼說好了，談到幸運人生，誰是你的榜樣？你此時此刻會想跟他交換的人。」

他對著遠方想了幾分鐘，我幾乎可以看出他的腦子裡正在過濾各種不同的可能性。我啜一口冰紅茶，等他回答。最後我提出幾個他最近往來的富豪——乘坐他們的私人飛機、拜訪他們的私人島嶼，在他們的巨大豪宅開會。巴納比認識許多億萬富翁，因為他提供諮詢，建議他們如何在他們的慈善事業中發揮最大的影響力。如果你要尋找擁有幸運人生的人，這似乎是個合理的下手處。

「我喜歡他們，並且羨慕他們能以他們擁有的資源幫助這個世界。」巴納比說，「但以個人而言，他們也跟我們一樣掙扎。」他提到其中有一個人離過幾次婚，另一個人和他已成年的子女關係破裂。「他們在某些方面非常成功，但整體而言他們有更幸運的人生嗎？我真的不知道。」

「那你不願意用你的妻子和女兒跟他們交換，好找出答案嗎？」

「當然不願意！」他笑著說，「我已經很幸運了！」

我們所做的全國調查最後一個問題問道：**你認為你是個幸運的人嗎？**大約百分之六十七受訪者回答「是」，百分之三十三回答「不是」。巴納比和我懷疑，是不是有什麼特定因素使有些人覺得他們比別人更幸運？於是他分析資料，尋找人口統計上的差異，但是找不出原因。無論你住在哪裡，賺多少錢，是男性或女性，結婚與否，你稱自己是個幸運者的機會都差不多均等。

如果外在事件不會影響你對幸運的觀點，那麼，讓你覺得你是幸運者的原因，會不會只是……你認為你是幸運的？你的態度、樂觀和希望感，最終決定你是否擁有幸運的人生。

第二天晚上我在我先生的朋友——一個名叫邁可・諾克莫維茨（Michael Nochomovitz）的喜愛社交的迷人醫生——籌辦的品酒會上品嘗玫瑰紅酒時，腦子裡仍在思索這個問題。房間內擠滿了有趣的人，到了那天晚上酒會快結束時，我認識了一位名叫喬納森・史坦勒（Jonathan Stamler）的科學家，他專程從克里夫蘭飛來參加這個酒會。當我告訴他我正在調查運氣時，他立刻回答：「我在做實驗室研究，所以我知道有關運氣的一切！」他說。

史坦勒為人風趣，又很聰明，而且（我後來才發現）他以細胞中蛋白質功能的相關發現而聞名於世。他立即告訴我，他有個朋友兼同事最近獲得諾貝爾獎，這位諾貝爾獎得主認為運氣在科學上扮演真正的角色，不是那種隨機的運氣，而是一種非常不一樣的程度。

「他非常傑出，很多偉大的研究者都想在他的實驗室工作，」史坦勒興奮地告訴我，「當他跟他們面談時，他會跟他們聊很久，最後問他們一個問題：『你幸運嗎？』如果答覆是不，他們就不會被錄用，無論他們有多麼優秀。」

「這是拿破崙理論嗎？」我問，然後解釋：據說這位偉大的皇帝在發動戰爭時說：「我寧可要一個幸運的將軍也不要優秀的將軍。」[51]

史坦勒微笑。「比那個更微妙。你在做研究時，**相信**你是幸運的非常重要。任何發現

51. 這句話的某個版本通常被稱為出自拿破崙，但真正的來源已無從查考。不過，我在他的著作中確實找到這樣一句話：「戰爭不過是由許多意外組成……只有一個有利的時刻，而偉大的藝術就是要去抓住它。」我喜歡這句話，因為它正好吻合我們在討論的看到機會，然後使運氣發生。

都需要創意、開放，和願意去嘗試意想不到的東西。你需要積極的態度和相信你可以找到新東西的信念。如果你**不認為**你是幸運的，你就**不會是**幸運的。」

現在我也微笑了。如果美國頂尖的科學家認為在實驗室裡，正確的觀點是必要的，那麼我們就找到重要的東西了。

環顧四周，我明白積極的態度可以為任何人帶來運氣。彷彿要更進一步證明似的，一個名叫維多利亞．詹姆斯（Victoria James）的漂亮女生過來為我們斟酒。以她青春美麗的容顏和溫婉的風度，她也許很容易被誤會。

「很多人誤以為我是寄物櫃檯的女服務生。」她帶著甜蜜的微笑說。

但她事實上是食品界的大明星，有史以來獲得認證的最年輕的女侍酒師。她寫了一本有關玫瑰紅酒的書，在紐約市一些最高級的餐廳享有盛名。不到二十五歲的她現在大部分時間都在世界各地旅行品評葡萄酒，並且為我們當天聚會的米其林餐廳負責監督採購與銷售昂貴的葡萄酒。

「妳相信妳是幸運的嗎？」她加入我們的談話時，我問她。

「在這個行業，你一定要相信！」她說。她笑著承認，她曾經試著在她的防火梯上用鍋子試種黑皮諾葡萄，雖然不怎麼成功，但是當你相信你自己時，幸運的生活圈會圍繞著你。她現在有個製造了一支得獎的加州粉紅葡萄酒（種在真正的土壤中）的男朋友。

成為葡萄酒專家聽起來也許像一種虛假的野心，不是我們這些腳踏實地的人所走的幸運人生之路，但維多利亞似乎理智而務實，而且遠離上流社會。

「我十三歲時找到的第一份工作是當女服務生。」她說。她在她家附近找到一家願意雇用未成年勞工的便餐店，「很多女服務生被取名為『芙羅』（Flo）的那種地方。」

幾年後她需要錢讀大學，她知道調酒師的待遇比服務生高很多，「但我對葡萄酒或烈酒一無所知，於是我決定學習。」她說。她去上課，結交那個領域的朋友，不斷研究與品嘗。憑著她新培養的對葡萄酒的熱情，並且知道這是高傲的男性的天下，因此她在參加侍酒師考試之前做了兩萬張字卡。

她相信她會有個幸運的未來，所以幸運找上她。她從不擔心她在奢華的葡萄酒鑑賞家圈內也許會不受歡迎。她下定決心。她有個積極的態度。她創造她的運氣。

她離開後，我對史坦勒博士說，當你有了決心並相信你可以得到運氣時，才能可以帶給你這麼大的成就，這讓我感到震驚。

「你認為你會像你的朋友一樣贏得諾貝爾獎嗎？」我問。他聽到這個問題嚇一跳（我是在刺激他，但我後來從一些機密來源獲悉，他常被提名角逐諾貝爾獎）。

「得獎要做的事很多。」他說。能夠得到國際肯定的重要突破只是一個開端，你還必須適度地玩一些學術界的政治手段，讓人們支持你，並對自己要有足夠的信心，讓別人也相信你。瑞典學院清晨打來的那通電話常被形容為意外的驚喜，但它很少無端出現，大多數得獎者早已非常努力運作以期獲得好運。

我小口啜飲玫瑰紅酒，明白無論你想成為科學家或侍酒師，或贏得諾貝爾獎，「你是個幸運的人嗎？」這個問題的答案都應該是肯定的。因為幸運人生的第一步是積極的態度。

它不神秘，也不是天注定，它是你越相信你可以為自己創造運氣，你就越可以得到運氣。你靠相信自己可以得到幸運而得到幸運的人生。

幾天後，巴納比和我繼續討論什麼能導致幸運的人生，他告訴我他認識一位精神科醫生及大學教授，名叫喬治．韋蘭特博士（Dr. George Vaillant）。他窮數十年光陰研究美好人生的要素。它不是理論上的，韋蘭特博士負責監督一項著名的哈佛研究，這項研究追蹤數百名男性（是的，在那個時代都是男性）從一九三八年他們仍是大學二年級生開始一直到生命結束，中間這段時間的生活狀況。這是有史以來，科學家所做的最漫長的研究之一，目的是了解什麼能帶給人幸福與財富。

「他們主要是想找出幸運人生的要素。」巴納比說，「喬治總是告訴我，答案很清楚。當人們回顧過去時，讓他們感到幸福的不是聲譽或財富，或很高的成就，而是他們的關係的品質。」

這項研究長達七十五年，而且仍在繼續進行中。[52]

「但喬治說他可以用五個字為這項研究做總結。」

「哪五個……？」

「幸福就是愛。句點。」

我哈哈大笑。「那只是研究男性的結論。」

韋蘭特博士發現，一個人在五十歲時對他的關係的滿意度，比一些較明顯的標記，如膽固醇，更能有效預測他在八十歲時的健康狀況。這個關係不一定要有愛心、鮮花和Hallmark卡片，畢竟任何愛情都會有爭執和煩惱，但良好關係的定義最終會轉為你可以指望另一個人陪在你身邊。超越浪漫的關係也很重要。能結交朋友、與人交談、得到他人的支持，都是擁有長期幸福與幸運的要素。

我回去後讀了一些他所寫的有關這項研究的書籍與論文。韋蘭特博士的結論是：我們通常以為的人生的運氣指標——社會階級、成功的父母、宗教——不會有太多的差異。在某種程度上，智力沒有進入這個方程式；政治意識形態也沒有（但最自由的男人有最美好的性生活，不過他沒有解釋為什麼會這樣），真正重要的是正向的情緒。韋蘭特博士堅決主張，愛、希望和喜悅的感覺不僅僅是很好，它們是幸運人生和我們這個物種得以存活的要素。

「我們必須把我們的正向情緒帶到有意識的關注上，我們不該輕視用科學來研究它們。」他說。

這項長達七十年的研究指出，如果你想要有幸運的感覺並過上美好的生活，那就快樂吧！尋找積極的一面，而且不要羞於分享。

我和巴納比繼續深入討論時，他指出，我們的信念塑造我們的運氣和命運，這個概念有深遠的靈性與哲學根基。巴納比在慈善事業領域的工作，讓他有很好的機會和一些重要

52. 韋蘭特博士現在已經退休，正在對抗病魔。這項研究在新主管羅伯特．沃汀格（Robert Waldinger）的帶領下仍持續進行。大約一千三百名原始受試者的子女（包括女性！）已同意參與這項研究。

的宗教與社會領袖會晤及旅行，包括曼德拉、達賴喇嘛、猶太教首席拉比強納森・沙克斯（Jonathan Sacks）、華理克牧師（Pastor Rick Warren），以及屠圖大主教。「他們每個人都以一種或另一種方式告訴我，我們都透過自己的觀點來過濾事件，我們有一個如何看待世界的範本，而某些個人觀點會比其他獲得更多的成功。」

我們可以靠改變我們的想法——我們腦子裡的範本——為個人與世界帶來幸運。例如，一百年前，聖雄甘地教導人們以非暴力抗議取代暴力來對抗壓迫的價值觀。甘地認為我們的觀點和態度創建我們自己與他人的未來。

「他的信念是：你的思想成為你的行動，你的行動成為你的習慣，而你的習慣成為你的命運。」巴納比說，「所以，從你開始的信念到你為自己創造的命運，它真的是一條直線。」

我點頭。我很高興他提到甘地，因為幾個月前我為甘地的孫子阿倫・甘地（Arun Gandhi）完成了一項計畫。已八十高齡的阿倫現在致力於傳播愛與希望，這是他少年時期在他祖父的靜修處與他共同生活時，從他的祖父那裡學到的教誨。阿倫相信他的祖父當時告訴他：「你自己必須做到你想在這個世界看到的改變」。無論面對什麼環境，你都要過著有希望、有期待的生活，為你自己和他人帶來運氣。你選擇你想要的美好未來，然後生活，彷彿它已經發生。

積極的態度有很多層面，相信自己有美好的未來並不表示每天都一定會有陽光，但它意味著你有一種更寬廣的視角。甘地在獄中度過許多日子（和許多週、許多年），但他用熱情，以及深信他可以塑造一個更美好的未來，將它們轉成運氣。

巴納比指出，抱持消極觀點的人有時可以防止不幸發生，因為他們心懷警惕與疑慮。「但避免厄運在這個世界已經不夠了，」他說，「你需要樂觀來創造好運和找到一條可以繼續往前走的希望之路。」

既然已經談到創造幸運命運的主題，巴納比問我想不想和他最近認識的靈性主義大師和「新時代」導師狄帕克·喬布拉見面。巴納比和我稍早曾談起過他，我很好奇巴納比這個嚴肅的科學家，竟會受到喬布拉一些理念的啟發。現在巴納比解釋說，喬布拉的幸運人生概念包括發現自己的才能，給自己找到自己的道路的自由。喬布拉用務實的方式闡述「新時代」的業果概念，他指出，如果你嘗試為別人帶來快樂與成功，你就是在設定舞台或運氣迴向到你身上。

於是在一個雨天的下午，巴納比和我前往名為「狄帕克的家居空間」（Deepak's Homespace）的一處市中心避風港。我們在他舒適的辦公室等候，狄帕克準時出現。他穿著黑長褲、黑襯衫和一件紅色的Patagonia 鋪棉背心，腳上一雙紅色運動鞋，看起來既休閒又時髦。他的黑色眼鏡框上鑲著水晶，一隻手上戴著銀手鐲，另一隻手上戴著紅色智能手錶，模樣很像心靈導師中的艾爾頓·強。但他同時又是一個有深刻的見解、心思細密、思想獨創新穎的人。我立即對他產生好感。當我們問他，用一種更寬廣的意識過幸運的人生意味著什麼時，他顯得十分平靜。（如果你是狄帕克·喬布拉，「生命有何意義？」很可能是你每天都會被問到的問題。）

「我認為，我們是根據目前的覺知狀態賦予它意義與目標，」他說，「身為人類，我們建立我們稱之為現實的架構，但實際上我們有的只是經驗。」

為了強調他的說法，他掏出他的手機，找出一段有人在當天早上傳給他的嬰兒玩彩色旋轉玩具的影片。嬰兒興奮地拍打玩具，他並不知道那是什麼，卻對它充滿驚嘆。

「什麼是經驗？」狄帕克問，然後他指著那段影片說：「這就是經驗，喜悅、好奇、驚嘆、不受時間影響、自發性，又有趣味性。他沒有我和他的意識，只是覺知在體驗它自己。」

狄帕克告訴我們，他對「心流」的概念很感興趣。心理學家常用「心流」（flow）來形容藝術家或音樂家（或任何人）完全沉浸在創作過程中以致消失了時間感，人與作品合而為一。狄帕克認為它甚至還有一層更深廣的意義，「你處在那個時刻，並且是自發的，而且沒有遺憾、沒有期待，沒有一個自我的意識和你正在做的事分開。」

我們都曾經有過那種時間飛逝的一刻，我們沒有什麼念頭與憂慮，只有滿足感。這是幸運人生的基礎嗎？

「『心流』有一種活力，因而帶來喜悅。」狄帕克說，「也許那就是人們最終所追求的，無論是透過坦特羅式性愛或生理回饋，或魯米詩集，或虛擬實境，或虛構的現實。」

「或者對有些人來說，看到金錢的流動。」巴納比開玩笑說。

無論你選擇什麼方法，如果你能在那一刻找到喜悅，感覺你在做的正是你**想**做的，那麼也許你已經找到存在的終極運氣。

「有這麼多選項，你個人又是如何進入心流狀態？」我問狄帕克。

他聳聳肩。「我花很多時間獨自在街上走，或禪修，或寫作。我想我們都想得到來自喜悅、光明，和不費力的自發性的祥和。」

狄帕克指出，許多人被我們自以為對或錯的公式所困，但是「一個人的美好經驗也許不是另一個人的美好經驗，人類是矛盾的生物，會為了他們自己版本的美好或幸運的東西而變得道貌岸然或自以為是」。

我對狄帕克說，我有時但願我是研究天體物理學的人，這樣我才能對宇宙和幸運人生的所有要素有更寬廣的視野。但他搖頭，並告訴我這樣我找不到。

「最新的宇宙有兩兆個星系，七百個百京（sextillion）的恆星，和很多、很多、很多兆的行星，地球在這個宇宙浩瀚的海邊連一粒沙子都稱不上。」他說。

但我們每天的經驗都是我們可以擁有的。狄帕克同意，當我們尋找正向的一面，試著用更積極、更建設性的態度來取代消極想法時，我們會使自己（和世界）更幸運。他以前寫過心情跟隨著思想，放縱你的憂鬱對你毫無助益。一旦沉溺在焦慮中，你很難把自己拔出來。但如果你增強好心情，你會有更好的機會創造心流、幸運，和喜悅感。

我們離開後，我告訴巴納比我多麼喜歡見到狄帕克。他自然流露的魅力，使他在試著幫助別人更了解這個世界時，也為他自己帶來幸運的人生。我可以看出為什麼他會有如此多追隨者，因為他願意以挑戰我們的傳統智慧的方式去思考。

「他似乎在說，我們可以用我們的思想和行動去塑造我們的世界和我們的幸福。」巴納比說。

「而且那個幸福就是我們的幸運人生。」我說。

「正是。」巴納比同意，「你掌管你自己的行動和你的觀點，你決定你是透過積極或消極的鏡頭去看事件。你和世界互動的結果是否幸運也由你來決定。」

我在二十多歲時認識一位男士，他叫湯姆，人很精明，不但聰明而且非常勤奮。他很早就成功了，而且似乎注定會有個龐大的事業。他比我大幾歲，剛結束一段一開始就是個錯誤的婚姻，因此他搬出他在馬里蘭州郊區的大房子，住進曼哈頓的一間小公寓。一天晚上我去看他，他坐在床邊（房內沒有其他可坐的地方）說，他郊區房子的衣櫥比這間公寓還要大。

「但我真的不需要那麼多東西，」他平靜地說，「我要那麼多幹嘛？那個大衣櫥和大房子又不能帶給我快樂，但這裡有我想要的東西。我覺得非常幸運。」

當時他那種滿足感讓我有點疑惑。湯姆是我認識的人當中最有衝勁的人之一，他一定會想要比一間小公寓多更多的東西，但是當他環顧四周，宣稱他很滿足時，他似乎顯得平靜與真摯。現在我才了解他真正的內心反射，這是幸運人生的秘訣之一。湯姆擁有足夠的毅力、雄心和創造力，但他含蓄地表明，每個人都會犯錯，並受制於隨機的命運，而他絕不會讓它們干擾他的樂觀精神。無論擁有什麼，或達成什麼，湯姆都會從中找到積極的一面。

更重要的也許是，在任何情況下都能找到美好的一面就是幸運的人生。

湯姆和我這些年來一直維持好友關係，當他成為一家大型投資銀行的首席代表時，他讓我知道這件事。有一天，我在他上班的大樓主管樓層、他的個人餐廳內和他共進午餐，我們從我們的兩人桌向外俯視，觀賞窗外寬闊的河川景色和自由女神像，那一刻，世上的一切似乎不管實質上與寓意上，都在他腳下。

「你永遠能找到好的一面，但現在你不必那麼辛苦了。」我說，指著窗外。

他謙虛地聳聳肩，「生命中有好有壞，你不能被其中任何一個左右。」他說盧迪亞德·吉卜林（Rudyard Kipling）有一首詩給他很大的啟發，這首詩提到：當你失去一切，而人人都怪罪於你時，你依然保持冷靜。

我點頭，因為他引述的詩句來自我多年來一讀再讀的那首詩：「如果你能面對成功與失敗，平等看待這兩個冒充者……」我接下去。

他很驚訝，然後笑了，「我常說這句話，但平等看待成功與失敗非常重要。你竭盡所能去創造幸運的人生，但無論結果如何，你真正可以控制的還是你的態度。」

彷彿老天有意考驗他的理論，他那家極為成功的投資銀行在幾年後垮了[53]。湯姆幾乎一蹶不振，他不確定自己的下一步行動，覺得他彷彿在荒野中遊蕩。但他最後還是在另一家重要的金融機構找到一個高階職務。當我有一天又去跟他共進午餐時，從他的新的個人餐廳望

53. 湯姆是「雷曼兄弟」的高級主管，二〇〇八年，當一家又一家金融機構獲得美國政府挽救時，「雷曼兄弟」卻被允許倒閉。它被單獨挑上的原因始終不清楚，許多人認為它的倒閉導致全球金融危機。

出去的風景甚至更美麗壯觀。

「你找到一個落腳的好地方。」一個穿制服的服務生安靜地進來又出去時，我說。

湯姆還是跟往常一樣務實，「妳早已知道我以平等心看待成功與失敗。」他含笑說。

湯姆對我來說是個很好的經驗。無論發生什麼，你認為你的人生是否幸運都是由你自己決定。無論是在豪華的高樓餐廳或地上的小公寓，他都秉持相同的哲學。他結合積極的態度與專注的雄心，然後接受來到他面前的任何挑戰。

與狄帕克．喬布拉對談後幾天，我搭計程車前往機場，展開一趟快速的商務之旅。當我有多出來的時間時，通常我都是低頭看手機（誰不是？），但我腦子裡一直在思索運氣和關注周遭世界的問題，因此我決定放下手機看著窗外。

早晨七點鐘交通順暢，計程車一路奔馳。這天早上的天氣很涼，大部分藍天覆蓋著厚厚的烏雲，但是當我持續注視著窗外時，我看到那些雲背後出現一道光暈，點亮了一片天空，看起來很像文藝復興時代初期的油畫中聖靈顯現的意象。一會兒後，太陽完全掙脫雲層，我們正經過的狹窄河面忽然在明亮的光線照射下閃閃發亮，耀眼的光芒射向四面八方，那個景致美極了。然後一片雲又出現，那道光不見了。

車子繼續往前開，向來喧鬧與雜沓的紐約市此刻似乎安靜又脆弱。少了熙攘的人群，城市景觀看起來似乎十分危險脆弱，橋樑與建築不比兒童的玩具更堅固。我很幸運能看到太陽的花火，幸運是因為我看了，但我知道那個隨機的機會也可能改變我的一天。流星可能從天上掉下來，脆弱的橋樑可能倒塌，我們小心謹慎拼湊的生活可能顯現它們是建立在沙子與糨糊之上。對於那些隨機性，我無能為力，只能做好準備。

我依舊望著窗外。我明白我們無法控制生命中的一切，但我們可以控制的東西比我們能想到的多更多。我們選擇我們的機會，我們的觀點，和我們的總體人生道路。當一天結束時，除了我們所愛的人和我們共同分享的經歷之外，人生是什麼？我們透過我們為自己和他人找到的喜悅來建立幸運的人生。我們學會以平等心看待成功與失敗，並從我們面前的一切事物得到運氣。

運氣不是時間的一個片刻，而是我們所經歷的一生。我沒有創造水面上的陽光，但我讓我自己去看，並去欣賞它。我們都可以繼續尋找更多的陽光，而且我們每一次尋找就是在創造自己的運氣。

致謝

寫這本書時，巴納比和我了解到，人都需要別人的鼎力相助才能得到幸運。我們非常感激愛麗絲．馬特爾，她是個了不起的代理人、朋友、顧問，和啦啦隊長。吉兒．舒瓦茲曼是每個作家都想爭取的編輯，她聰明、饒有見地、能讓每一章都比開始時更好一點。我們要向Dutton的團隊致上最熱烈的謝意，包括麗莎．凱西蒂、艾琳娜．韋斯班、凱莉．斯伍東尼克，以及艾文．赫爾德、克麗絲汀．波爾，及約翰．帕斯里。同時要感謝馬琳．萊恩在物流方面的協助，並感謝所有與我們共同學習如何創造運氣的朋友。

為這本書而做研究是一大樂事。我們訪問了數十位朋友，和許多領域的專家晤談，並從他們每一個人身上學到很多東西。謝謝他們。我們在這本書中講述了許多他們的故事，想必你已經知道他們的名字，但我們仍要特別再感謝他們的寶貴時間與開放的心胸：馬丁．賽利格曼、蘇珊．格林菲爾德、丹．艾瑞利、保羅．札克、海倫．費雪、雅莉安娜．哈芬登、李奧納德．曼羅迪諾、喬許．葛洛班、謝莉．藍辛、道格拉斯．威克、亨利．賈瑞奇、鮑伯．曼科夫，以及狄帕克．喬布拉。

許多人分享他們的智慧，豐富了我們的思維過程，即便我們沒有明確提到他們的理念。我們在此誠摯地感謝克麗絲塔．蒂比特、史蒂夫．馬里奧蒂、霍華德．加德納、比爾．

德雷頓、馬克・葛森、丹・戈爾斯坦、邁可・莫布森、賽斯・高汀、史蒂芬・柯斯蘭、史坦利・戈爾斯坦、羅伯特・法蘭克、湯姆・史考特、皮娜・坦普頓、莫妮卡・莎莉絲、約翰・史考利、安迪・阿魯拉克、保羅・厄文、瑞克・范・費爾特、Pun-Yin、琳恩・弗林、夏洛特・李、以賽亞・卡塞文斯基、安琪拉・達克沃斯、馬帝・馬可斯、蓋兒・馬可斯、派蒂・內格，以及瑞伯與艾美・瑞伯爾。

巴納比的運氣和風險理念已發展了很多年，受到他與許多偉大的思想家對談的深刻影響，其中包括：恩斯特・邁爾、喬納森・沙克斯、馬丁・諾瓦克、約翰・克雷布斯、理查・道金斯、約翰・卡喬波、傑弗瑞・艾普斯坦、霍華德・納斯班、皮爾特・哈特、大衛・克拉考、約翰・柏格、約翰・坦伯頓、里昂・庫伯曼、弗里曼・戴森、馬修・畢夏普、約翰・布羅克曼、伊藤穰一、艾德蒙・費爾普斯、琳達・史東、Je Hyuk Lee、朱迪亞・珀爾、邁可・謝默爾，以及諾蘭・布希內爾。沒有他們的思想和啟發，這將是一趟完全不同的旅程。

我們都花了大量時間在我們的筆記電腦上，工作與思考，但更重要的是在一天結束時抬起頭來，發現我們親愛的家人都在我們身邊。我們要給我們的配偶和孩子大大的擁抱，我們知道有愛就是幸運的真諦。

附註

第1章：為幸運做準備

法國微生物學家路易．巴斯德在十九世紀（並且直到今天）想出牛奶的低溫殺菌法，後來又製造一種對抗狂犬病的疫苗，拯救了數以百萬計的生命。他是第一個了解細菌如何引發疾病的人之一，駁斥了自亞里斯多德以來一直存在的（不正確）科學思想。對於那些讚嘆他的突破的人，他說了一句有名的話：「運氣眷顧準備好的心智。」確實，他的發現是他在法國斯特拉斯堡和里爾的實驗室，經過多年複雜的實驗之後才獲得的。憑著他非常廣泛的準備，他為自己和其他數百萬人帶來了好運。

第3章　選擇你想要的統計

生日派對問題之所以是個**問題**，是因為我們的頭腦無法本能地理解指數和統計。這個問題是：需要多少人才有可能其中兩個人是同一天生日？結果是，如果房間內有二十三人，其中兩人同一天生日的機率是五十／五十。如果房間內有七十人，就會有百分之九十九點九的機率。

第一個絆腳石是，當你想到房間內有兩個人的生日是同一天時，你立刻會想到有個人和**你的**生日是同一天。在這個二十三人的房間內，你會拿你自己和其他二十二人比較，看是否有人跟你同一天生日（你和某甲，你和某乙，你和某丙……）。但那是一個很難的問題！別想了，因為你旁邊那個人也許和對面那個女生是同一天生日，如果你要一一比較（某甲和某乙，某甲和某丙，某乙和某丙……），會有二百五十三種配對機率。

數學家說最簡單的方法（也許吧）是把問題翻轉過來，找**不是**同一天生日的人。因為一年有三百六十五天（二月二十九日不算），某甲和某乙不是同一天生日的可能性是三百六十四／三百六十五（或者百分之九十九點七）。我們說過，在那個二十三人的房間內，有二百五十三種比較，所以這個方程式會成為$(364/365)^{253}$。有一個好的計算機，你會發現所有二百五十三個比較都沒有配對的比率為四十九點九五。這表示**有**配對的機率是百分之五十點零五。太好了！你現在已證明在這二十三個人中，兩人同一天生日的機率比五十／五十好！你可以用同樣的方法算七十人，你會發現可能性激增到百分之九十九點九。要達到百分之百是另一種不同的情況，你需要三百六十六人。

第4章：滑到冰球會到的地方

格雷茨基的對話改編自他的自傳：《韋恩・格雷茨基自傳》（Wayne Gretzky: An

Autobiography）（HarperCollins Publishers Canada, 1990）。

根據尼爾森調查二〇一六年的統計數字，美國人平均每天花四小時又三十一分鐘看電視，另外花五十八分鐘看DVD或藍光影片。他們花在智慧型手機的應用程式／網站的時間，平均為一小時又三十九分鐘；花在平板電腦的應用程式／網站的時間，平均為三十一分鐘。統計數字在十二歲至十七歲的年齡層中有極大的差異，在十八歲至二十四歲的年齡層中甚至差異更大，因為他們看電視的時間只有一半，但花在手機應用程式上的時間幾乎是兩倍。

《紐約時報》的分析說，只有百分之二十的美國人住在離他們母親住處超過幾個小時車程的地方。由《紐約時報》記者Quoctrung Bui與克萊爾・凱恩・米勒（Claire Cain Miller）報導的這項分析，二〇一五年十二月二十三日發布在該報「結語」（The Upshot）專欄上。低收入和教育程度較低的人通常離家較近，這也許是因為大家庭可以提供支援，如照顧孩童和老人，這些都需要花很多錢，而且政府不補助。他們在搬家方面的困境使他們製造運氣的潛力受到限制。

「臉書」這部分的介紹在大衛・柯克派崔克（David Kirkpatrick）所著的《臉書效應》（The Facebook Effect）(Simon & Schuster, 2010)這本書中有提到。

「理想的自由分布」的原理是：生物體會以對應機會或資源的流行狀況的方式自行分布。在野外，資源豐富的地區會比資源稀少的地區吸引並維持較多的群體。當景觀有不同的局部條件時，生物體（無論是植物或動物，或尋找對象的人）不會以統一的方式傳播。

第6章：走不同於他人的路徑

對詹姆斯．華生而言，挑戰極限為他贏來一座諾貝爾獎，但同時也引來許多爭議。他在二〇〇七年就情報機構和種族問題發表的談話引發極大的爭議，以致他被公司董事會罷免，並被迫至少從一個學術職位退休。後來他因有感於自己像個賤民而將他的諾貝爾獎章送去佳士得拍賣，宣稱：「沒有人真的願意承認我存在。」一位俄羅斯億萬富翁以四百萬美元買下這枚獎章，之後又將它歸還給華生，說：「他發現DNA結構的獎賞必須屬於他。」

英國電視顯示，在《美國偶像》之前還有《流行天王》（Popstars）和《打造樂團》（Making the Band）。麥克．達內爾很欣賞《打造樂團》，認為最有意思的部分是試鏡，因此他對《美國偶像》十分興奮，因為它基本上都是試鏡。

英國生物學家P. M.德萊弗與D. A.韓福瑞（研究動物行為）合著了一本書《多變性行為：不可預測性的生物學》（Protean Behaviour: The Biology of Unpredictability）(Oxford University Press, 1988)。此一資訊即改編自這本書。

心理學家斯坦利．米爾格倫（Stanley Milgram）在一九六七年做了一項實驗，他把一些包裹交給一百六十位住在內布拉斯加州奧馬哈的居民，要求他們將包裹寄給一個他們個人認識的人，最後的目標是要送到波士頓一個特定的證券交易員手上。這項實驗雖然有一些嚴重的缺失，米爾格倫最後的結論是一個包裹平均會經過五個中間人的手（所以從頭到尾是六度）。但這個構想不完全是原創的。匈牙利作家弗里傑斯・卡林希（Frigyes Karinthy）在一九二九年發表一篇故事，提出一個概念，稱全世界十五億人口（當時）中的任何兩個人都可以透過五個人的關係產生連結。這個概念經過多次反覆運算。一九九九年，有三個人上喬恩・史都華（Jon Stewart）主持的《每日秀》節目，解釋好萊塢的每一個人如何透過在電影中共事（或者和拍過電影的人共事）而和演員凱文・貝肯產生連結。「凱文・貝肯的六度分隔」後來被寫成一本書、做成棋盤遊戲，並成為一個電視節目的主題。凱文・貝肯最初雖然試圖與這個概念撇清關係，但最後還是接受了。（為什麼不接受？他與凱文・貝肯只隔了一度。）

第7章：堅持與熱情的力量

丹尼爾・卡內曼使用的研究，最初是為了用來分析高等教育的影響。但他仔細尋找資料，為它下了有趣的結論，並在他的得獎著作《快思慢想》（Thinking, Fast and Slow）(Farrar, Straus, and Giroux, 2011)中加以描述。

雖然每週提交給鮑伯・曼科夫的漫畫數量驚人，你還是可能被拒絕但仍得到幸運——出現在《紐約客》被拒絕的漫畫集中。其中最受歡迎的是《The Rejection Collection: Cartoons You Never Saw, and Never Will See, in The New Yorker》(Gallery Books, 2006)，由於銷路太好，因此又出了第二冊，書名是《The Cream of the Crap》(Gallery Books, 2007)。同時《紐約客》

的漫畫家山姆．葛羅斯（Sam Gross）說，過去數十年來，他為他交給該雜誌的每一幅漫畫編號，迄今被拒絕的漫畫已超過一萬兩千幅。

馬丁．賽利格曼博士最早從事無助是如何發展的相關研究，後來將主旨改為研究如何發展積極的觀點，並寫了一本該領域的重要著作《學習樂觀，樂觀學習》（Learned Optimism）(Alfred A. Knopf, 1991)。他對正向心理學的看法在很多書中都有詳細的論述，包括：《Authentic Happiness: Using the New Positive Psychology to Realize Your Potential for Lasting Fulfillment 》(Free Press, 2002)，以及《邁向圓滿》（Flourish: A Visionary New Understanding of Happiness and Well-being）(Free Press, 2011)。

第8章：你的籃子裡有幾個蛋？（以及，你有幾個籃子？）

弗芮德．史密斯的故事在羅傑．弗洛克（Roger Frock）所著的《Changing How the World Does Business: FedEx's Incredible Journey to Success— the Inside Story》(Berrett- Koehler Publishers, 2006)中有提到。弗洛克是「聯邦快遞」前資深營運副總裁，也是在那次週末豪賭後和史密斯對話的那個人。

第9章：真正重要的好運

一分錢問題是乘數力量的例子。如果你每天增加一分錢，你需要超過二萬七千年才能有一千萬元。但是用倍數來算就很快。你慢慢開始，第一週從一分、兩分、四分、八分、十六分、三十二分，到六十四分錢。不太滿意。不過如果你在三月份接受挑戰，整個月的圖表就會像這樣：

March 1: $0.01
March 2: $0.02
March 3: $0.04
March 4: $0.08
March 5: $0.16
March 6: $0.32
March 7: $0.64
March 8: $1.28
March 9: $2.56
March 10: $5.12

March 11: $10.24

March 12: $20.48

March 13: $40.96

March 14: $81.92

March 15: $163.84

March 16: $327.68

March 17: $655.36

March 18: $1,310.72

March 19: $2,621.44

March 20: $5,242.88

March 21: $10,485.76

March 22: $20,971.52

March 23: $41,943.04

March 24: $83,886.08

March 25: $167,772.16

March 26: $335,544.32

March 27: $671,088.64

March 28: $1,342,177.28

March 29: $2,684,354.56

March 30: $5,368,709.12

March 31: $10,737,418.24

你最好是選擇三月（三十一天），不要在二月（二十八天），因為如圖表所示，兩者相差九百多萬元。一旦數字開始變大，它們就會變得非常快。如果你認識任何人在現實生活中提供這個好運而不僅僅是理論，請打個電話給我們。

海倫・費雪的多巴胺研究二〇〇五年發表於《比較神經學期刊》（Journal of Comparative Neurology）(493: 58–62)。題目為〈浪漫之愛：配偶選擇神經機制的fMRI 研究〉（Romantic Love: An fMRI Study of a Neural Mechanism for Mate Choice）。她與紐約大學石溪分校心理學系的亞瑟・阿隆（Arthur Aron），和紐約市阿爾伯特・愛因斯坦醫學院神經內科系及神經科學系的露西・布朗（Lucy Brown）共同研究。

第14章：你家後院的救護車

「哈佛公共衛生學院」這項研究結果於二〇〇九年在電子期刊《PLOS》上發布。它是在「哈佛公共衛生研究院」的研究人員領導下，與多倫多大學和華盛頓大學的研究人員共同合作完成。

二〇〇一年至二〇一三年期間，美國境內的鯊魚攻擊和其他動物造成的死亡事件的相關報導，來自「美國疾病管制與預防中心」的Wonder資料庫。

詹姆士・安德魯斯醫生與克里斯多福・狄喬瓦尼醫生的談話引述自吉娜・科拉塔的文章〈Sports Medicine Said to Overuse M.R.I.'s〉。這篇文章刊登在二〇一一年十月二十八日的《紐約時報》。

貝氏定理的數學等式如下：

$P(A/B) = P(B/A)P(A)$ over $P(B)$

Where A and B are events and $P(B) \neq 0$

- P(A)和P(B)是在不考慮彼此的情況下觀察A和B的概率。
- P(A/ B)，條件概率，是在B為真的情況下觀察事件A的概率。
- P(B/ A)是在A為真的情況下觀察事件B的概率。

好吧，這有點令人困惑，但數學是有效的，重點是你必須先了解不同類型事件的概率才能做出正確的預測。這是為什麼在我們舉的例子中，一個準確率百分之九十的陽性醫療檢驗仍意味著你有這種疾病的機率只有百分之一。

有關美國醫療保健的研究報告載於英國《The Lancet》醫學期刊。二〇一六年四月的《美國醫學會內科醫學期刊》發布的另一項研究顯示，人們在美國境內居住的地方造成壽命的差異，大都市窮人的壽命往往和他們的中產階級鄰居的壽命最接近。

第15章：如何在災難中得到幸運（自然災害或其他）

史蒂芬・格羅茲的話引述自他的著作《The Examined Life: How We Lose and Find Ourselves》(W. W. Norton, 2013)。

約翰・威利的話（以及有關一五四九班機「極為罕見」的資訊）引述自二〇〇九年十月三十日出刊的《大眾機械》雜誌（Popular Mechanics）內一篇題為〈What Went Right: Flight 1549 Airbus A-320's Ditch into the Hudson〉的文章。

一項針對一九八三年至二〇〇〇年發生的五百六十八起商用客機失事所做的研究顯示，五萬三千四百八十七名旅客中，有五萬一千二百零七人獲救。這項調查結果由「國家運輸安全委員會」於二〇〇一年三月發布，標題為〈Survivability of Accidents Involving Part 121 U.S. Air Carrier Operations, 1983–2000〉。

第16章：幸運之路：找到你的羅盤

伊藤穰一這句話引述自他與傑夫・豪威（Jeff Howe）合著的《爆裂：未來社會的九大生

存原則》（Whiplash: How to Survive Our Faster Future）(Grand Central Publishing, 2016)。

第17章：幸運的態度：相信你可以創造運氣

喬治・華倫特（George Vaillant）的更多見解可以在他的著作《精神的進化》（Spiritual Evolution）(Harmony Books, 2008)中找到。

我們訪問狄帕克的地點「狄帕克的家居空間」設在「ABC地毯及家居用品店」（地址：East 19th Street and Broadway in Manhattan）內。此處部分狄帕克的理念是從他一九九四年發行的著作《福至心靈：成功致勝的七大精神法則》（The Seven Spiritual Laws of Success: A Practical Guide to the Fulfillment of Your Dreams）總結出來的。

每天寫下一件令你感恩的事！
改變心念，翻轉人生，發現最美好的自己！

感恩日記

珍妮絲・卡普蘭—著

入選時代雜誌、邁阿密前鋒報今夏必讀書單！出版家週刊秋季選書！
Amazon 書店、邦諾書店讀者直逼★★★★★好評如潮！

珍妮絲以往總是把焦點放在人生的負面上，於是下定決心改變，就從每天寫下一件感恩的事開始！她以一年的時間，持續不輟地寫下「感恩日記」，結果她發現發自內心的感恩不但讓她和丈夫重新珍惜彼此的婚姻、與孩子的親子關係更加親密，更明顯提升了她的工作效率，幫助她的身體越來越健康！生活中的快樂稍縱即逝，但感恩卻能夠時時刻刻成為支持我們的力量。以感恩取代抱怨、用行動代替空想，每一天，我們都能從微不足道的小事中發現值得感謝的喜悅！

國家圖書館出版品預行編目資料

幸運的科學：普林斯敦高等研究院「運氣實驗室」為你解開「幸運」的秘密/珍妮絲・卡普蘭 & 巴納比・馬殊Janice Kaplan & Barnaby Marsh著；林靜華譯.
-- 初版. -- 臺北市：平安文化. 2019.2
面；公分（平安叢書；第0624種）（Upward；99）
譯自：How Luck Happens: Using the Science of Luck to Transform Work, Love, and Life

ISBN 978-986-97046-9-4（平裝）

1.成功法 2.自我實現

177.2 107023328

平安叢書第0624種
Upward 99

幸運的科學

普林斯敦高等研究院「運氣實驗室」爲你解開「幸運」的秘密

How Luck Happens: Using the Science of Luck to Transform Work, Love, and Life

作　　者—珍妮絲・卡普蘭 & 巴納比・馬殊
發 行 人—平雲
出版發行—平安文化有限公司
台北市敦化北路120巷50號
電話◎02-27168888
郵撥帳號◎18420815號
皇冠出版社(香港)有限公司
香港上環文咸東街50號寶恒商業中心
23樓2301-3室
電話◎2529-1778　傳真◎2527-0904
出版主管—龔橞甄
責任編輯—張懿祥
美術設計—王瓊瑤
著作完成日期—2018年
初版一刷日期—2019年2月

法律顧問—王惠光律師

讀者服務傳真專線◎02-27150507
電腦編號◎425099
ISBN◎978-986-97046-9-4
Printed in Taiwan
本書定價◎新台幣380元/港幣127元